LOUVRE

guide
des collections

Ministère de la Culture, de la Communication,
des Grands Travaux et du Bicentenaire

Editions de la Réunion des musées nationaux

Textes de :

Daniel Alcouffe
Pierre Amiet
François Baratte
Sophie Baratte
Lizzie Boubli
Geneviève Bresc-Bautier
Annie Caubet
Maguy Charritat
Dominique Cordellier
Anne Dion
Jannic Durand
Pierre Ennes
Jacques Foucart
Elisabeth Foucart-Walter
Danielle Gaborit-Chopin
Pierrette Jean-Richard
Michel Laclotte
Amaury Lefébure
Jean-François Méjanes
Régis Michel
Alain Pasquier
Geneviève Pierrat
Marie-Hélène Rutschowscaya
Marie-Catherine Sahut
Arlette Sérullaz
Emmanuel Starcky
Hélène Toussaint
Françoise Viatte

Coordination :

Geneviève Bresc-Bautier

Conception graphique :

Graphus 89.

ISBN : 2-7118-2250-8

Sommaire

Il est bien des façons de visiter le Louvre. Pour les uns, ceux qui ont peu de temps, il faut voir, avant tout, les œuvres-phare, les "stars" déjà connues par leur image multipliée et partout reproduite, *Monna Lisa* bien sûr, la *Vénus de Milo* et la *Victoire de Samothrace*, quelques autres peut-être : les *Esclaves* de Michel-Ange et le *Sacre de Napoléon* de David, la *Liberté* de Delacroix ou le *Scribe accroupi*. Pour d'autres, au contraire, ceux qui étudient telle période, tel artiste, telle technique, il faut longuement s'attarder et revenir souvent. Entre ces deux extrêmes, le touriste trop pressé et le spécialiste infatigable, il y a place pour toutes sortes d'autres visiteurs attentifs et souvent passionnés : artistes, amateurs et simples curieux, qui tous cherchent à mieux connaître notre maison, à en distinguer les principales divisions pour profiter parfaitement et à loisir de leurs visites. C'est à eux que ce livre s'adresse ; c'est pour eux qu'ont été choisies, dans les sept départements du musée, les œuvres les plus significatives, parmi des milliers d'autres qu'ils sauront à leur tour librement découvrir et peut-être préférer.

Si ce guide ne propose pas une visite salle par salle, comme bien des ouvrages du même genre, c'est que le Louvre se trouve actuellement, et pour plusieurs années encore, en pleine mutation. La décision d'affecter au musée les bâtiments du Ministère des Finances et d'installer sous la cour Napoléon une entrée spacieuse signalée par la Pyramide, permet une transformation complète du musée et une redistribution générale des collections à travers l'immense palais. L'enjeu est clair. Il s'agit d'offrir au public un accueil plus généreux, des circuits plus logiques et surtout, c'est l'essentiel, une mise en valeur plus complète et plus harmonieuse des œuvres. Certaines sections se présentent déjà sous leur aspect définitif : le Louvre médiéval, les salles des Antiquités grecques, étrusques et romaines au rez-de-chaussée (Denon), une partie des salles de la Peinture française au deuxième étage de la cour Carrée (Sully) et, au premier étage (Denon), les galeries consacrées à la grande peinture, de David à Delacroix. D'autres seront largement modifiées en gagnant également les espaces neufs fournis par les quatre niveaux de l'aile Richelieu, l'ancien Ministère des Finances (Antiquités orientales et Art islamique, Objets d'Art, Peintures) ou en s'étendant dans les salles libérées par d'autres départements (Antiquités égyptiennes). D'autres enfin se transplanteront d'un bout à l'autre du palais : les sculptures françaises dans l'aile Richelieu, les sculptures étrangères dans l'aile Denon.

Déjà ces projets prennent corps. Le plan se met en place étape par étape. De nouvelles salles pour la Peinture française se préparent au deuxième étage de la cour Carrée, dans la suite de celles qui viennent d'être aménagées. On étudie la présentation nouvelle de la peinture et de la sculpture italienne dans l'aile Denon. En 1993, l'année du bicentenaire du musée, l'ouverture de l'aile Richelieu conquise marquera d'un coup la définitive métamorphose.

Michel Laclotte

Directeur du Musée du Louvre

Histoire du

De la forteresse au musée

La renommée du Louvre au titre de plus grand musée du monde fait parfois oublier qu'il en est aussi le plus vaste palais dont l'évolution, depuis le Moyen Âge, porte le reflet de tous les moments de notre histoire de France. Tour à tour forteresse - l'étymologie de son nom ne vient-elle pas du saxon *lowar*, château fort? - puis demeure royale, plus tard musée et abri d'offices de l'Etat, il est enfin dévolu, dans sa totalité, à la présentation de nos collections nationales.

C'est à la fin du XIIe siècle que Philippe Auguste décida de construire, en bordure des remparts de Paris, une défense édifiée suivant les principes nouveaux d'architecture militaire : un donjon flanqué de tours, le Louvre. Pendant deux siècles, il servit de place forte mais aussi d'arsenal et de prison. Quand, au XIVe siècle, le roi Charles V, homme érudit et fastueux, y établit une résidence royale, de somptueux appartements furent installés recelant les trésors et la riche bibliothèque du souverain. A la mort de celui-ci, la Cour abandonna le Louvre qui retrouva sa vocation première de forteresse jusqu'à François Ier. Ce dernier, épris de nouveauté, entreprit sa démolition pour lui substituer un palais dans le goût de la Renaissance. A partir de cet instant les monarques successifs contribuèrent, au fil du temps, à donner au Louvre l'aspect que nous lui connaissons.

Tous les stades de cette évolution apparaissent. Les fouilles récemment conduites ont révélé les bases de la vieille forteresse médiévale. Le style de la Renaissance nous est offert par les façades Ouest de la cour Carrée et de la longue galerie longeant le fleuve, projetée par Catherine de Médicis pour relier son palais des Tuileries qu'incendiera la commune en 1871, galerie que réalisa Henri IV. Sous Louis XIII disparurent les derniers vestiges médiévaux et fut arrêté le principe de la cour Carrée continuée par Louis XIV qui décida, au revers de sa façade Est, la monumentale façade d'apparat de la colonnade.

Les gouvernements suivants ne délaissèrent jamais

complètement le Louvre, et chacun y apporta sa touche. Il fallut néanmoins attendre le Second Empire pour que s'ouvrît un considérable chantier, et que fût mené à bien ce qui avait été le "grand dessein" des anciens monarques. Des ailes bordées par la rue de Rivoli vinrent clore la cour Napoléon qui prit, avec un décor abondamment chargé, l'aspect que nous lui voyons. Napoléon III procéda également à d'importants remaniements à l'intérieur du palais et, notamment, développa les surfaces d'exposition du musée. Celui-ci naquit sous la Révolution, le *Museum* de 1793 en fut le premier embryon, mais Bonaparte apporta l'impulsion décisive en fondateur du Musée Napoléon où vinrent se loger, aux côtés des anciennes collections royales, les prises de guerre des campagnes d'Italie ; puis, deux siècles durant, le musée ne cessa d'augmenter son renom.

En cette fin du XXe siècle, l'apport des temps modernes dote le Louvre d'un prestige encore accru par la "recréation" de la cour Napoléon où se dresse la pyramide entourée de jeux d'eau. Le musée, quant à lui, connaît une extension majeure dans les parties du palais reprises à l'Administration.

Mais il convient d'illustrer par des images ce que fut, au cours des siècles, la longue et féconde élaboration de ce qui est aujourd'hui appelé le Grand Louvre.

**Le vieux Louvre
de Philippe Auguste et de
Charles V**

Du XIIe au XIVe siècles

Les fouilles entreprises en 1983 ont constitué un
événement culturel primordial en mettant au jour
les assises du vieux donjon, haut de 32 m, élevé
par Philippe Auguste peu après 1190, ainsi que
celles des bâtiments résidentiels édifiés à l'entour,
deux cents ans plus tard, par Charles V. Elles
couvrent une surface équivalant au quart de la
cour Carrée dont le sol reconstitué les enfouit en
une crypte. Un parcours des fossés convainc du
bel appareil de ces constructions dont il subsiste
7 m d'élévation. François Ier, en 1528, fit raser la
grosse tour centrale ; les derniers vestiges du
Vieux Louvre ne disparurent au regard qu'au début du règne de Louis XIV, en 1660.

détail

MAÎTRE DE
SAINT-GERMAIN-DES-PRÉS
Actif à Paris vers 1500

Pietá de Saint-Germain-des-Prés

Vers 1500

Bois. H 0,97 m ; L 1,98 m

Saisie révolutionnaire ; entrée au Louvre

en 1845. INV 8561

Par le réalisme de sa représentation, le paysage
servant de fond à cette *Pietá* offre une parfaite
vue de l'ensemble du Louvre médiéval dans ces
derniers instants. On distingue le déroulement des
constructions le long de la Seine. Les deux tours

jumelles, au centre, situent la grande entrée royale édifiée sous Charles V.

Pierre LESCOT *1510-1571*
Jean GOUJON *Vers 1510-1566*

Aile sud-ouest de la cour Carrée

1548-1553

Dans le désir de se concilier les Parisiens, François Ier souhaita s'établir parmi eux. Très tôt, il modernisa les appartements gothiques du Louvre, puis, à la veille de sa mort, en 1545, il décida l'édification d'un palais nouveau dans le goût italien. L'architecte Lescot fournit les plans du projet repris par Henri II. C'est donc à lui que nous devons le premier noyau du Louvre actuel. Jean Goujon, déjà célèbre, et étroitement associé à Lescot, entreprit en 1548, le décor sculpté de la façade. Il l'orna d'allégories aux corps onduleux, aux draperies volantes, donnant ainsi un des plus beaux morceaux de la Renaissance à Paris.

Jean GOUJON
Vers 1510-1566

**La tribune de la salle
des Cariatides**

1550

En 1550, Goujon reçut de Lescot la mission
d'édifier une tribune destinée à recevoir les musiciens dans la grande salle du rez-de-chaussée de
la nouvelle aile Henri II, dite "salle de bal". Le
caractère si athénien des cariatides qui la sup-
portent pose une interrogation. On a dit que
Lescot remit au sculpteur un modèle de plâtre, ce
qui a porté à suggérer que celui-ci était relevé
sur des statues antiques, mais aucune preuve for-
melle ne vient soutenir cette thèse. Très restaurée
au cours du temps, la tribune subit quelques mo-
difications, la balustrade qui la surmonte de nos
jours date du Premier Empire.

détail

Louis METEZEAU
1559-1610

**Partie orientale de la Galerie
du bord de l'eau**

1595-1607

Reprenant l'ancien projet de Catherine de Médicis
d'édifier une galerie longeant la Seine, et conduisant à son palais des Tuileries, Henri IV confia à
l'architecte Métézeau le soin de construire un
premier tronçon allant jusqu'à ce qui est aujourd'hui le guichet du Carrousel ouvert par
Napoléon III. La seconde partie, vers l'Ouest, fut
édifiée par Jacques II Androuet du Cerceau. La
Galerie du bord de l'eau, dans sa partie ancienne
subsistant, reçut un décor sculpté dû aux frères
Lheureux, très restauré, sous les directives du
Duban à partir de la Deuxième République.

Jacques LEMERCIER
Vers 1585-1654
Jacques SARAZIN *1592-1660*

Le pavillon de l'Horloge
Façade sur la cour Carrée

1640

Louis XIII entreprit la réalisation de ce qui avait peut-être été le rêve de ses prédécesseurs, la quadrature de la cour autour des vestiges médiévaux dont il poursuivit la destruction. En 1640, Lemercier fut chargé du chantier. Il éleva au bout du palais de Lescot un pavillon le dominant, et devant servir de jonction avec une aile symétrique conçue dans le même style, puis il ajouta une demi-aile en retour d'équerre au nord. Les prémices de la cour Carrée avaient été ainsi posées. Le pavillon dit de l'Horloge (aujourd'hui Sully) fut coiffé d'un dôme répondant à celui qu'avait édifié Philibert Delorme sur les Tuileries. Il servit de prototype à ceux qui surmontent tant des toitures du Louvre. D'aucuns estimèrent un peu lourde la superposition des frontons que vinrent soutenir des cariatides gémellées dues au ciseau de Sarazin et de son équipe de sculpteurs.

Giovanni Francesco ROMANELLI
1610-1662
Michel ANGUIER
1612-1686

Judith et Holopherme

1655-1656

Peinture à la fresque et stuc

Décor commandé par Anne d'Autriche ;

actuellement plafond de salle 5 des antiquités

romaines. INV 20350

Au rez-de-chaussée de la Petite Galerie perpendiculaire à la Seine et achevée en 1602 par Henri IV, Anne d'Autriche régente installa ses ap-

partements d'été. Cette enfilade de salons rema-
niés sous le Consulat pour que les Antiques y
fussent présentés, montrent encore la splendeur
de leurs voûtes peintes à fresque par l'italien
Romanelli dans le grand goût des palais romains
de l'époque. Le sculpteur Michel Anguier, aidé
par le stucateur Pietro Sasso, accosta les peintures
de hautes figures de stuc doré. Mazarin veilla
personnellement à la réalisation de cet ensemble
voué par ses thèmes à la glorification du jeune
Louis XIV en flattant l'admiration de la reine
pour les "femmes fortes" de l'Histoire.

Gilles GUÉRIN
1606-1678

Plafond de la chambre du roi

1654
Or moulu sur bois de chêne

A l'occasion de l'installation de ses nouveaux appartements au Louvre, le jeune roi Louis XIV
commanda, en 1654, ce plafond pour sa chambre
à coucher (aujourd'hui Salle des sept cheminées).
Sur une menuiserie assemblée par Louis Barrois,
le sculpteur Guérin aidé par Girardon (1628-1715)
à ses débuts, conçut ce somptueux décor de re-
nommées et de trophées, en une sorte de réponse
au plafond de la chambre de parade d'Henri II
(1556), qui n'avait cessé de susciter l'admiration.
Ces deux plafonds déposés en 1817, ont été remontés par Fontaine, en 1829, dans les salles du
musée situées derrière la colonnade de Perrault,
affectées de nos jours au département des Objets
d'art.

Charles LE BRUN
1619-1690

Galerie d'Apollon

Décor entrepris en 1661

La longue salle située au premier étage de la
Petite Galerie connut bien des vicissitudes, et
l'homogénéité de son ornementation somptueuse
ne laisse pas supposer qu'elle fut exécutée au
cours de près de deux siècles. Détruite par un incendie, en 1661, reconstruite par Le Vau, le roi
confia la direction de son décor à Le Brun. Celui-ci commença les peintures du plafond, aidé
pour la partie ornementale par Monnoyer, et par
les frères Marsy et Girardon pour les stucs. En
1678, Louis XIV quitta Paris pour Versailles, le
chantier resta en suspens, jusqu'à ce que
l'Académie de peinture, installée en ce lieu ne re-
prît les travaux de peintures (Taraval, Renou,
Lagrenée...) La partie centrale de la voûte restait
inachevée. Ce fut la Deuxième République qui
commanda à Delacroix la grande toile d'*Apollon*
(p. 25). La galerie est maintenant dévolue à la
présentation de trésors, orfévrerie, joyaux,
gemmes précieuses des collections du Louvre.

Claude PERRAULT *1613-1688*
Louis LE VAU *1612-1670*
Charles LE BRUN *1619-1690*

La colonnade

Entreprise en 1667

C'est à Louis XIV qu'est dû l'achèvement des ailes
orientale qui vinrent clore la cour Carrée. Au revers on imagina d'édifier une façade d'apparat
que devait accompagner une place royale jamais

réalisée. Le Bernin, venu d'Italie, fournit un projet non retenu. Celui que proposaient Perrault, Le Vau et Le Brun l'emporta. Cette colonnade, un peu solennelle, était une innovation souvent imitée par la suite. Si l'essentiel était construit sous Louis XIV, il fallut attendre 1812, pour que

les travaux fussent achevés. De nos jours, André Malraux, alors ministre de la Culture, souhaita que fut creusé un fossé le long de la façade et en retour des pavillons d'extrémité suivant le projet de Perrault, dégageant ainsi le soubassement de l'édifice.

Noël COYPEL
1628-1707

Apollon couronné par Minerve

1667

Toile. H 2,14 m ; L 1,03 m

Coll. de Louis XIV. INV 3460

Heureusement échappés à l'incendie des Tuileries, en 1871, ce tableau et son pendant, *Apollon couronné par la Victoire,* proviennent des petits cabinets de Louis XIV de ce palais. Par le choix de thèmes courtisans, par la majesté de la composition, la rigueur de la facture, ces œuvres témoignent de l'esprit imposé aux artistes par la dictature Le Brun, Premier peintre du roi.

Hubert ROBERT
1733-1808

Projet d'aménagement de la Grande Galerie

1796

Toilke. H 1,12 m ; L 1,43 m

Acq. 1975. RF 1975 - 10

Dès 1776, le surintendant des bâtiments de Louis XVI, le comte d'Angiviller, envisagea d'ouvrir au Louvre des galeries d'œuvres d'art mises à la disposition du public. Très vite, il associa Robert à son projet, le nommant "garde" des tableaux. Nous dirions conservateur. Quand le Museum central des Arts fut fondé par la Convention, en 1793, Robert demeura en fonction, et cela jusqu'en 1803, hormis une courte éclipse durant la Terreur. Il ne faut s'étonner que les aménagements intérieurs de ce qui devenait un si grand musée, n'aient accaparé sa pensée. Il mit son pinceau si élégant au service de ces recherches en peignant de nombreuses vues du

Louvre, tantôt réalistes *(La salle des Saisons)*, tantôt imaginaires, comme cette *Grande Galerie*, dans lesquels il réfléchit, en technicien, aux questions d'éclairage et de répartitions des surfaces d'exposition.

Hubert ROBERT
1733-1808

La salle des Saisons

1802-1803

Toile. H 0,38 m ; L 0,46 m
Acq. 1964. RF 1964 - 35

En considérant les statues représentées dans le tableau, et en se rapportant aux inventaires, on apprend que la peinture a été exécutée dans les années 1802-1803, quand s'ouvrit le nouveau Musée des Antiques.

Alexandre Evariste FRAGONARD
1780-1850

Boissy d'Anglas saluant la tête du député Féraud (esquisse)

1830

Toile. H 0,71 m ; L 1,04 m
Acq. 1984. RF 1984 - 19

Le palais des Tuileries fut aussi le théâtre des scènes les plus notoires de la Révolution de 1789, bien que peu d'images nous en aient été gardées. Ce tableau, exécuté en 1830, évoque un épisode marquant : l'assassinat du député Féraud par les émeutiers de prairial de l'An III (20 mai 1795), qui présentèrent sa tête au bout d'une pique à Boissy d'Anglas, président de la Convention nationale dont les séances se tenaient dans une salle du palais des Tuileries.

Salles Percier et Fontaine

A la demande de l'Empereur, Percier et Fontaine durent élargir l'escalier construit par Soufflot, desservant le premier étage du Musée Napoléon. Les architectes apportèrent un soin particulier à l'aménagement et au décor du palier, un long vestibule ouvrant sur le Salon carré, les colonnes de marbres, les ors vinrent accompagner les peintures à fresques de la voûte par Charles Meynier (1768-1832). L'inauguration de l'ensemble eut lieu pour l'ouverture du Salon de 1812. Quand on détruisit l'escalier, sous le Second Empire, pour édifier l'escalier Daru (p. 28) l'ancien vestibule, gardant son décor, devint les salles Percier et Fontaine.

Lorenzo BARTOLINI
1778-1850

Buste colossal de Napoléon Ier

1805
Bronze. H 1,55 m ; L 0,91 m ; P 0,76 m
Commande de l'Etat. MR 3327

En 1803 fut inauguré le Musée Napoléon ainsi baptisé en l'honneur du Premier Consul. Mais ce ne fut qu'en 1805 que sa majestueuse entrée, aujourd'hui condamnée, fut surmontée de ce buste colossal de Bonaparte devenu Empereur. Nous l'y voyons lauré à la romaine. L'œuvre compte parmi les pièces maîtresses du sculpteur florentin retourné dans son pays natal peu après l'exécution de ce bronze.

Charles PERCIER *1764-1838*
Pierre FONTAINE *1762-1853*

L'arc de triomphe du Carrousel

1806-1808

Les architectes Percier et Fontaine édifièrent l'arc en guise d'entrée majestueuse de la cour du Carrousel clôturée sous le Consulat. Il est décoré de statues dues à différents auteurs, représentant huit soldats de la Grande armée, et de reliefs évoquant des victoires napoléoniennes. En 1809, il servit de piédestal aux célèbres chevaux de Saint-Marc, prise de guerre des campagnes d'Italie, que la Restauration restitua à Venise, leur substituant un nouveau quadrige du à Bosio. L'arc est illustré ici par un tableau de Bellangé (1862).

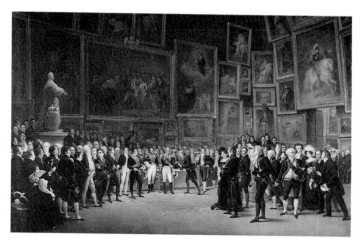

François HEIM
1787-1865

Charles X distribuant les récompenses aux artistes du Salon de 1824

Salon de 1827

Toile. H 1,73 m ; L 2,56 m

Commande de l'Etat, 1825. INV 5313

Les premiers Salons de l'Académie ouvrirent au Louvre au XVIIe siècle avec une fortune et une périodicité irrégulières. Au siècle suivant la manifestation prit une ampleur grandissante, pour connaître, au XIXe siècle, une importance culturelle primordiale. Le tableau montre le roi Charles X félicitant les artistes du Salon de 1824, installé dans le Salon carré, et demeuré notoire, car ce fut celui de l'explosion du romantisme en France avec, notamment, *les Massacres de Scio* ₃₉₄ de Delacroix.

Pierre FONTAINE
1762-1833

Le Musée Charles X

Inauguré en 1827

Au premier étage de l'aile méridionale de la Cour carrée, et ouvrant sur celle-ci, furent inaugurées en même temps que le Salon, de nouvelles salles dénommées Musée Charles X. L'architecte Fontaine le décora richement en jouant des marbres roses, des stucs blancs et de l'or des chapiteaux des pilastres. Neuf plafonds furent demandés à différents peintres, le plus célèbre étant celui de *l'Apothéose d'Homère* par Ingres. On aperçoit ici la huitième salle (Salle H) surmontée du plafond de François Heim (1787-1868). Le Musée Charles X présente aujourd'hui les collections d'archéologie égyptienne.

François BIARD
1798-1882

**Quatre heures au Salon
"On ferme"**

Salon de 1847
Toile. H 0,57 m ; L 0,67 m
Don Mortimer Schiff, 1921. RF 2347

Par cette peinture, joliment humoristique, Biard évoque un des derniers Salons qui se soient tenus au Louvre, celui de 1847.

Felix DUBAN *1797-1870*
Pierre Charles SIMART
1806-1858

Voûte du Salon carré

1850-1851

Stuc

Dès son installation, après la Révolution de 1848, le nouveau directeur des Musées, Jeanron, fit procéder à d'importantes restauration des bâtiments du Louvre. La voûte du Salon Carré exigeait une remise en état urgente. Duban, architecte du Louvre, fit appel à Simart pour la réalisation des stucs rehaussés d'or qui montrent des allégories traitées dans un goût déjà annonciateur du style composite du Second Empire. Pour la première fois apparut le monogramme RF, celui de la Deuxième République, dans une décoration du Louvre. La salle fut inaugurée, en juin 1851, par le Prince-Président.

Eugène DELACROIX
1798-1863

Apollon vainqueur du serpent Python

1850-1851

Toile marouflée sur la voûte. H 8 m ; L 7,50 m

Commande de l'Etat, 1848. INV 3818

En 1848, Jeanron, directeur du Louvre nommée par le nouveau pouvoir, demanda à Delacroix d'orner la partie centrale du plafond de la Petite Galerie demeurée inachevée. Autrefois, Le Brun avait projeté un sujet traitant d'Apollon, Delacroix adopta ce principe, et exécuta une de ses plus brillantes compositions dans un éblouissement coloré tout rubénnien.

Ange TISSIER
1814-1876

L'architecte Visconti présente aux souverains les plans du nouveau Louvre

Salon de 1866
Toile. H 1,78 m ; L 2,30 m
Acq. 1866. MV 5435

Le Second Empire vit la réalisation de ce qui avait été le « Grand dessein » des rois.

Napoléon III acheva la démolition des dernières maisons privées qui encombraient la grande cour du Louvre maintenant complètement fermée par la construction de l'aile devenue par la suite le Ministère des finances. L'architecte Visconti construisit parallèlement à la Galerie du Bord de l'eau d'importants bâtiments à destination muséographique, les Salles Daru et Mollien. Lefuel, continua l'œuvre de Visconti, en reprenant la partie de la Grande Galerie due à Androuet, ainsi que le Pavillon de Flore, qui menaçaient ruine.

Le tableau montre Visconti expliquant à Napoléon et à Eugénie quels étaient ses projets.

Jean-Baptiste CARPEAUX
1827-1875

Le triomphe de Flore

1864
Terre cuite. H 1,37 m ; L 1,80 m ; P 0,79 m
Don Dollfuss, 1912. RF 1543

Lefuel ayant rebâti le Pavillon de Flore, il demanda à Carpeaux une sculpture destinée au fronton du côté de la Seine. L'artiste choisit Flore, illustrant ainsi la dénomination de l'édifice.

Il est malaisé aujourd'hui d'admirer cette pièce - "plus vivante que la vie" disait Théophile Gautier - en raison de son éloignement. Par bonheur des esquisses et modèles (Musée d'Orsay), des répétitions nous permettent un contact plus facile.

Vue des appartements du Duc de Morny

Le comte, puis duc, de Morny (1811-1865), fils adultérin de la reine Hortense, donc demi-frère de Napoléon III, devint sous le règne de celui-ci une personnalité de premier plan. Il reçut le privilège d'un appartement au Louvre dans le pavillon Turgot, nouvellement construit. Quelques salons, heureusement épargnés par l'incendie de la Commune, montrent encore un ensemble remarquable de décor et de mobilier de style Second Empire. Les salons, longtemps inclus dans le Ministère des finances, constitueront un des attraits majeurs du Musée du Grand Louvre étendu à la totalité du palais.

Giuseppe DE NITTIS
1846-1884

La place du Carrousel ruines des Tuileries

1882

Bois. H 0,45 m ; L 0,60 m

Acq. 1883. RF 372

Les ruines des Tuileries incendiées pendant les journées révolutionnaires de la Commune en

1871, subsistèrent longtemps. Elles ne furent arasées qu'à la fin du siècle quand la restauration des pavillons de Flore et de Marsan fut décidée en vue de l'exposition universelle de 1900. De Nittis donna ici une image de la Cour du Carrousel avant que la remise en état du quartier ait été entreprise.

L'escalier de la Victoire de Samothrace

Napoléon III avait demandé à Hector Lefuel un escalier monumental desservant les salles de la nouvelle aile construite par Visconti parallèlement à la Grande Galerie. Le chantier n'était pas terminé en 1870, et resta en suspens jusqu'à ce que l'on eut l'idée, en 1883, pour en hâter l'achèvement, d'installer au sommet de la volée, la *Victoire de Samothrace,* récemment apportée de Grèce. Plusieurs projets de décor intervinrent, mosaïques, fresques, et furent à demi-entrepris, à l'insatisfaction générale. On décida de supprimer toute cette ornementation hétérogène, et, en 1934, l'escalier prit l'aspect que nous lui connaissons.

Georges BRAQUE
1882-1963

Les oiseaux

1953
Toile. H 3,47 m; L 5,01 m
Commande de l'Etat, 1953. INV 20378

La salle dite des Etrusques, ancienne antichambre d'Henri II, possède encore le plafond renaissance, en menuiserie, commandé par ce roi. Il comporte trois médaillons évidés devant recevoir chacun une peinture. Sous la Restauration, Joseph-Merry Blondel exécuta trois toiles à cet effet, œuvres sans relief. En 1953, André Malraux conçut l'idée de leur substituer trois compositions demandées à Braque. Elles constituent le seul apport des maîtres du XXᵉ siècle à la décoration intérieure du Louvre.

Ieoh Ming Pei
né en 1917

Pyramide de la cour Napoléon

En 1984, l'architecte américain d'origine chinoise, Ieoh Ming Peï remet un projet de réalisation d'un Grand Louvre, occupant la totalité du palais. Un réaménagement complet est décidé, aussi bien dans la présentation des collections, que dans leur répartition et les moyens de leur accès. Mais la création la plus spectaculaire réside dans la transformation de la Cour Napoléon. En son centre, une pyramide de verre et de métal y fut inaugurée en octobre 1988. Ses lignes, par de savants calculs, viennent s'incorporer harmonieusement dans les anciennes architectures.

Mésopotamie

Iran

Levant

Islam

Antiquités Orientales

Introduction

L'Orient classique constitue un vaste ensemble
géographique, réuni seulement dans l'empire
perse, qui s'étendait de l'Indus à la Méditerranée.
Ce Proche et Moyen Orient ne fut longtemps
connu qu'à travers les récits de la Bible et des
voyageurs et historiens grecs et latins. Sa civilisation presque totalement tombée dans l'oubli fut
révélée à partir du XIXe siècle par la recherche archéologique suscitée chez les Européens par le
souci de mieux connaître les racines de leur
propre civilisation. Cette recherche fut inaugurée
en 1842, quand Paul-Emile Botta, agent consu-
laire de France à Mossoul, actuellement en Irak
du Nord, s'attacha à mettre au jour les vestiges
présumés de l'antique Ninive.

Ainsi fut révélé à Khorsabad, en mars 1843, le
palais de Sargon II d'Assyrie, décoré de sculptures
colossales. Un choix de celles-ci fut immédiate-
ment envoyé en France et joint au Louvre au
"département des Antiques". Trente ans plus
tard, un autre diplomate, Ernest de Sarzec, s'attacha au Sud mésopotamien et y trouva, sur le site
de Tello, les témoins de la civilisation bien plus
anciennes de Sumer, dont le nom même avait été
oublié. Cette découverte suscita, en 1881, la création du département des Antiquités Orientales,
qui fonctionna désormais comme une institution
liée à la recherche archéologique et exposa de ce
fait non seulement les œuvres d'art, mais aussi
l'ensemble des témoins des civilisations antiques
constituant leur environnement archéologique.

Simultanément, d'autres érudits explorèrent les
pays du Levant, à la recherche des antiquités "ju-
daïques", et en 1860, Napoléon III confia une mission archéologique à Ernest Renan. Ainsi fut formée une première collection de référence phéni-
cienne. Puis à partir de 1884 fut entreprise la
fouille du palais de Darius à Suse, précédemment
repéré par une mission anglaise. Le site, capitale
du royaume d'Elam avant d'être celle des Perses,
se trouve en Iran occidental. Son exploration à
partir de 1896 et jusqu'à nos jours permit d'em-
blée de mettre au jour une série unique de chefs-

d'œuvre de la civilisation babylonienne, apportés
en butin de guerre par les Elamites au XIIe siècle
avant JC. Ces antiquités prestigieuses furent donc
trouvées à côté des témoins de la civilisation élamite, et exposées au Louvre dans leur totalité,
grâce à un traité spécial qui les cédait à la
France.

Après 1918, la France reçut de la SDN le man-
dat sur les Etats du Levant, Syrie et Liban, y or-
ganisa la recherche et la conservation des antiquités qui furent partagées entre le Louvre et les
musées locaux. En particulier, deux grands chantiers, encore en activité, allaient livrer des collections de premier ordre : Ras Shamra, ancienne
Ougarit (Mission Schaeffer) à partir de 1929, et
Mari (Mission Parrot), à partir de 1933.

Dès le début, des achats et des dons avaient permis de compléter les séries ainsi formées grâce
aux fouilles régulières. Depuis la Seconde Guerre
mondiale, le département des Antiquités
Orientales s'est principalement enrichi de cette
manière et a accueilli notamment des collections
formées autrefois par des amateurs éclairés, tels
que Louis De Clercq et, plus récemment,
David-Weill. Des antiquités dispersées purent ainsi être sauvées pour la recherche à laquelle est
voué le département.

Depuis sa réorganisation par André Parrot en
1947, ses collections sont réparties selon trois
grands ensembles géographiques et culturels ; la
Mésopotamie, référence historique majeure parce
que l'écriture y a été diffusée en premier lieu et
le plus largement ; l'Iran et les pays du Levant.
Les périodes qui suivent la conquête de l'Islam
sur l'ensemble de ces régions, sont présentées
dans une section particulière du département
consacrée aux arts de l'Islam.

Mésopotamie

La riche plaine de l'actuel Irak, arrosée par le Tigre et l'Euphrate, a vu le développement des plus anciennes civilisations urbanisées, après une longue préparation qui vit la maîtrise de l'agriculture recourant à l'irrigation. Les Sumériens furent les créateurs de cette civilisation, caractérisée par l'invention de l'écriture dans le cadre de cités-Etats gouvernées par des rois-prêtres. Cette civilisation créée dans le courant du IVe millénaire, se développa au IIIe millénaire au cours de la longue époque des dynasties archaïques. Celle de Lagash nous est connue par les antiquités découvertes à Tello, ancienne ville de Girsou. La même civilisation est représentée à Mari, cité sémite du Moyen Euphrate. Vers 2340, le roi Sargon de la dynastie sémite d'Agadé fonda un empire à prétentions universelles en annexant les vieilles cités de type sumérien. Il patronna un art exaltant la personne et la victoire royale, dont le chef-d'œuvre est la stèle de son petit-fils, Narâm-Sîn [10].

Après la chute de cet empire, le prince sumérien Goudea de Lagash patronna la renaissance dite néo-sumérienne, illustrée par la série de ces statues découvertes à Tello à partir de 1877 [11,12]. Les rois d'Our prirent ensuite en charge cette renaissance en organisant à leur tour un grand empire dont la destruction vers 2000 avant JC marque pratiquement la fin de l'existence de la population sumérienne, avec sa langue archaïque, qui ne se maintint désormais que comme langue savante et religieuse.

Des sémites nomades venus de l'Ouest, les Amorites, envahirent le pays dont ils adoptèrent la civilisation en fondant une série de royaumes dont celui de Babylone allait à son tour unifier le pays au XVIIIe siècle, sous le grand Hammourabi. Une autre dynastie amorite fit de l'Assyrie une grande puissance commerciale.

La Première dynastie de Babylone, détruite au début du XIVe siècle, fut remplacée par celle des Kassites venus d'Iran, au cours d'une longue période souvent obscure. Les Kassites furent abattus par les rois d'Elam qui razzièrent la Babylone et en rapportèrent l'immense butin découvert à Suse par la *Délégation en Perse*.

Après une époque obscure marquée par les invasions des nomades araméens, les Assyriens se ressaisirent et entreprirent de soumettre tout l'Orient, du IXe à la fin du VIIe siècle. Ils firent de leurs palais de Kalhu (act. Nimroud), de Khorsabad et de Ninive le centre de leur administration, avec un décor obéissant à un programme de propagande royale. Finalement, les rois Chaldéens de Babylone ayant abattu les Assyriens, patronnèrent une dernière renaissance ; c'est alors que Nabuchodonosor II restaura Babylone de façon grandiose, avec un décor émaillé, et acheva la fameuse Tour de Babel, dont le Louvre possède la description antique.

¹ Statuette néolithique

Tell es-Sawwan (Moyen Tigre)
Début du VIe millénaire avant JC
Albâtre. H 5,4 cm
Dépôt du musée de Bagdad, 1981. DAO 33

Ce témoin de la plus ancienne statuaire mésopotamienne a été trouvé par les archéologues irakiens dans une tombe antérieure à la diffusion de la poterie d'argile dans un village dont les habitants maîtrisèrent pour la première fois l'irrigation.

Les formes en général, et spécialement le visage, sont délibérément simplifiées, conformément à une crainte du réalisme humain, qui caractérise les civilisations de tradition néolithique en Orient.

2 Roi-prêtre sumérien

Mésopotamie méridionale
Epoque d'Ourouk, vers 3300 avant JC
Statuette, calcaire. H 0,250 m

Ancien fonds. AO 5718

La création des premiers Etats dûment administrés, ancêtres des Etats historiques de Sumer, suscita l'élaboration de l'écriture dans la métropole d'Ourouk qui a donné son nom à l'époque correspondante. Cette époque fut marquée par une "révolution" culturelle qui aboutit à l'élaboration des formes classiques de l'art oriental : ronde-bosse, bas-relief, etc., tandis qu'étaient abandonnées des formes d'art archaïques telles que le décor peint des vases, fortement stylisé. L'art nouveau avait le réalisme, d'abord assez rude, pour idéal. Le roi-prêtre de chaque cité-Etat, reconnaissable à son serre-tête et à sa barbe, fait figure d'ancêtre des rois sumériens historiques, appelés à jouer le rôle des dieux qui, du coup, ont été conçus sous forme humaine.

3 Le prince Ginak

Mésopotamie
Phase ancienne de l'époque
des dynasties archaïques
Vers 2700 avant JC
Gypse. H 0,260 m ; L 0,108 m

Don des Amis du Louvre, 1951. AO 20146

L'époque des premières dynasties semi-légendaires dont le souvenir ait été conservé dans la littérature sumérienne, vit l'essor d'un art nouveau, et notamment d'une statuaire destinée à perpétuer dans les temples les actes du culte rendu par des hommes et des femmes, sur un pied d'égalité, de condition très diverse. Dans un premier temps, cet art affectionna une stylisation anguleuse, géométrique, s'éloignant délibérément du réalisme, selon un idéal humain surprenant. L'effigie de Ginak, prince (en sumérien : *ensi*) d'une cité-Etat inconnue, est représentative de cet art archaïque.

⁴ Masse d'armes de Mesalim

Tello, ancienne Girsou
Vers 2600 avant JC

Calcaire. H 0,19 m ; ⌀ 0,16 m

Don du sultan Abd-ul Hamid, 1896. AO 2349

Comme les antiquités suivantes, celle-ci a été découverte par Ernest de Sarzec à Tello. Il s'agit d'une arme votive portant une inscription sumérienne qui en fait un des documents historiques les plus anciens. Elle a été vouée par Mesalim, roi de la ville sémite de Kish située au nord de Sumer, présenté plus tard comme l'arbitre des guerres entre Etats sumériens. L'arme porte pour décor traité dans un style archaïque, les "armoiries" de l'Etat sumérien de Lagash. Il s'agit de l'aigle à tête de lion, personnification du nuage d'orage, agrippant des lions qui forment une ronde autour de l'arme. L'aigle appelé Anzou personnifiait le domaine du dieu de l'ouragan, Ningirsou, patron de Lagash.

⁵ Relief d'Our-Nanshé
roi de Lagash

Tello, ancienne Girsou
Vers 2500 avant JC

Calcaire. H 0,40 m ; L 0,47 m

Fouilles E de Sarzec, 1888. AO 2344

Fondateur de la dynastie qui régna pendant près de deux siècles à Lagash, le roi Our-Nanshé a

39

commémoré ses constructions avec prédilection. Il s'est fait représenter comme un simple ouvrier-bâtisseur, portant le couffin à briques devant sa famille, puis assis pour banqueter. Il porte la jupe de fourrure dite *kaunakès*, conventionnellement traitée en languettes anguleuses. L'inscription désigne nommément chaque membre de sa famille, puis mentionne les principaux temples construits par ses soins.

face A

⁶ Stèle des Vautours

Tello, ancienne Girsou
Vers 2450 avant JC
Calcaire. H 1,80 m ; L 1,30 m
Fouilles E de Sarzec. AO 50, 2346, 2347, 2348, 16109

Cette stèle très mutilée porte un long texte sumérien qui constitue la plus ancienne page d'histoire connue, relatant les démêlés de l'Etat de Lagash avec ses voisins sous le règne d'Eannatoum, petit-fils d'Our-Nanshé et de ses prédécesseurs.

Les épisodes de ses victoires sont illustrés sur les deux faces, dans des registres.

Face A

Le roi jouant le rôle de son dieu Ningirsou a capturé ses ennemis dans un grand filet, selon un symbolisme repris dans la Bible (Ezéchiel, 12, 13 ; Luc, 21, 35).

Le roi rend hommage de sa victoire à sa déesse dont ne subsiste, derrière lui, que la tête reconnaissable à sa tiare à cornes.

Face B

En haut, les rapaces qui déchirent les cadavres des ennemis ont donné son appellation à la stèle. Au-dessous, le roi coiffé du casque-perruque à chignon, conduit l'infanterie lourde qui piétine les cadavres des ennemis. Puis le roi, dans son char, charge à la tête de l'infanterie légère. Enfin en bas, on enterre les morts et on offre un sacrifice funéraire.

face B

7 Vase d'Entéména
prince de Lagash

Tello, ancienne Girsou
Vers 2400 avant JC
Argent et cuivre. H 0,35 m ; L 0,18 m
Fouilles E de Sarzec. Don du sultan Abd-ul
Hamid, 1986. AO 2674

Entéména, neveu et second successeur d'Eannatoum, ne portait plus que le titre de "prince" ou "gouverneur", *ensi* au lieu de celui de roi. Il a voué ce vase pour le "service de table" de Ningirsou, dieu-patron de Lagash. Le décor gravé comporte, répétée quatre fois, l'image de l'aigle léontocéphale dominant des animaux divers. Entéména a patronné un essor littéraire important. Un de ses textes historiques fait état de la *liberté* donnée à son peuple ; un autre, de la *fraternité*, c'est-à-dire de l'alliance qu'il a faite avec le roi d'Ourouk.

8 Ebih-Il, l'Intendant de Mari

Mari (Moyen Euphrate) : Temple
d'Ishtar
Vers 2400 avant JC
Statuette, albâtre. H 0,52 m
Fouilles A Parrot, 1933-1934. AO 17551

La civilisation de type sumérien s'est imposée dans toute la Mésopotamie sémite, en particulier à Mari, actuellement Tell Hariri en Syrie, explorée à partir de 1934 par André Parrot, et de nos jours par Jean Margueron. La statuaire y a pris son essor à partir du milieu du IIIe millénaire, avec une originalité marquée par rapport au Sud. Un idéal d'optimisme souriant diffère profondément de l'expression sévère liée à la stylisation anguleuse de l'époque précédente, illustrée par la statuette de Ginak ₃. L'"intendant" était plutôt l'équivalent d'un ministre des Finances.
Il s'est fait représenter vêtu de la jupe de fourrure traitée avec un réalisme exceptionnel, et qui

permet d'identifier le *kaunakès* tel qu'il est stylisé par exemple sur le relief d'Ur-Nanshé ₅.

⁹ "Etendard" de Mari (détail)

Mari (Moyen Euphrate), Temple d'Ishtar
Vers 2400 avant JC
Coquille et mosaïque
Fouilles A Parrot. AO 19820

Détail d'un tableau aux éléments trouvés épars dans le temple d'Ishtar et reconstitué par analogie avec un ensemble intact trouvé à Our et appelé conventionnellement l'"étendard". Il évoquait une victoire de façon plus raffinée et plus libre que la stèle des Vautours ₆. Les dignitaires vainqueurs sont protégés par une large écharpe jetée sur l'épaule, et ils portent la hache d'armes. Les ennemis vaincus étaient poussés devant eux.

¹⁰ Stèle de victoire de Narâm-Sîn

Suse
Epoque d'Agadé, vers 2230 avant JC
Grès rose. H 2 m ; L 1,05 m
Fouilles J de Morgan, 1898. Sb 4

Cette stèle se dressait à l'origine dans la ville de Sippar, centre du culte du dieu Soleil, au nord de Babylone. Elle fut apportée en butin de guerre par un roi d'Elam à Suse, au XIIᵉ siècle avant JC. Elle illustre la victoire remportée sur les montagnards d'Iran occidental par Narâm-Sîn, 4ᵉ roi de la dynastie sémite d'Agadé, qui revendiqua la monarchie universelle tout en se faisant défier de son vivant. Il s'est fait représenter gravissant la montagne à la tête de ses troupes. Son casque est orné des cornes emblématiques de la divinité. Bien qu'élimé, son visage exprime l'idéal humain dominateur, imposé aux artistes par la monarchie. Le roi piétine les cadavres de ses ennemis au

pied d'un pic au-dessus duquel le disque solaire
était représenté plusieurs fois ; le roi lui rend
hommage de sa victoire.

¹¹ Goudéa, prince de Lagash

Sud mésopotamien
Epoque néo-sumérienne
Vers 2150 avant JC
Statue, diorite. H 0,705 m ; L 0,224 m
Acq. 1987. AO 29155

Après la chute de l'empire d'Agadé, Goudéa
prince de Lagash inaugura une renaissance de

Sumer, marquée à la fois par un essor littéraire correspondant au classicisme sumérien, et par un art de cour qui s'attacha à exalter un idéal de piété sereine et, peut-on dire, d'humanisme. Le prince indépendant, qui ne porta cependant jamais le titre royal, porte le bonnet, pseudo-turban, insigne de la souveraineté. Son visage junévile pourrait indiquer que la statue a été exécutée au début du règne.

12 Goudéa, prince de Lagash

Tello, ancienne Girsou
Epoque néo-sumérienne
Vers 2150 avant JC
Tête, diorite. H 0,23 m ; L 0,11 m
Fouilles E de Sarzec, 1881. AO 13

Cette tête coiffée du bonnet princier, pris à tort pour un "turban", a été trouvée à Tello, en même temps que les statues acéphales inscrites au nom de Goudéa et vouées dans les temples que ce prince avait construits. Ces statues étaient destinées à y perpétuer sa présence priante. L'expression de piété confiante est caractéristique de l'idéal humain qui animait les princes néo-sumériens, à la fin du IIIe millénaire.

13 La femme à l'écharpe

Tello, ancienne Girsou
Epoque néo-sumérienne
Vers 2150 avant JC
Statuette, chlorite. H 17 cm ; L 9 cm
Fouilles E de Sarzec, 1881. AO 295

On peut admettre que cette statuette datant d'une époque où l'art était mis au service de la monarchie, représente une princesse de la famille de Goudéa. Léon Heuzey, helléniste et premier conservateur du département des Antiquités orientales, observait sa "ressemblance avec le type grec" et ajoutait : "Nul doute que, dès cette époque, le seul progrès du goût n'ait amené la sculpture chaldéenne, par l'atténuation graduelle du type national, à une conception toute voisine du profil hellénique."

¹⁴ Taureau androcéphale

Tello, ancienne Girsou
Epoque néo-sumérienne
Vers 2150 avant JC
Stéatite. H 0,10 m ; L 0,14 m
Acq. 1898. AO 2752

Goudéa et son fils ont fait exécuter pour le mobilier des temples une série de statuettes représentant le taureau à tête humaine et destinées à porter un petit vase pour une offrande. Le taureau androcéphale était appelé un *lama*, ou "dieu protecteur". Il personnifiait la montagne de l'Est, d'où se lève le soleil le matin ; à ce titre, il était considéré comme l'animal-attribut du soleil. L'artiste néo-sumérien a su donner à ce monstre personnifiant une entité élémentaire, une expression de sérénité conforme à l'humanisme qui animait toute la civilisation de son époque.

¹⁵ Stèle de Goudéa

Tello, ancienne Girsou
Epoque néo-sumérienne
Vers 2150 avant JC
Calcaire. H 1,25 m ; L 0,63 m
Fouilles E de Sarzec, 1881. AO 52

Goudéa dressa dans les temples qu'il construisit une série de stèles commémorant les cérémonies du culte, mais fracassées dans l'antiquité. Le plus grand fragment représente un musicien jouant d'une grande lyre dont la caisse de résonance est censée représenter un taureau. Car un texte de

Goudéa nous apprend que les sons obtenus étaient comparés poétiquement au beuglement de cet animal.

16 L'ordonnateur du sacrifice

Mari (Moyen Euphrate),
palais de Zimrilim
Première moitié du XVIIIᵉ siècle
avant JC
Peinture murale sur enduit de boue séchée
H 0,76 m ; L 1,325 m
Fouilles A Parrot, 1935-1936. AO 19825

Le palais que le roi Zimrilim de Mari acheva avant sa destruction sous les coups de Hammourabi de Babylone, était décoré de peintures d'inspiration cultuelle. Celle-ci représente un très grand personnage, peut-être le roi, revêtu du riche costume à franges, conduisant les prêtres subalternes qui représentent le taureau paré pour le sacrifice. Cette peinture illustre bien l'appartenance de Mari au monde du Levant autant qu'à la Mésopotamie.

17 Lion gardien de temple

Mari, temple de Dagân
XIXᵉ siècle avant JC
Bronze et incrustations. H 0,38 m ; L 0,70 m
Fouilles A Parrot, 1936-1937. AO 19824

Dagân était le grand dieu des sémites Amorites ; son temple fut bâti à Mari à côté du palais royal, par le prince ou "gouverneur" indépendant, Ishtoup-iloum. Deux lions (le second est au Musée d'Alep) montaient la garde à sa porte pour terrifier l'ennemi éventuel. Ils sont faits de plaques de bronze cloutées à l'origine sur une âme de bois, aujourd'hui disparue. Des yeux de mêmes proportions, plus grandes que nature, ont été trouvées à proximité et laissent supposer qu'une "meute" d'autres fauves accompagnait les deux qui ont été seuls trouvés en place.

18 Code des lois de Hammourabi

Suse
Première moitié du XVIIIe siècle avant JC
Basalte. H 2,25 m
Fouilles J de Morgan, 1901-1902. Sb 8

Comme une série d'autres œuvres insignes, témoins de la civilisation mésopotamienne, cette haute stèle était originellement dressée dans une ville de Babylonie, et a été apportée en butin de guerre à Suse, par les Elamites au XIIe siècle. Elle a été découverte par la Mission de Morgan et son texte a été traduit en six mois par le Père Vincent Scheil. Hammourabi fut le 6e roi de la première dynastie de Babylone, qui assura pour la première fois la suprématie de sa ville, précédemment modeste. Il a fait graver sur cette stèle moins un "code" proprement dit qu'un recueil de sentences royales jugées exemplaires, conformément à une tradition inaugurée précédemment par les Sumériens. Le bas-relief du sommet représente sobrement le face-à-face du roi et du dieu. Le roi porte le bonnet de souverain, comme Goudéa ; l'attitude de sa main devant le visage est celle de la prière. Le dieu-soleil Shamash, patron de la justice, est reconnaissable aux flammes qui jaillissent de ses épaules. Sa tiare, à quatre paires de cornes symboliques de la puissance divine, indique son rang élevé dans la hiérarchie des dieux. Il tient la baguette et l'anneau, symboliques aussi de la puissance divine, qu'il tend mais n'offre donc pas au roi.

19 Tête royale

Suse
Epoque de la Première dynastie
de Babylone :
XIXᵉ-XVIIIᵉ siècles avant JC

Diorite. H 0,150 m ; L 0,125 m

Fouilles J de Morgan. Sb 95

Comme la stèle du "Code", cette tête a été apportée à Suse en butin de guerre, en provenance d'une ville babylonienne. Souvent considérée comme représentant Hammourabi, elle reste anonyme, mais a certainement appartenu à une statue de même époque, styliste selon l'idéal du roi-législateur, par opposition à celui du prince dévot, au temple de Goudéa, ou du souverain de l'univers, à l'époque d'Agadé. Il ne s'agit donc pas d'un portrait personnel, mais de l'effigie idéalisée du roi.

20 L'adorant de Larsa

Larsa (Babylonie)
Première moitié du XVIIIᵉ siècle
avant JC

Statuette, bronze et or. H 0,19 m ; L 0,15 m

Acq. 1932. AO 15704

Un dignitaire nommé Awil-Nanna, de l'antique cité sumérienne de Larsa, a voué ce petit bronze "pour la vie de Hammourabi", roi de Babylone, son suzerain. La dédicace au dieu Amourrou, patron des nomades Amorites qui avaient adopté la civilisation de tradition sumérienne, indique que ce bronze devait être placé dans le temple de ce dieu. Il est possible que le personnage agenouillé, coiffé du bonnet royal, soit Hammourabi lui-même. Il est représenté en bas-relief sur le socle, priant devant le dieu, devant qui cet objet devait donc être placé pour perpétuer sa prière, grâce à une offrande déposée dans une petite vasque placée par devant.

21 Koudourrou de Mélishipak

Apporté de Babylonie à Suse
Début du XIIᵉ siècle avant JC
Calcaire gris. H 0,65 m ; L 0,30 m
Fouilles J de Morgan, 1898-1899. Sb 22

Les rois de Babylone de la dynastie kassite ont fait de grandes donations à leurs vassaux. Le texte en était porté en principe sur les bornes, *koudourrou,* des terrains donnés ; il était reporté en fait sur de gros galets "pierres levées" déposés dans les temples. Ces chartes de donation étaient placées sous la protection du plus grand nombre possible de dieux, que le plus souvent on préféra représenter sous forme symbolique et répartis selon la hiérarchie du panthéon. Cependant, au sommet sont représentés les symboles des trois dieux astraux, Sîn le dieu lune, Shamash le soleil, et Ishtar la planète Vénus, en raison de leur position céleste plus que de leur dignité. Celle-ci était surpassée par celle de la triade suprême : Anou le ciel, Enlil l'air, symbolisés par leur tiare, et Ea l'eau douce de l'abîme, symbolisée par une sorte de sceptre porté par un poisson-chèvre. Au-dessous viennent les emblèmes de divers dieux ; on peut identifier celui de Mardouk, patron de Babylone, qui est une bêche pointue placée sur un socle par le dragon-serpent, gardien du domaine souterrain du dieu. Le même dragon porte le stylet de scribe, emblème de Nabou, fils de Mardouk. Ces emblèmes étaient difficiles à interpréter, même pour les anciens, qui ont parfois fait graver le nom des dieux symbolisés à côté de leurs symboles.

²² Koudourrou néo-babylonien

Ourouk (Babylonie méridionale)
Milieu du IXe siècle avant JC
Calcaire. H 0,32 m ; L 0,15 m
Acq. 1914. AO 6684

Le roi Mardouk-zakir-shoumi de Babylone bénéficiant du protectorat assyrien, donna la deuxième année de son règne, soit en 850 avant JC, des terres et huit maisons à un pontife et scribe du temple de la grande déesse Ishtar, nommé Ibni-Ishtar. Ce haut dignitaire a été représenté, saluant le roi qui tient un petit bouquet dont il hume le parfum. De part et d'autre sont les symboles des dieux garants de la donation. On reconnaît entre autres la grande bêche pointue de Mardouk, patron de Babylone, la foudre double d'Adad, dieu de l'orage, le sceptre orné d'une tête de bélier d'Ea, dieu de l'abîme des eaux douces, et la lampe de Nouskou, dieu du feu.

²³ Tête de dragon

Babylonie, époque néo-babylonienne
Première moitié du Ier millénaire
avant JC
Bronze. H 0,15 m
Acq. 1903. AO 4106

Cette tête de dragon était un objet du culte de Mardouk, dieu-patron de Babylone, qui était originellement une figure mineure du panthéon. Le monstre apparenté au redoutable serpent cornu, symbolisait le monde souterrain d'où on voit le serpent sortir. A ce titre, il était associé aussi à la végétation, c'est pourquoi le dieu avait aussi la bêche pointue pour emblème.

²⁴ Taureau ailé assyrien

*Khorsabad, palais de Sargon II
d'Assyrie, 721-705 avant JC*
Statue, gypse. H 4,20 m ; L 4,36 m
Fouilles PE Botta, 1843-1844. AO 19857

Le roi Sargon II construisit son palais dans la ci-
tadelle de la ville nouvelle qu'il fonda près de
Ninive, et que découvrit Paul-Emile Botta en

1843. Les portes étaient gardées par des paires de taureaux androcéphales empruntés au vieux répertoire sumérien [14], mais désormais ailés. Ces génies bienveillants appelés *lamassou* étaient les gardiens des bases du monde ; ils assuraient de même celles du palais.

L'inscription entre les pattes déclare : *"Palais de Sargon, le grand roi, roi puissant, roi de l'univers, roi d'Assyrie, etc... qui a établi la liberté de Sippar, Nippour et Babylone... le héros puissant revêtu de terreur... qui a vaincu Houmbanigash l'Elamite... a dévasté l'Ourartou... qui a abattu Samarie, captura Hanon roi de Gaza, abattit Midas, roi de Moushki."* Après quoi il relate la construction de sa ville, appelée Dour-Sharroukîn, c'est à dire Fort-Sargon.

25 **Tributaires mèdes**

Khorsabad (Assyrie)
Palais de Sargon II
721-705 avant JC
Relief, gypse. H 1,62 m ; L 3,66 m
Fouilles PE Botta, 1843-1844. AO 19887

Les reliefs décorant l'intérieur du palais de Sargon étaient plus petits que ceux, colossaux, qui revêtaient les façades, et répartis sur deux registres que séparait une inscription relatant les campagnes du roi. Celui-ci représente des Mèdes dans leur costume national, rendant leur forteresse symbolisée par une maquette, et amenant en tribut leurs magnifiques chevaux. Le sculpteur a manifesté autant son talent d'animalier que sa précision d'ethnologue.

26 Assourbanipal en char

Ninive, palais d'Assourbanipal
668-630 avant JC

Relief, gypse. H 1,62 m ; L 0,77 m

Don de Rawlinson à la mission Place.

Entré au Louvre en 1856. AO 19904

Assourbanipal fut le dernier des grands rois
d'Assyrie ; il patronna l'art palatial assyrien à son
apogée. Ce relief illustre, aux registres supérieurs,
la déportation des Elamites, après la mise à sac
de Suse en 646. En bas, le roi s'avance dans son
char. Il y est abrité par un parasol, porte la tiare
royale et tient, comme le roi de Babylone ₂₂, un
petit bouquet dont il respire le parfum. Derrière,
des serviteurs agitent des chasse-mouches et des
dignitaires tiennent les armes du roi.

face　　　　　revers

27 Plaque d'exorcisme

Assyrie
Fin VIIIᵉ-VIIᵉ siècles avant JC

Bronze. H 0,135 m ; L 0,085 m

Don H de Boisgelin, 1967. AO 22205

Cette plaque est l'illustration d'exorcismes dont le
texte nous est parvenu avec des variantes. Le médecin avait pour rôle de chasser les démons à qui
l'on attribuait les maladies. La plaque porte deux
anneaux permettant de la suspendre au-dessus du
malade. Elle est présentée par le démon
Pazouzou, chargé de mettre les autres démons en
fuite. Le décor est réparti en registres : en haut
sont les symboles des dieux invoqués pour la guérison. Puis viennent les Sept démons redoutables.
Au-dessous figure le malade sur son lit, veillé par
deux génies-poissons qui sont des "Sages" de la
suite d'Ea, dieu de la Sagesse et de l'abîme. Enfin en bas apparaît la méchante déesse Lamashtou
qui tourmente le malade. Elle est portée par un
âne chargé de la reconduire vers le désert ; il est

dans une barque naviguant sur le fleuve des enfers.

A côté sont figurés les bijoux et autres cadeaux offerts à la déesse pour l'inviter à regagner les enfers.

Iran

Dominant la Mésopotamie à l'Est, l'Iran constitue un vaste ensemble montagnard, compartimenté en plusieurs régions qui restèrent longtemps attardées dans la préhistoire, sauf au Sud-Ouest où le royaume d'Elam fut organisé en une entité historique contemporaine de celles de Sumer et de Babylone. L'Elam était un Etat double, comprenant la plaine de Suse à l'Ouest, et le plateau du Fars actuel, avec la ville d'Anshân à l'Est. Suse fut fondée vers 4000 avant JC, par une population apparentée à celles du plateau, comme l'illustre sa magnifique céramique peinte. On peut la comparer à celle de Tépé Sialk, au centre du plateau. Puis Suse fut intégrée à la Mésopotamie sumérienne à l'époque de la "révolution urbaine" et des premiers Etats. C'est alors qu'apparaissent les premiers documents de comptabilité et une statuaire raffinée. Puis Suse réintégra le monde du plateau où fut créée la civilisation proto-élamite, vers 3000 avant JC, avec une écriture répandue jusqu'à Tépé Sialk et au Séistan.

Au IIIe millénaire, Suse fut à nouveau annexé par la Mésopotamie, de sorte qu'on y trouve une statuaire comparable à celle de Mari, destinée à perpétuer la prière des dévots dans les temples. Simultanément prenaient leur essor des civilisations de nomades-artisans, au Louristan, au nord de la Susiane, avec les premiers bronzes ornés, et à l'Est, dans la province de Kerman, avec des vases taillés dans la pierre verte (chlorite) portant un riche décor. A la fin du IIIe millénaire, cette civilisation dite trans-élamite essaima jusqu'aux confins de l'Asie Centrale, en Bactriane et aux portes de l'Inde, de façon particulièrement brillante.

Au IIe millénaire fut réorganisé un royaume élamite double, au temps des "rois d'Anshân et de Suse", tandis qu'étaient abandonnées les installations trans-élamites aussi bien que les nécropoles du Louristan. L'apogée de la puissance élamite fut atteint ensuite. Au XIIIe siècle, le roi Untash-Napirisha fonda une nouvelle capitale à Tchoga Zanbil non loin de Suse. Le site était dominé par une tour à étages remarquablement conservée. Puis au XIIe siècle, les rois d'une dynastie très brillante s'emparèrent de la Babylone et en rapportèrent en butin de guerre les chefs-d'œuvre que sont la stèle de Narâm-Sîn [10], le Code de Hammourabi [18], etc., qui furent placés à Suse à côté de ceux de l'art élamite découverts aussi par la mission de Morgan. Simultanément, des peuples nouveaux, peut-être des immigrants Iraniens, s'installèrent en Iran du Nord et déposèrent dans leurs tombes un riche mobilier, avec en particulier des vases précieux. De même, la civilisation des nomades du Louristan, tombée en sommeil vers le XVIIIe siècle, reprit vie vers le XIIe et s'exprima longuement dans l'art extraordinaire de ses "bronzes" de tradition préhistorique qui a tant séduit notre temps.

Les Elamites connurent une renaissance aux VIIIe et VIIe siècle, puis s'effondrèrent sous les coups des Assyriens en 646. C'est alors que les Perses, installés parmi eux, firent de leurs pays leur terre d'élection. Comme l'Elam, l'empire perse eut deux capitales : Persépolis et Suse. Darius construisit son palais Apadana dans cette dernière, avec un riche décor émaillé découvert de 1884 à 1886 par Dieulafoy. Suse perdit, avec la chute de l'empire perse sous les coups d'Alexandre le Grand, son importance de capitale politique et culturelle, tandis que l'Iran s'hellénisait tout en gardant son originalité qui connut un long essor sous la dynastie sassanide du IIIe au VIIe siècle après JC.

²⁸ Boisseau de Suse I

Suse : nécropole archaïque
Vers 4000 avant JC
Terre cuite. H 0,285 m ; L 0,160 m
Fouilles J de Morgan, 1907-1909. Sb 3174

Les vases peints déposés dans les tombes des premiers Susiens illustrent, à la veille de son extinction, l'apogée de la tradition néolithique des peuples montagnards descendus dans la plaine. Les formes sont simples et harmonieuses ; le décor hardiment stylisé. On reconnaît en haut une frise d'échassiers étirés en hauteur ; au-dessous, des chiens courants, étirés horizontalement, et en bas, un grand bouquetin aux formes géométriques et au cornes démesurées, dessinant un ovale presque parfait. Cette stylisation rapelle de façon trompeuse celle de signes pictographiques. En réalité, elle est purement décorative, comme l'atteste sa diversité d'un vase à l'autre. Avec de tels vases pouvaient être mis à la disposition des morts des objets, telle une hache en cuivre, importés d'Iran central.

29 Orante

Suse, époque d'Ourouk
Vers 3200 avant JC
Statuette, albâtre. H 6,3 cm ; L 3,8 cm
Fouilles J de Morgan, R. de Mecquenem, 1909
Sb 70

L'adoption de la civilisation urbaine de type sumérien amena les Susiens à créer des arts appelés
à devenir classiques, inconnus des préhistoriques,
rompant avec la stylisation purement décorative
chère à ces derniers, pour adopter le réalisme
pour idéal. C'est ainsi qu'ont été taillées des statuettes de dévotes, à la fois délicates et pleines
d'humour, agenouillées dans leur robe selon la
tradition propre au monde iranien.

30 Pièce de comptabilité archaïque

Suse, époque d'Ourouk
Vers 3400-3300 avant JC
Terre légèrement cuite. ⌀ 6,5 cm
Fouilles R de Mecquenem. Sb 1927

Obligés de gérer la richesse considérable suscitée
par le développement de type urbain, les Susiens
créèrent une comptabilité. Ils commencèrent par
matérialiser les nombres par de petits objets d'argile analogues aux *cailloux* utilisés par d'autres civilisations antiques et qui ont donné son nom à
notre *calcul*. Ils les plaçaient dans des boules
creuses d'argile pour éviter leur dispersion. Le
nombre ainsi symbolisé pouvaient être reporté
sous forme d'encoches à la surface de la boule-
enveloppe sur laquelle on apposait le sceau désormais cylindrique du scribe, comme garantie d'au-
thenticité. Ces encoches sont les premiers signes
graphiques proprement dits, que l'on reporta
bientôt sur de petits pains d'argile ou "tablettes",

en attendant de préciser leur signification par des signes conventionnels. Le processus d'invention de l'écriture était ainsi engagé, grâce à la comptabilité.

31 Support cultuel

Suse, époque des dynasties archaïques
Vers 2400 avant JC
Mastic de bitume. H 0,183 m ; ⌀ 0,115 m

Fouilles J de Morgan. Sb 2725

Suse devint au milieu du IIIe millénaire une cité de type sumérien, avec sur son acropole un temple abritant des statuettes d'orants et des objets de culte, témoins de l'originalité de l'art local. Pour imiter à bon compte les pierres exotiques, on utilisait le bitume abondant dans ce pays riche en pétrole, et on le durcissait artificiellement. On taillait ainsi des supports d'offrandes au décor animalier rudement stylisé. On y reconnaît le thème de l'aigle protégeant sa nichée et d'aspect moins redoutable qu'au pays de Sumer où on lui attribuait une tête de lion.

32 Déesse élamite

Suse, vers 2100 avant JC
Statue, calcaire. H 1,09 m

Fouilles J de Morgan, 1907. Sb 54

Le prince de Suse, Pouzour-Inshoushinak, réussit à créer un empire élamite double, englobant la plaine susienne de langue sémitique, et le plateau de langue élamite. Il inscrivit ses monuments en deux langues: l'accadien sémite et l'élamite rédigé en une écriture linéaire nouvelle, encore mal déchiffrée. La statue à inscription bilingue représentant la grande déesse lui attribue l'aspect de l'Ishtar mésopotamien, trônant sur des lions. Sa tiare à cornes est semblable à celle des divinités du temps de Goudéa, prince de Lagash, sensiblement contemporain.

33 **Tête d'épingle trans-élamite**

Iran du Sud-Est
Vers 2000 avant JC
Cuivre. Epingle L 24,8 cm
plaque H 5,85 cm ; L 5,1 cm
Don M Foroughi, 1975. AO 26068

Des artisans semi-nomades s'établirent aux confins orientaux de l'Iran, au-delà de l'Elam, pour en exploiter les richesses naturelles. Ils créèrent ainsi une civilisation trans-élamite qui s'épanouit du milieu du IIIe millénaire aux alentours du XVIIe siècle. Les tailleurs de pierre exécutaient des vases richement décorés en chlorite et les métallurgistes fondaient des armes d'usage et d'apparat et des objets de parure, tels que cette longue épingle. La plaque ajourée évoque la conversation galante d'un couple dans un habitacle, inaugurant une tradition qui devait se perpétuer avec une surprenante fidélité dans l'art persan classique.

34 Statuette composite

Bactriane
Début du IIe millénaire avant JC
Chlorite et calcaire. H 0,183 m
Acq. 1969. AO 22918

A la fin du IIIe millénaire et au début du IIe, la civilisation trans-élamite essaima au-delà de l'Iran, jusqu'aux confins de l'Asie Centrale, en Bactriane (Afghanistan du Nord). Le mobilier des tombes creusées à proximité de forteresses très élaborées comprenait des objets d'usage courant et de luxe, témoins d'une civilisation apparentée à celle de l'Elam. A côté de haches d'apparat servant d'insignes de dignités, comme en Elam, on déposait dans les tombes des statuettes composites de femmes dont la robe en "crinoline" est semblable à celles des reines d'Elam ; cette robe a été traitée avec l'archaïsme du *kaunakès* de l'époque des dynasties archaïques.

35 Coupe au bouquetin

Suse, XXe-XIXe siècles avant JC
Mastic de bitume. H 9 cm ; L 22 cm
Fouilles R de Mecquenem, 1924. Sb 2740

La prospérité dont bénéficia Suse au début du IIe millénaire est attestée par la richesse du mobilier des tombes. Outre des parures d'or et d'argent, on plaçait à la disposition des morts de la nourriture dans de la vaisselle commune et dans des vases de luxe taillés dans le mastic de bitume pour imiter une pierre exotique.

La coupe est traitée comme une sculpture faisant corps avec un bouquetin dont l'avant-train est projeté en haut-relief, en renouant avec une tradition inaugurée quelques 1000 ans plus tôt en Mésopotamie. De tels vases caractéristiques de l'art susien ont été exportés dans l'antiquité vers la Babylonie où ils étaient vivement appréciés.

36 Dieu élamite

Suse, début du IIe millénaire
Cuivre et or. H 17,5 cm ; L 5,5 cm
Sb 2823

La dépendance culturelle de Suse à l'égard de la Babylonie resta grande au début du IIe millénaire, alors que la ville appartenait au royaume élamite. Les dieux étaient donc représentés comme ceux de Mésopotamie, vêtus de la robe à volants du *kaunakès* et coiffés de la tiare à plusieurs paires de cornes symboliques de la puissance divine. Celui-ci se distingue par son sourire, absent des effigies mésopotamiennes. Il était à l'origine entièrement revêtu d'un placage d'or qui ne subsiste que sur la main.

37 Portrait funéraire d'un Elamite

Suse, XV-XIVe siècles avant JC
Terre crue peinte. H 0,24 m ; L 0,15 m
Fouilles R de Mecquenem, 1926. Sb 2836

Au milieu du IIe millénaire, les Susiens enterraient leurs morts dans des caveaux familiaux, sous le sol des maisons. Ils plaçaient souvent à côté de la tête, sans doute voilée, un portrait exécuté sitôt la mort venue. C'est le seul exemple en

Orient d'un art funéraire proprement dit, s'attachant à fixer les traits personnels.

Celui-ci représente l'Elamite type, au visage sévère, caractéristique d'une rude population aux fortes affinités montagnardes.

38 Hachette royale

Tchoga Zanbil, ancienne Dour-Ountash
Vers 1250 avant JC

Argent, électrum. H 5,9 cm ; L 12,5 cm
Fouilles R Girshman, 1953. Sb 3973

Le roi Ountash Napirisha d'Elam construisit près de Suse une capitale religieuse dominée par une tour à étages, consacrée aux deux dieux-patrons des deux moitiés de l'empire, le haut-pays et la plaine susienne. A son pied, la déesse-épouse du dieu montagnard, appelée Kiririsha, avait un temple richement pourvu. On y a trouvé en particulier cette hachette portant l'inscription : *"Moi Ountash Napirischa"* inscrite sur la lame crachée par la gueule d'un lion. Une figurine de marcassin orne le talon de l'arme, qui renoue avec une tradition spécifiquement montagnarde, créée au Louristan au IIIᵉ millénaire.

39 Orant élamite

Suse, XIIᵉ siècle avant JC
Statuette, or et bronze. H 7,5 cm ; L 2,4 cm
Fouilles J de Morgan, 1904. Sb 2758

Cette statuette, comme une autre semblable, en argent, représente un orant en prière apportant un chevreau en offrande à la divinité. Elle était destinée à perpétuer un acte de culte dans un temple. Mais elle a été jointe aux offrandes funéraires, dans une tombe royale creusée près du temple d'Inshoushinak, patron de Suse. Elle est très représentative de la maîtrise des métallurgistes susiens, capables de fondre une statue de reine pesant, sans la tête, 1750 kg.

⁴⁰ Maquette de lieu de culte élamite

Suse, vers 1150 avant JC

Bronze. H 0,60 m ; L 0,40 m

Fouilles J de Morgan, 1904-1905. Sb 2743

Cette maquette porte une dédicace du plus grand roi d'Elam : Shilhak-Inshoushinak, qui la désigne comme un *Sit Shamshi*, "(cérémonie du) lever du soleil". Deux prêtres nus officient entre deux temples, à côté des accessoires du culte semblables à ceux des hauts-lieux cananéens contemporains : pierres levées, vasque pour l'eau, bosquet sacré. Cet objet n'était pas visible : il était noyé dans un bloc de chaux, inséré dans la maçonnerie d'un tombeau.

⁴¹ Vase aux monstres ailés

Région de Marlik (Iran du Nord)
XIVᵉ-XIIIᵉ siècles avant JC

Electrum. H 0,110 m ; ⌀ 0,112 m

Acq. 1956. AO 20281

Les premiers immigrants iraniens semblent s'être établis dans le courant du IIᵉ millénaire au nord du plateau auquel ils devaient leur nom. Vraisemblablement nomades, ils se faisaient enterrer dans des cimetières tels que celui qui a été exploré à Markil, non loin du village d'Amlash. Dépourvus de traditions artistiques, ils s'inspirèrent, pour décorer leur orfèvrerie, de l'art des vieilles civilisations d'Asie occidentale. Ce gobelet en alliage naturel d'or et d'argent (électrum) porte ainsi un décor emprunté au répertoire en honneur dans l'empire mitannien situé dans le Nord mésopotamien : monstres ailés aux serres entrelacées, maîtrisant des animaux.

42 Tête d'épingle du Louristan

Louristan (Iran occidental)
VIIIᵉ-VIIᵉ siècles avant JC
Bronze. H 0,129 m ; L 0,108 m
Don P et J David-Weill, 1972. AO 25008

Les montagnards du Louristan avaient créé dès le milieu du IIIᵉ millénaire la tradition d'une riche métallurgie qui subit une éclipse quand ils se sédentarisèrent au IIᵉ millénaire. Cette tradition reprit son essor avec le retour du nomadisme, du XIIᵉ au VIIᵉ siècle. Les bronziers montagnards affectionnaient les mêmes figures que les peuples urbanisés des plaines, mais en les stylisant selon l'esprit propre aux nomades restés en marge de l'histoire. Un génie maître des animaux, hérité des temps préhistoriques, porte la robe plissée, ancêtre de celle des Perses, traitée avec réalisme.

43 Les archers de Darius

Suse, vers 500 avant JC
Relief, briques émaillées. H 2 m
Fouilles M Dieulafoy, 1884-1886. AOD 488

Darius Iᵉʳ (522-486 avant JC) fit de Suse la capitale administrative, où il construisit son palais de

tradition babylonienne, auquel était adjointe une salle du trône, à colonnes, de tradition iranienne. Le décor émaillé de ce palais évoque surtout l'armée perse : les archers revêtus de la robe d'apparat, qui n'était pas leur tenue de combat. Soucieux de représenter cette robe plissée, selon la tradition attestée précédemment au Louristan, les émailleurs susiens se sont inspirés du modèle grec, en le stylisant selon leur génie propre.

⁴⁴ Anse de vase achéménide

V^e-IVe siècles avant JC

Argent et or. H 0,27 m ; L 0,15 m

Ancienne collection Tyzkiewicz. Acq. en 1898.

AO 2748

Selon toute vraisemblance, cette anse zoomorphe en argent partiellement plaquée or et son pendant du Musée de Berlin appartenaient à une de ces amphores à haut col évasé et panse ovoïde cannelée que nous montrent les bas-reliefs de Persépolis et dont quelques exemplaires en bronze ou en métal précieux sont parvenus jusqu'à nous. Comme leurs ancêtres nomades d'Iran du Nord, les grands rois perses appréciaient vivement la vaisselle de luxe. Leurs orfèvres s'inspiraient librement de l'art des peuples de l'empire. C'est ainsi que ce bouquetin ailé est foncièrement iranien, mais repose sur un masque de Silène, emprunté aux Grecs d'Ionie.

⁴⁵ Aiguière Sassanide

*Province de Deilamân
(Iran du Nord)
VIe-VIIe siècles avant JC*

Argent doré. H 0,181 m ; ⌀ 0,106 m

Acq. 1966. MAO 426

L'empire sassanide patronna, du IIIe au VIIe siècle, un art de cour très brillant, renouant avec la tradition de la riche orfèvrerie chère aux premiers Iraniens. En dépit d'une réaction nationaliste contre l'hellénisme des Parthes, l'inspiration du décor des vases précieux est souvent dionysiaque, associée à des influences indiennes, sensibles dans les effigies de danseuses aux voiles transparents. Ce décor est en harmonie avec l'atmosphère des beuveries décrites par les poètes persans du début de l'Islam.

Levant

Le terme de "Levant" recouvre les pays de la façade méditerranéenne du Proche Orient, l'Egypte constituant cependant un cas à part. D'importantes collections se sont constituées au Louvre dès les années 1850. Elles furent enrichies entre les deux guerres par des campagnes de fouilles scientifiques avec partage des antiquités entre Paris et les nouveaux musées fondés à Alep, Damas, Beyrouth, etc. Depuis la deuxième guerre, les découvertes archéologiques demeurent dans le pays d'origine, mais le musée du Louvre n'en poursuit pas moins une active politique de recherche sur le terrain, parfois sur les sites mêmes qui avaient contribué à la formation des collections du musée : Mari, Ras Shamra.

Intermédiaire obligé entre la Méditerranée et l'Orient mésopotamien, le Levant communique avec la Babylonie, au-delà de la steppe, domaine des nomades, par la vallée de l'Euphrate ; les plaines côtières, isolées par des chaînes montagneuses aux nombreux passages, les cours de l'Oronte et du Jourdain, déterminent autant de domaines écologiques ; sans doute en raison de ce morcellement géographique, le Levant ne constitua jamais une entité politique, et fut souvent la proie des ambitions de ses puissants voisins, tels les pharaons de la 12ᵉ dynastie (XXᵉ siècle) ou les Assyriens (IXᵉ-VIIᵉ siècles). A partir du VIIᵉ millénaire, de petites communautés sédentaires maîtrisèrent peu à peu leur environnement par l'élevage et l'agriculture. Ces bourgades se transformèrent en cités : au cours du IVᵉ millénaire, des agglomérations, ou colonies de type sumérien, s'installèrent le long de l'Euphrate ; dans le Negev, des villages spécialisés dans l'extraction du cuivre permettent des comparaisons avec l'Egypte prédynastique (Safadi, près Beersheba). L'histoire commence avec le IIIᵉ millénaire et les premiers textes : noms hiéroglyphiques de pharaons à Byblos, où les Egyptiens venaient chercher du bois de charpente des monts Liban ; tablettes cunéiformes à Ebla ou à Mari, où les scribes adoptèrent le système d'écriture mésopotamien, syllabique. Les premiers essais qui conduisirent à la découverte de l'alphabet, définitivement mis au point par les Phéniciens, ont été expérimentés dans ce cadre du Levant vers le milieu du IIᵉ millénaire.

Byblos et Ougarit, cités portuaires et têtes de ponts des routes commerciales de l'intérieur vers la Méditerranée prospèrent ; de même à Chypre, Enkomi, Paphos, Kition ; les relations commerciales et culturelles se développent avec les grandes puissances voisines, l'Egypte, les Hittites, puis les Assyriens ; ces échanges interviennent aussi avec le monde grec, depuis la période mycénienne (XIVᵉ siècle) et durant tout le Iᵉʳ millénaire. La Méditerranée du Iᵉʳ millénaire fut traversée de grands mouvements de colonisation : tandis que les Grecs s'installaient sur les rivages de l'Anatolie et aux bords de la Sicile et de l'Italie méridionale, les Phéniciens se propagèrent à Chypre, et vers l'Occident : la colonie de Carthage fonda à son tour des villes satellites, en Sardaigne, à Ibiza, en Espagne et tout le long des côtes du Maghreb. Les contacts furent plus nombreux entre colons grecs et marchands phéniciens et puniques que ne le laissent croire les historiens latins ; la conquête romaine vint unifier ces vastes domaines, devenus "mare nostrum".

Palestine

46 **Statuette masculine**

Negev, époque chalcolithique
3500-3000 avant JC
Ivoire d'hippopotame. H 0,24 m
Fouilles J Perrot à Safadi. AO 21406

Statuette masculine : taillée dans une défense d'hippopotame, cette image schématique appartient à un ensemble découvert à Safadi, près de Beersheba. Elle est caractéristique de la culture primitive du Sinaï et du Negev, influencée par l'art égyptien pré-pharaonique. Les environs de Beersheba se sont développés à la faveur de l'exploitation des mines de cuivre et de turquoise de la région, exploitation destinée aux échanges avec l'Egypte.

47 Chandelier à sept branches,
palme et trompette

Vallée du Jourdain,
VIe siècle après JC

Elément de synagogue, basalte. H. 0,38 m

Oum Qeis, ancienne Gadara.

Don F de Saulcy, 1852. AO 5042

Cet élément d'architecture, peut-être un linteau, illustre bien le développement et l'expansion du judaïsme primitif dans les premiers siècles de notre ère.

Syrie

48 Statuettes votives

Byblos, XIXe-XVIIIe siècles avant JC

Bronze et or. H 7 cm

Byblos, fouilles Montet. AO 10945, AO 14678 et

suivants

De nombreuses figurines avaient été offertes dans le "temple aux obélisques". Cet édifice, remarquable par les stèles en pyramide qui y étaient consacrées, était dédié à une divinité de l'orage, sans doute Reshef : c'est lui que l'on voit dans ces statuettes ; elles empruntent à l'art égyptien le costume et la tiare, la technique de bronze coulé et revêtu de feuilles d'or est proprement locale, amorrite.

⁴⁹ Stèle de Baal au foudre

Ougarit, XIVᵉ-XIIIᵉ siècles avant JC

Grès. H 1,42 m

Ras Shamra, ancienne Ougarit. Fouilles
Schaeffer. AO 15775

Le dieu apparaît brandissant un casse-tête et une lance dont l'extrémité se change en rameau de végétation, allusion imagée au rôle bienfaisant de la pluie déclenchée par l'orage : dieu juvénile et populaire chanté par de beaux textes mythologiques retrouvés à Ougarit, Baal est également la divinité tutélaire de la dynastie : le roi d'Ougarit est représenté en prière sous la protection des armes de Baal. Le style, attentif au rendu anatomique mais noblement hiératique, fait de la stèle du Baal au foudre un des plus beaux morceaux de sculpture de l'Orient ancien.

⁵⁰ Coupe de la chasse

Ougarit, XIVᵉ-XIIᵉ siècles avant JC

Or. ⌀ 0,188 m

Ras-Shamra, ancienne Ougarit. Fouilles
Schaeffer. AO 17208

Trouvé avec une autre coupe d'orfèvrerie non loin du sanctuaire de Baal à Ougarit, ce chef-d'œuvre est une offrande royale au dieu protecteur de la dynastie. Sur le vase du Louvre, on voit le roi en chasseur, poursuivant des gazelles et des taureaux sauvages ; la course du gibier est figurée selon la convention du galop volant, employée par les artistes crétois et du Levant à l'âge du Bronze. La chasse en char est le divertissement royal par excellence, comme le montrent les reliefs égyptiens de même époque.

51 La "Maîtresse des animaux"

Ougarit, XIVe-XIIIe siècles avant JC

Couvercle de boîte à fard, ivoire d'éléphant

H 0,137 m

Minet el Beida (port de l'ancien Ougarit,

tombe III. Fouilles Schaeffer. AO 11601

Ce somptueux objet de toilette, destiné à une femme de haut rang, porte un décor de style mixte : au caractère égéen, crétois, du costume de la dame aux bouquetins répond l'aspect oriental de la composition antithétique et le symbolisme de l'image : une déesse ou prêtresse dominant la nature sauvage. De tels objets d'ivoire précieux n'étaient pas rares dans le mobilier des riches marchands d'Ougarit.

52 Gobelet figuré

Ougarit, XIVe-XIIIe siècles avant JC

Faïence. H 0,162 m

Minet el Beida (port de l'ancienne Ougarit),

tombe VI. Fouilles Schaeffer. AO 15725

De tels objets appartenaient au mobilier féminin et s'inspirent de croyance de la fertilité : ici, un masque de déesse, "fardée", semblable aux masques-bijoux portés autour du cou. Le style est emprunté pour une part à l'art crétois, pour une part aux traditions orientales et locales.

53 Modèle de sanctuaire orné de
déesses nues

Emar, XIIIe siècle avant JC

Terre cuite. H 0,44 m

Meskéné, ancien Emar sur l'Euphrate. Fouilles
Margueron. AO 27905

L'exploration de la cité d'Emar, capitale d'un
royaume vassal des Hittites installé sur
l'Euphrate, a entraîné la découverte d'un ensemble urbain: palais, temples et quartiers d'habi-
tation ont livré un riche matériel. L'existence du
culte domestique est attestée en particulier par la
présence dans les maisons de ces "modèles", peut-
être autels portatifs décorés d'images symboliques.

54 Stèle de Si Gabbor
prêtre du dieu lune

Syrie du Nord, VIIe siècle avant JC

Basalte. H 0,95 m

Neirab, région d'Alep. AO 3027

Ce monument, qui porte une épitaphe ara-
méenne, est très représentatif de la culture et de
la religion araméennes, au moment où les
Araméens se répandent de la steppe syrienne à la

Babylonie: le costume du prêtre est très proche de celui des Babyloniens. Le culte du dieu lune, vénéré par les nomades araméens, prend dès lors une importance spéciale.

55 **Dame à la fenêtre**

Hadatou, VIIIe siècle avant JC
Ivoire autrefois doré. H 8 cm
Arslan Tash, ancienne Hadatou. Fouilles
Thureau-Dangin. AO 11459

Ce motif décoratif est un élément de meuble, coffret ou siège: œuvres d'ateliers phénicien ou araméen, ces mobiliers de luxe ornaient les appartements princiers et en particulier les gynécées des palais érigés par les souverains des royaumes syriens. Ils ont souvent fait partie du butin amassé par les rois d'Assyrie au cours de leur conquête du Levant.

56 **Taimé et sa mère participant à un banquet**

Palmyre, IIe-IIIe siècles après JC
Relief, calcaire. H 0,43 m
AO 2093

Le Louvre possède un bel ensemble de sculptures funéraires de Palmyre, cité caravanière et oasis dans la steppe syrienne. Les riches marchands de Palmyre ont édifié des monuments publics et des tombeaux qui témoignent du caractère cosmopolite de leur culture : il s'y mêle des éléments orientaux (langue et écriture, parure) et occidentaux, comme le costume romain et le style naturaliste.

Anatolie

⁵⁷ Idole double

Cappadoce, Bronze ancien III
Vers 2000 avant JC
Albâtre. H 0,12 m
AO 8794

Ces images schématisées à l'extrême ne sont pas sans rapport avec les sculptures des Cyclades.

⁵⁸ Dieu hittite

Ancien empire hittite
1600-1400 avant JC
Or. H 3,8 cm
Yozgat, région de Boghas-Köy. Collection
Chantre. AO 9647

Cette figurine en pendentif est caractéristique de l'art hittite à son apogée : on comparera le costume, les chaussures retroussées et la haute tiare conique, aux reliefs des défilés divins de Yazilikaya.

Chypre

⁵⁹ Idole de fécondité

Chypre, période chalcolithique
Fin du IIIᵉ millénaire
Terre cuite peinte et incisée. H 0,129 m
Mission Couchoud. AM 1176

Il s'agit d'une des premières images en rapport avec les cultes de la fertilité à Chypre : déesse ou femme, la figurine attire l'attention sur le jaillissement du lait, source de vie, recueilli dans un bassin. La stylisation des traits, l'axe de la tête, est à comparer avec d'autres images "primitives" de Grèce, des Cyclades et des Balkans.

⁶⁰ Vase décoré de porteuses d'offrandes

Chypre, vers 700-650 avant JC
Terre cuite. H 0,25 m
AM 1142

Le style plein de fantaisie des potiers chypriotes est ici mis au service des croyances religieuses : les fidèles portent à la divinité des végétaux, symboles des puissances de la fertilité et de la fécondité.

61 Masque redoutable

Carthage
Fin du VIIe-début VIe avant JC

Terre cuite. H 0,195 m

Nécropole de Dermech. Fouilles Delattre AO 3242

Ces objets déposés dans les tombes avaient une
destination magique et devaient protéger contre
les esprits mauvais. De tradition orientale, ils illustrent bien la dépendance culturelle entre le
monde punique et la Phénicie.

Levant **Antiquités Orientales**

Islam

Dès l'époque des croisades, l'Europe chrétienne acquit certains objets d'art provenant du monde musulman. Les anciennes collections de la couronne conservaient, perdues au milieu des arts occidentaux, quelques pièces majeures comme l'aiguière en cristal de roche du Trésor de Saint Denis, le grand bassin syrien en laiton incrusté d'argent dit "Baptistère de Saint Louis" [68] ou une série de coupes en jade, turques ou indiennes.

Il fallut cependant attendre le milieu du XIXᵉ siècle et quelques donations importantes (1840 : Despointes ; 1856 : Sauvageot) et surtout l'extrême fin du siècle pour que naisse un véritable intérêt porté à l'art islamique. Les legs et les donations se multiplient. 1885 : Davillier ; 1892 : Fouquet ; 1893 : Arconati Visconti. Grâce à l'attention de certains conservateurs des Objets d'Art, une "Section d'Art Musulman" fut enfin constituée et d'importants achats eurent lieu (1899 : Vase "Barberini" [67], un des objets "phares" de la collection). En 1903, une première exposition réunissait plus de mille objets de collections privées au Pavillon de Marsan. Nombre de ces pièces allaient par la suite venir enrichir le Louvre, les collectionneurs rivalisant de générosité : Doistau (rare tapis "Kilim" du XVIᵉ siècle en soie et fils de métal, bassin syrien au nom du sultan ayyoubide al-Malik al-Adil), Dru, Jeuniette, Marteau (superbes métaux et miniatures) et Peytel entre autres. Par son ampleur et la qualité des objets exposés, cette présentation illustrait parfaitement l'étendue dans le temps et dans l'espace du monde islamique et de ses œuvres d'art. Elle embrassait encore un domaine par la suite réservé au Musée des Arts Africains et Océaniens, celui du Maghreb.

En 1912, la baronne Delort de Gléon légua au Louvre, outre quelques rares objets (bois, ivoires, métaux iraniens et syro-égyptiens de tout premier plan dont deux aiguières signées et datées), une somme de cent mille francs pour contribuer à l'installation d'une plus vaste salle d'art musulman. On décida de lui attribuer un espace au second étage du Pavillon de l'Horloge, et après un long retard dû à la guerre, l'inauguration eut finalement lieu en 1922. A la même date, la section, détachée du département des Objets d'Art, fut rattachée à celui des Arts Asiatiques dont elle dépendit jusqu'en 1945. Durant cette période de l'entre-deux-guerres Gaston Migeon publia deux albums où les pièces principales de la collection étaient reproduites et commentées, et Georges Salles un petit catalogue pour les visiteurs.

Certains legs furent particulièrement importants tels ceux de la baronne Salomon de Rothshild en 1922, de Madame Stern (rares métaux espagnols : paon aquamanile et lion), ou de Raymond Koechlin (céramiques dont le célèbre plat au paon **70**, métaux, etc.).

De leur côté, les archéologues commençaient à s'intéresser aux niveaux islamiques longtemps négligés : tout un matériel archéologique provenant de sites de fouilles (le plus célèbre étant celui de Suse en Iran) vint peu à peu prendre sa place dans la collection.

Après la guerre la section dirigée par Jean David-Weill fut rattachée aux Antiquités Orientales.

62 Coupe

Mésopotamie, IXe siècle

Céramique argileuse à décor de lustre métallique
brun et jaune sur glaçure blanche opaque.
H 6,3 cm ; ∅ 22,3 cm
Coll. Vignier. Acq. 1931. 8179

Le décor de lustre métallique fut l'une des plus grandes gloires des potiers travaillant dans le domaine du califat abbasside en Irak et en Iran aux IXe-Xe siècles. Cette technique coûteuse et compliquée fut appelée à de brillants développements dans le monde islamique médiéval avant de se transmettre à l'Occident, en Espagne et en Italie.

63 Panneau

Egypte, fin du IXe siècle
Bois (pin d'Alep). H 7,3 cm
Don Fouquet, 1892-1893

Les boiseries égyptiennes d'époque toulounide reflètent l'influence de l'art développé à Bagdad et à Samarra. Une vigoureuse taille en biseau accentue le jeu de la lumière sur les souples volutes d'un motif mi-animalier mi-végétal évoquant la silhouette d'un oiseau de profil.

64 Pyxide d'al-Mughira

Cordoue, 968
Ivoire. H 0,15 m
Acq. 1898. 4068

Les ateliers d'Andalousie durant la période du Califat de Cordoue produisirent toute une série de chefs-d'œuvre de la sculpture sur ivoire. Ce sont pour la plupart des coffrets rectangulaires, ou cylindriques à couvercles bombés comme cette pyxide. Elle porte à la base du couvercle une inscription donnant une date, 968, et le nom d'al-Mughira, fils du calife Abd al-Rahman III. Les scènes figurées - combats d'animaux, évoca-

tion des divertissements princiers (chasse, musique, boisson) - appartiennent à un répertoire iconographique courant dans tout le monde musulman.

détail

⁶⁵ Suaire de Saint-Josse

Khurassan (Iran oriental)
Milieu du Xᵉ siècle
Samit de soie. H 0,52 m ; L 0,94 m
Commune de Saint-Josse. Acq. 1922. 7502

Ce textile sans doute rapporté de la première croisade par Etienne de Blois, frère de Godefroy de Bouillon, fut offert à l'abbaye de Saint-Josse (Pas-de-Calais). La très belle inscription koufique au nom d'un gouverneur turc du Khurassan, mis à mort en 961, situe son origine en Iran oriental, province alors indépendante de Bagdad. La technique de tissage comme les motifs (éléphants affrontés, file de chameaux cravatés) sont directement hérités de l'Iran pré-islamique mais traités avec une stylisation nouvelle.

⁶⁶ Coupe

Iran, fin XIIᵉ-début XIIIᵉ siècle
Céramique siliceuse à décor de petit feu,
rehaussé d'or et de lustre métallique
H 6,5 cm ; ⌀ 22 cm
Acq. 1970. MAO 440

Par la beauté des formes et des décors, par la variété des techniques mises en œuvre, en Iran la période dite seldjoukide fut un âge d'or pour la céramique. Alors, bien avant l'Europe, fut mis au point le décor de petit feu permettant l'emploi d'une large gamme chromatique. Sur les plus belles pièces telle cette coupe au cavalier fauconnier, la finesse du trait et la délicatesse des couleurs évoquent l'art de la miniature.

détail

⁶⁷ Vase "Barberini"

Syrie, milieu du XIIIᵉ siècle
Laiton repoussé, incrusté d'argent
H 0,459 ; ⌀ 0,37 m
Coll. Barberini. Acq. 1899. 4090

La forme de ce grand vase qui figura dans les collections du pape Urbain VIII Barberini est plus couramment utilisée pour des récipients en céramique (pots à épices ou à pharmacie). Il est orné de bandeaux épigraphiques où figure la titulaire d'un sultan ayyoubide d'Alep et de médaillons polylobés enfermant des scènes de chasse d'une rare finesse d'exécution.

68 Bassin dit **Baptistère de Saint Louis**

Syrie ou Egypte
Fin du XIIIᵉ ou début du
XIVᵉ siècle

Laiton repoussé, incrusté d'argent et d'or, signé Muhammad ibn al-Zayn. H 0,232 m ; ⌀ 0,505 m
Coll. de la Couronne à la Sainte-Chapelle de Vincennes. Entré au Louvre en 1852. LP 16

Ce grand bassin qui appartint aux collections royales françaises servit pour le baptême de certains princes au XIXᵉ siècle, ce qui explique la présence des armes de France plaquées à l'intérieur. Ce chef-d'œuvre de la dinanderie musulmane qui représente un point d'aboutissement de l'art du métal témoigne également de la richesse de la classe dirigeante mamelouke. Sur la paroi extérieure quatre médaillons circulaires, enfermant des princes à cheval, interrompent un cortège de chasseurs et de hauts dignitaires, aux bottes marquées de blasons. Ce décor est remarquable par la taille inhabituelle des personnages et par l'absence des bandeaux épigraphiques omniprésents sur les objets contemporains.

69 Bouteille

Syrie, 1342-1345
Verre émaillé et doré. H 0,505 m
Coll. Spitzer. Acq. 1893. 3365

Héritiers d'une longue tradition de l'art du verre au Proche-Orient, les artisans musulmans donnèrent un éclat particulier à certaines techniques comme celle du décor émaillé et doré. Déjà utilisé durant la période ayyoubide, ce décor connut une vogue extraordinaire sous les Mamelouks, du milieu du XIIIᵉ à la fin du XIVᵉ siècle. Il apparaît sur les nombreuses lampes de mosquée commanditées par les souverains ou les principaux dignitaires de l'état. D'une forme plus rare, cette

Islam **Antiquités Orientales**

83

grande bouteille est ornée d'une majestueuse épigraphie bleue, interrompue par les armoiries de Tuquztemur, vice-roi de Syrie de 1342 à 1345 (un aigle blanc surmontant une coupe blanche sur un écusson rouge).

70 Plat au paon

Turquie, Iznik
Deuxième quart du XVIᵉ siècle
Céramique siliceuse à décor peint sous glaçure
H 8 cm ; ⌀ 37,5 cm
K 3449

Un paon de profil est installé au cœur d'une souple composition florale qui se déploie sous la totalité de l'intérieur du plat. Les tons utilisés - une palette très douce à base de bleu, gris-mauve et vert tilleul - sont caractéristiques de la production des ateliers d'Iznik durant le second quart du XVIᵉ siècle.

71 Portrait de Shah Abbas Iᵉʳ

Ispahan, 12 mars 1627
Encre, couleur et or sur papier, signé
Muhammad Qasim. H 0,275 m ; L 0,168 m
Acq. 1975. MAO 494

Ce dessin est vraisemblablement le seul portrait subsistant réalisé du vivant du souverain iranien. Le shah, crâne rasé, coiffé d'un chapeau conique à larges bords, enlace tendrement un de ses pages qui lui offre à boire. La scène est placée dans un cadre champêtre au bord d'un ruisseau. Sous les frondaisons de l'arbre s'inscrivent le nom de l'artiste, la date et un court poème : *"Que la vie vous procure ce que vous désirez des trois lèvres : celles de votre amant, de la rivière et de la coupe."*

72 Poignard à tête de cheval

Inde, XVIIᵉ siècle

Jade gris-vert incrusté d'or, de rubis et
d'émeraudes, acier démasquiné. L 0,505 m
Coll. Salomon de Rothschild. Acq. 1927. 7891

Nombre d'objets d'or, d'argent, d'ivoire ou de
pierres dures souvent rehaussés d'émail et de
pierres précieuses nous offrent un lointain reflet.
du faste de la cour des Grands Moghols. Particulièrement apprécié, le jade blanc ou gris-vert
était très employé pour des bijoux, des coffrets ou
les manches d'armes de parade. Ces derniers
peuvent être délicatement sculptés en forme de
têtes d'animaux extrêmement expressives.

Antiquités Egyptiennes

Introduction

Le département des antiquités égyptiennes présente des vestiges des civilisations qui se sont succédées sur les bords du Nil depuis la préhistoire jusqu'à l'époque chrétienne, soit plus de 4 500 ans d'histoire humaine. La plupart des objets sont arrivés entre le moment de la création du département égyptien, en 1826, et nos jours.

En 1826, Champollion vient de faire sensation en élucidant le mystère des hiéroglyphes : le premier depuis quinze siècles, il relit la vieille écriture égyptienne et réécrit rapidement toute l'histoire de l'Egypte des pharaons. A cette époque, les consuls d'Angleterre et de France en Egypte essayent de vendre les prestigieuses collections qu'ils ont amassées dans ce but. Le roi Charles X se laisse convaincre par Champollion, décide de les acquérir et ordonne la création de nouvelles salles pour les présenter, au 1er étage de la Cour Carrée (aujourd'hui les salles A à D). Leur décor s'inspire en partie de l'antiquité égyptienne. C'est le plus ancien musée d'égyptologie du monde.

Au milieu du XIXe siècle, la collection s'agrandit grâce aux nombreuses trouvailles exhumées par Mariette au Sérapeum, ainsi que par l'achat de la riche collection du Docteur Clot. La fin du siècle est marquée par la naissance de l'archéologie scientifique, qui essaye autant de comprendre un site que de trouver des objets d'art. Grâce aux fouilles menées par l'Institut Français d'Archéologie Orientale du Caire et à celles du musée du Louvre, arrivent enfin dans les collections des objets dont on connaît la provenance précise et le contexte : fouilles d'Assiout, de Deir el-Medineh, de Médamoud et de Tôd... De nos jours comme auparavant, les collections ne cessent de s'accroître au gré des opportunités du marché de l'art et de la générosité des donateurs.

La Préhistoire et les deux premières dynasties
(Epoque thinite : vers 3100-2700 avant JC)

Comme ailleurs dans le monde, les civilisations du néolithique sont caractérisées par les débuts de l'agriculture et de la vie sédentaire, issus de la lente évolution de l'humanité au terme de milliers d'années de vie nomade basée sur la chasse et la cueillette (paléolithique). Dans la vallée du Nil, en Haute-Egypte, de nombreux cimetières du 4ᵉ millénaire ont livré des objets qui témoignent de croyances en une vie après la mort, et d'un artisanat déjà développé : vases de pierre, vaisselle en terre cuite décorée de peintures stylisées, petites sculptures en ivoire ou en pierre, palettes en schiste... A la fin de cette période, vers 3200 avant JC, apparaissent des signes avant-coureurs de la civilisation pharaonique : bas-reliefs sur palettes de schiste, préfiguration des hiéroglyphes. Selon la tradition historique des anciens Egyptiens, les peuples de la vallée se trouvèrent alors réunis sous une autorité unique, celle du premier pharaon. Les fouilles des grands cimetières de ces anciens rois et de leur cour, à Abydos et à Sakkara, donnent une idée du haut niveau artistique atteint dans l'industrie de luxe : pieds de meubles en ivoire, pièces de jeu, statuettes, bijoux, vases précieux. Sur les stèles trouvées dans les tombes, les noms des défunts sont écrits en hiéroglyphes encore maladroits.

Préhistoire

73 Vase

*Vers 4000-3500 avant JC
(civilisation de Nagada I)*
Basalte. H 0,428 m
Don L, I et A Curtis. E 23175

Dès cette époque reculée, les Egyptiens n'hésitaient pas à s'attaquer aux pierres les plus dures, comme le basalte, pour réaliser des vases entièrement évidés. En l'absence de bons outils de métal, ils travaillaient à la pierre, en s'aidant de poudres abrasives comme le quartz ou l'émeri. Dans cette œuvre, on ne sait ce qu'il faut admirer le plus, du tour de force technique ou de l'étonnante beauté des formes.

⁷⁴ Vase

Vers 3500-3100 avant JC
(civilisation de Nagada II)
Terre cuite peinte. H 0,205 m ; L 0,155 m
AF 6851

Les Egyptiens de la fin de la préhistoire peignaient les poteries de motifs figuratifs stylisés. Sur ces vases en forme de tonnelet en terre cuite beige, ils représentaient souvent de grands bateaux à rames sur lesquels sont édifiées des cabines, munies d'enseignes. Sur ce vase-ci un personnage semble danser, les bras levés en arceau au-dessus de la tête. En l'absence de texte, la signification de ces scènes demeure énigmatique.

⁷⁵ Palette aux chiens

Vers 3200 avant JC
(fin de l'époque de Nagada II)
Schiste. H 0,32 m ; L 0,177 m
E 11052

A la fin de la préhistoire, des palettes découpées dans du schiste, sur lesquelles on broyait le fard à yeux, sont déposées près du mort. Certains des exemplaires les plus tardifs sont de grande taille et portent des décors qui sont parmi les premiers témoins de l'art du bas-relief égyptien. Celui-ci marie le relief et la technique de la silhouette découpée pour composer les quatre molosses qui constituent le cadre. D'un côté, un animal monstrueux au cou démesuré, est proche des créatures de l'art mésopotamien. De l'autre, deux girafes nous rappellent que la basse vallée du Nil était alors encore entourée de savane.

détail   face   revers

⁷⁶ Poignard du Guebel el-Arak

Proviendrait du Guebel el-Arak,
au Sud d'Abydos, vers 3300-3200
avant JC
(civilisation de Nagada II)
Lame en silex et manche en ivoire (canine
d'hippopotame). H 25,5 cm ; H manche 4,5 cm
E 11517

D'autres musées conservent des poignards semblables au manche délicatement sculpté. Mais les
scènes de celui-ci sont uniques : d'un côté une
scène de bataille sur terre et sur eau, de l'autre
des animaux tels que lions, bouquetins, chiens.
Au sommet, au-dessus du bouton, un homme vêtu comme les rois-prêtres sumériens contemporains maintient deux lions dressés. Bataille entre
peuples aux bateaux différents, contacts artistiques
avec la Mésopotamie : ce document pose de nombreuses difficultés d'interprétation. Quoiqu'il en
soit, il présente un moment ancien de l'art du
bas-relief égyptien dans lequel un sculpteur a déployé sa maestria. Le silex est réalisé à partir
d'une lame polie, retaillée sur une de ses faces de
minces écailles parallèles ; un tel travail de taille
du silex représente ce que l'on a fait de plus raffiné dans cette industrie, et est caractéristique de
cette époque de la civilisation égyptienne.

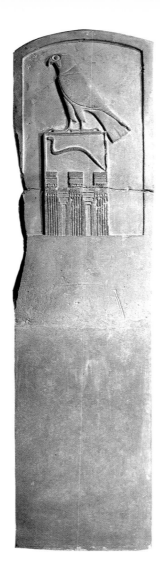

⁷⁷ Stèle du Roi-Serpent

*Provient de la tombe du
Roi-Serpent à Abydos,
vers 3100 avant JC
(1ʳᵉ dynastie)*

Calcaire. H 1,43 m ; L 0,655 m

Fouilles d'Abydos. E 11007

Trouvée dans la tombe du troisième roi de la 1ʳᵉ
dynastie, dans le cimetière des pharaons des deux
premières dynasties à Abydos, cette grande stèle
est sans conteste le plus bel exemple de sculpture
monumentale de son temps. Le volume raffiné,
cintré au sommet et légèrement convexe, est évi-
dé dans sa partie haute pour laisser en relief le
grand hiéroglyphe du nom du roi en tant
qu'Horus, le dieu faucon de la royauté d'Egypte.
Ce motif est décalé afin de s'inscrire harmonieusement à l'intérieur de son cadre.

L'Ancien Empire *(Vers 2700-2200 avant JC)*

L'Ancien Empire est la glorieuse période des grandes pyramides de Guiza et de Sakkara, près du Caire. Malgré les gigantesques monuments qu'ils ont laissés, nous savons peu de choses des règnes des souverains de la 4ᵉ dynastie, et guère plus de leur successeurs des 5ᵉ et 6ᵉ dynasties. Presque toute notre connaissance de ces siècles (depuis 2700 jusqu'à 2200 avant JC) repose sur les découvertes faites dans les cimetières, près de Memphis la capitale, ou en province. Dans les caveaux, on a retrouvé l'équipement des morts consistant en objets domestiques ou funéraires ; les chapelles des tombes ont livré des inscriptions résumant la carrière des fonctionnaires ainsi que les stèles et les statues de ces personnages bien placés dans la société. Quant aux gens modestes, ils sont présents aussi, dans les scènes qui ornent les murs des chapelles, travaillant aux champs ou en ateliers pour le compte de leur maître. L'ensemble de ces documents reflète une société fortement hiérarchisée sous la houlette du roi, le pharaon. Ce schéma semble se fissurer, puis éclate à la fin de l'Ancien Empire, qui sombre alors dans une époque obscure pendant laquelle des dynasties parallèles se partagent l'Egypte, tandis que les fondements de la vieille société sont secoués par des troubles sociaux et économiques. Cette époque, que nous appelons 1ʳᵉ Période Intermédiaire, n'a livré que peu d'œuvres d'art (vers 2200-2060 avant JC).

78 Sepa et Nesa

Vers 2700-2620 avant JC
(3ᵉ dynastie)

Statues, calcaire peint.

A 36 : H 1,65 ; L 0,40 m ; P 0,55 m

A 36. A 37

Ces statues sont parmi les premiers grands exemples de la statuaire des particuliers à l'Ancien Empire. Leur archaïsme est manifeste dans leurs volumes encore très épais, comme si le sculpteur avait eu peur de trop se dégager de la pierre. Leur attitude figée, leurs visages lisses et sereins nous rappellent la fonction de ces œuvres : servir, à l'intérieur de la tombe, de "répétition" des corps des défunts, de souvenir durable de leur forme terrestre. Les inscriptions des socles les désignent comme Sepa, un grand fonctionnaire, et son épouse Nesa.

79 Le grand sphinx

Trouvé à Tanis

Granite rose. H 1,83 m ; L 4,80 m

A 23

La grande statue taillée dans un seul bloc de granite rose représente un pharaon à corps de lion, image que l'on a baptisée sphinx d'après le célèbre monstre grec, et qui, dans l'architecture religieuse égyptienne, borde les chemins de procession et garde les passages. Celui-ci est admirable

par ses qualités plastiques et la finesse de l'exécution des détails. Plusieurs rois y ont, tour à tour, inscrit leurs noms. La plus ancienne inscription lisible donne le nom d'Amenemhat II (1929-1895 avant JC). C'est peut-être sous son règne qu'a été sculpté ce sphinx. Cependant quelques détails (comme la forme de la coiffure) incitent certains à lui attribuer une date bien plus haute, (vers 2620 avant JC) au début de l'Ancien Empire. Si c'est le cas, ce sphinx monumental serait aussi un des rares témoins de la statuaire royale de cette époque reculée.

80 Tête du roi Didoufri

Abou Roach
Vers 2570 avant JC (4ᵉ dynastie)
Grès rouge. H 0,26 m ; L 0,335 m ; P 0,288 m
Fouilles d'Abou Roach. E 12626

La tête du roi Didoufri, successeur de Chéops, présente un caractère nouveau par rapport au visage du grand sphinx de la crypte ou à ceux de Sepa et Nesa **78** ; les traits réels du personnage sont manifestement conservés : léger prognathisme, os des pommettes saillants. C'est l'équilibre réussi entre portrait et idéal qui donne à ce fragment sa beauté particulière. Taillé dans un grès cristallisé, il porte encore des restes de peinture rouge. Le départ de la nuque indique que cette tête appartenait à un sphinx. Elle a été trouvée près des vestiges du temple funéraire accolé à la pyramide du roi, à Abou Roach, au Nord de Guiza.

81 Stèle de Nefertiabet

Provient de Guiza
Vers 2590 avant JC (4ᵉ dynastie)
Calcaire peint. H 0,375 m ; L 0,525 m
Don L, I et A Curtis. E 15591

La fraîcheur des coloris et la clarté de la composition ravissent l'œil et cependant cette stèle était destinée à être cachée pour toujours, emmurée entre la chapelle funéraire et la superstructure ("mastaba") qui recouvrait le tombeau. Sa fonction était en effet purement magique : perpétuer par l'image la prise de possession par la défunte des offrandes nécessaires à sa survie. La dame tend la main vers un plateau chargé de tranches de pain ; les hiéroglyphes des différents plats sont répartis autour de la table : côtes, gigot, volaille ; au-dessus et à droite, des listes d'autres biens de consommation utiles, comme huile, fards, linges. Au-dessus de sa tête, des hiéroglyphes désignent la défunte comme "la fille du roi, Nefertiabet" ("la belle orientale"), une princesse du temps du grand roi Chéops.

82 Le "Scribe accroupi"

Sakkara, vers 2620-2350 avant JC
(4ᵉ ou 5ᵉ dynastie)

Statue, calcaire peint.

H 0,537 m ; L 0,44 m ; P 0,35 m

Fouilles de Sakkara. E 3023

Cette très célèbre statue a été trouvée dans le cimetière de l'Ancien Empire à Sakkara, malheureusement dans des conditions telles que l'identité du personnage représenté nous demeure inconnue. Nul doute qu'il s'agissait d'un homme important, à en juger par la qualité exceptionnelle de sa statue, remarquable par le traitement admirable du visage et du corps, et le soin porté à l'incrustation des yeux dans un cadre de cuivre. La position des mains, prêtes à écrire, ne doit pas nous tromper: ce n'est pas un simple employé de bureau; en effet les plus anciennes statues "en scribe" sont des effigies de princes aux responsabilités politiques élevées. Les couleurs d'origine, la vivacité du regard et l'intelligence de la physionomie comptent pour beaucoup dans la présence de cette œuvre.

détail

⁸³ Les musiciens
détail du
mastaba de Akhhétep

Provient de Sakkara
Vers 2400 avant JC (5ᵉ dynastie)
Bas-relief, calcaire peint
E 10958 A

Le *mastaba* du Louvre est une des nombreuses chapelles funéraires du grand cimetière de Sakkara, remontée au musée. Ici, parents ou prêtres funéraires offraient des biens devant les fausses portes qui occupent le fond; par ces ouvertures magiques, le défunt qui reposait dans le caveau souterrain, était censé communiquer avec le monde des vivants. Dans la chapelle, des bas-reliefs représentent toutes les activités et les produits d'un grand domaine comme celui dont disposait le haut fonctionnaire Akhhétep.

La scène principale est celle du repas funéraire d'Akhhétep, accompagné de musique et de danse.

84 Raherka et Merseankh

Vers 2500-2350 avant JC
(5ᵉ dynastie)

Groupe, calcaire peint. H 0,528 m ; P 0,213 m

Don L, I et A Curtis. E 15592

Les statues de couples enlacés ne sont pas rares dans les tombes de l'Ancien Empire. Celle-ci est particulièrement vivante : la dame Merseankh semble à la fois épauler son époux Raherka, tout en bénéficiant de son élan, puisque lui seul est en position de marche. L'œuvre est fine, le bras de l'épouse et la jambe de l'homme bien dégagés. Leurs visages ronds et souriants expriment une tranquillité confiante typique de cette époque.

85 Cruche et cuvette

Vers 2350-2000 avant JC
(6ᵉ dynastie)

Cuivre. Cruche : H 0,199 m ; L 0,315 m

cuvette : H 0,15 m ; L 0,32 m

E 3912 A et B

Au 3ᵉ millénaire, les Egyptiens ne mélangent pas encore cuivre et étain pour faire du bronze. Mais ils maîtrisent bien la métallurgie du cuivre pur, puisqu'ils savent déjà en faire des statues plus grandes que nature ! La vaisselle en cuivre est répandue et on ne manque pas de déposer auprès du mort, dans le caveau, ces cruches et ces bassines qui sont le nécessaire de toilette indispensable à tout repas. Fabriqué par martelage et rivetage, cet ensemble a été gravé au nom de sa propriétaire, une prêtresse d'Hathor nommée Pès.

Le Moyen Empire *(2060-1786 avant JC)*
Après l'éclipse de la 1ʳᵉ Période Intermédiaire (vers 2200-2060 avant JC), l'Egypte retrouve en Montouhotep le Grand un pharaon unificateur. Les rois de la 11ᵉ dynastie, originaires de la ville de Thèbes, puis leurs successeurs de la 12ᵉ dynastie, rendent hommage à leur dieu Montou en embellissant ses sanctuaires à Tôd et à Médamoud. Grâce aux fouilles françaises, le musée du Louvre présente de nombreux fragments de ces temples. Les statues royales de cette époque sont souvent remarquables ; les sculpteurs développent en particulier un art du portrait basé sur la physionomie des grands rois Sésostris III et Amenemhat III. La statuaire privée reprend à son compte leurs traits typés et tend à créer des volumes géométriques à l'aide du grand manteau qui enveloppe les formes humaines. Le Moyen Empire brille aussi par la qualité de son orfèvrerie, ainsi que dans les sciences et les lettres.
Les tombes ont livré de beaux cercueils de bois peint et ces petites sculptures en bois qui repré-

sentent des groupes de personnages au travail ; grâce à eux, les aspects les plus divers de l'économie reprennent vie sous nos yeux.

86 Le trésor de Tôd

Temple de Tôd. Règne d'Amenemhat II
1925-1895 avant JC (12ᵉ dynastie)
Bronze, argent, lapis-lazuli.
Grand coffre : H 0,205 m ; L 0,45 m ; P 0,285 m
Fouilles de Tôd. E 15128 à E 15328

Alors qu'il fouillait les fondations du temple du Moyen Empire à Tôd, au sud de Louxor, l'archéologue Fernand Bisson de la Roque découvrit quatre coffres de bronze, enfouis sous le sol du temple ; ils contenaient une grande quantité de coupes d'argent, la plupart repliées, des lingots et des chaînes du même métal, du lapis-lazuli brut ou travaillé en sceaux-cylindres. Les matières premières comme les produits finis ont tous une origine étrangère : ainsi les coupes sont-elles de style égéen (des pays baignés par la mer Egée). Ce trésor de matières précieuses, importé en Egypte par commerce ou relations politiques, avait été consacré de cette façon au dieu Montou, seigneur de Tôd, par le pharaon Amenemhat II.

87 Linteau de Sésotris III

Provient du temple de Médamoud
1878-1843 avant JC (12ᵉ dynastie)
Bas-relief, calcaire. H 1,065 m ; L 2,21 m
Fouilles de Médamoud. E 13983

Dans les temples égyptiens, les éléments architecturaux portent des reliefs dont le sujet est en relation avec la destination de la salle. Ici, il s'agit du linteau de la porte d'un magasin d'offrandes. Le roi Sésostris III présente donc par deux fois, en deux scènes symétriques, des offrandes de pains au dieu Montou, le seigneur de Médamoud. Mais alors qu'à gauche, le roi est figuré jeune, à droite son visage est émacié et l'on y retrouve les traits tirés qu'il présente souvent sur ses portraits en ronde-bosse. Cette représentation du roi à deux étapes de sa vie sur un même monument traduit probablement l'idée du cycle de la vie ; malheureusement le texte, qui transcrit le dialogue habituel des échanges de bienfaits entre le roi et le dieu, ne permet pas d'interpréter ce fait plus précisément.

⁸⁸ Le roi Amenemhat III

1842-1797 avant JC (12ᵉ dynastie)
Statuette, schiste. H 0,214 m ; L 0,10 m
N 464

Bien qu'elle ne soit pas inscrite dans son état actuel, l'identité de cette statuette ne fait pas de doute ; les traits du roi Amenemhat III y sont rendus avec force et précision : large bouche, nez busqué. La taille exagérée donnée aux oreilles est caractéristique de l'époque. La cohabitation dans une même œuvre d'un corps idéalisé, parfait, avec un portrait d'un réalisme accentué est une marque de style des statues royales de la fin de la 12ᵉ dynastie.

89 Hippopotame

Vers 2000-1900 avant JC
(début du Moyen Empire)

Faïence égyptienne (céramique siliceuse
glaçurée) H 12,7 cm ; L 20,5 cm ; P 8,1 cm
E 7709

La chasse à l'hippopotame dans les marais du Nil est une des activités pratiquées par les seigneurs, si l'on en croit les représentations dans les mastabas de l'Ancien Empire. C'est sans doute pour continuer ce sport traditionnel — peut-être empreint de valeur symbolique — que des hippopotames étaient déposés dans les tombes au début du Moyen Empire. Sur la surface de cet animal est projeté le décor du milieu dans lequel il évolue : la couleur bleue de l'eau du fleuve et les plantes aquatiques telle que le nénuphar. La silhouette pataude est rendue avec l'habileté qui caractérise les représentations animalières dans l'art égyptien.

90 Grande statue de Nakhti

Assiout
Entre 1991 et 1928
(début de la 12ᵉ dynastie)

Bois d'acacia.

H 1,785 m ; L (socle) 1,10 m ; P 0,495 m

Fouilles du cimetière d'Assiout. E 11937

La tombe du chancelier Nakhti était resté inviolée depuis le moment de l'enterrement, il y a près de 4 000 ans. Dans la chapelle d'entrée se trouvaient deux grandes statues en bois représentant le mort, dont celle-ci, grandeur nature. D'autres représentations de Nakhti, de petite taille, étaient posées auprès du cercueil, dans le caveau. De toutes ces statues, celle-ci est la plus réussie: la qualité du bois, sa mise en volume, l'expression du visage sont admirables. L'ensemble des objets de la tombe, partagé entre les musées du Caire et de Paris, permet de se faire une idée de l'équipement d'un mort de classe supérieure à cette époque: outre les cercueils en bois peints, Nakhti était entouré de maquettes des scènes de la vie au bord du Nil, de porteuses d'offrandes, de simulacres d'armes et d'outils.

91 Modèle de bateau

Tombe du chancelier Nakhti à
Assiout
Entre 1991 et 1928 (12ᵉ dynastie)
Bois peint. L 0,81 m ; H coque 0,385 m
Fouilles du cimetière d'Assiout. E 12027

Cette barque et son équipage, enfermés dans la tombe, demeuraient pour toujours au service du défunt pour tous les transports sur le fleuve, et plus spécialement pour qu'il puisse effectuer le pèlerinage à Abydos auprès du dieu des morts, Osiris. Huit rameurs sont dirigés par un personnage debout à la proue, qui devait, à l'aide d'une perche, sonder la profondeur de l'eau et éviter ainsi les bancs de sable si fréquents et mouvants dans le Nil ; à l'arrière, le gouvernail est constitué de deux avirons que le timonier manœuvre avec des pièces de bois intermédiaires, aujourd'hui disparues.

⁹² Porteuse d'offrandes

Vers 2000-1800 avant JC
(12e dynastie)

Statuette, bois peint. H 1,085 m ; P socle 0,327 m

E 10781

Cette jolie égyptienne n'est pas la propriétaire de
la tombe où elle avait été déposée : elle n'est
qu'une servante anonyme, placée là pour apporter
à son maître défunt, pour l'éternité, une patte de
bœuf et un vase à eau. Si les statues de porteuses
d'offrandes ne sont pas rares à cette époque,
celle-ci est d'une beauté inégalée : son corps est
svelte et élancé, son port élégant, son visage fin
et attentif.

Le temple : architecture et sculpture architecturale

Pour qui a eu la chance de visiter l'Egypte et ses
grands temples, il est aisé de restituer dans leur
cadre d'origine les éléments architecturaux que le
musée recèle à l'état de fragments : colonnes et
chapiteaux, bas-reliefs muraux... L'agencement de
la résidence divine, palais de pierre qui servait à
l'entretien quotidien du dieu sur terre, est
constant : une première cour à ciel ouvert, où les
fidèles avaient accès, puis une salle à colonnes
dont l'ombre douce servait de sas à la semi-pé-
nombre qui régnait au-delà, dans la zone intime :
le sanctuaire. Là, seuls les officiants du culte
avaient accès, car là se tenait le dieu, sous la
forme d'une statue abritée dans un tabernacle.

93 Naos

Règne d'Amasis, 570-526 avant JC
(26ᵉ dynastie)

Granite rose. H 2,55 m ; L 1,61 m ; P 1,50 m

Don Drovetti. D 29

Cette chapelle taillée dans un seul bloc de granite était munie d'une porte, pour cacher son précieux contenu : la statue que le dieu était censé habiter. Placé au fond du temple, à l'aboutissement de l'axe des processions, le naos était ouvert chaque jour par les officiers du culte ; on offrait au dieu, c'est-à-dire à sa statue, libations, encensements, aliments et prières pour le satisfaire. Ce naos d'un temple d'Osiris inconnu, de la région du lac Mariout, près d'Alexandrie, emprunte sa forme au sanctuaire archaïque de l'Egypte septentrionale. L'extérieur des parois est sculpté d'une multitude de divinités, véritable panthéon égyptien, pour protéger et accompagner le dieu. Le style raffiné du bas-relief, à la facture parfaitement maîtrisée malgré la dureté de la pierre, témoigne en faveur des ateliers de l'époque.

94 Amon et Toutankhamon

Règne de Toutankhamon
Vers 1347-1337 avant JC
(18ᵉ dynastie)

Groupe, diorite. H 2,14 m ; L 0,44 m ; P 0,785 m

E 11609

Parmi les statues qui décorent le temple, nombreux sont les groupes qui associent le roi à un ou plusieurs dieux. Ici, Amon est reconnaissable à ses deux hautes plumes. Il est le grand dieu du temple de Karnak qui, selon la doctrine officielle, a donné la victoire aux glorieux rois conquérants de la 18ᵉ dynastie. Rejeté dans l'ombre lors de la révolution religieuse menée par le roi Aménophis IV-Akhenaton, son culte revint en force sous le jeune Toutankhamon. Ce dernier, pour manifester sa foi, multiplia les effigies d'Amon comme celle-ci, où le dieu le protège. Les corps presque féminins et les traits empreints de spiritualité sont cependant l'héritage de l'art de l'époque d'Aménophis IV.

⁹⁵ Nakhthorheb

Règne de Psammétique II
595-589 avant JC (26ᵉ dynastie)
Statue, grès cristallisé.
H 1,48 m ; L 0,465 m ; P 0,70 m
A 94

Nakhthorheb est à genoux, dans un geste de prière, et le texte de la statue nous apprend qu'il s'adresse au dieu Thot "seigneur de Dendéra et Hermopolis". Chef des prêtres ritualistes, c'était un homme qui occupait de très importantes fonctions religieuses et dont la famille est connue par de nombreux documents. Sa statue s'inscrit dans la tendance archaïsante de son temps par la simplicité du costume : pagne et coiffure, lisses, se fondent avec les lignes du corps pour mieux le mettre en valeur. La nudité du torse a permis au sculpteur de réaliser un magnifique morceau d'anatomie ; il est idéalisé, comme le visage, dans lequel on ne peut voir un portrait. Il s'agit d'une de ces innombrables statues qui encombraient les cours des sanctuaires, et grâce auxquelles les fidèles d'un dieu espéraient recevoir leur prébende : les restes du repas du dieu.

96 La déesse Sekhmet

Règne d'Aménophis III
Vers 1403-1365 avant JC
(18ᵉ dynastie)

Statue, diorite. H 1,78 m (sans le disque,
restauré) ; L 0,55 m ; P 0,95 m

Provient sans doute du temple de Mout à
Karnak où elle avait été transportée depuis son
lieu d'origine, sur la rive gauche de Thèbes.

A 8

La déesse Sekhmet associe à un corps de jeune femme une tête de lionne, grâce à la liaison habile que constitue la perruque, qui masque cette monstruosité. Les volumes sont harmonieusement équilibrés et la gravure des détails est raffinée. Aucune des huit statues de Sekhmet du Louvre n'est semblable à l'autre, ni dans le détail ni dans les dimensions. Elles étaient pourtant à l'origine des centaines, placées dans le temple du roi Aménophis III à Thèbes, ce temple disparu dont l'entrée est aujourd'hui signalée par les colosses de Memnon. Chacune représentait une invocation journalière de Sekhmet, déesse dangereuse par excellence, afin de chasser tout mal du temple tout au long de l'année.

Le Nouvel Empire *(Vers 1555-1080 avant JC)*

Le Nouvel Empire naît des guerres de libération nationale menées contre les Hyksos, envahisseurs venus du Proche-Orient 150 ans plus tôt, à la faveur de la faiblesse politique de la fin du Moyen Empire. Les rois de la 18ᵉ dynastie (vers 1555-1305), les Thoutmosis, les Aménophis, se taillent un véritable empire, du Soudan jusqu'à la Syrie. L'enrichissement qui s'ensuit permet l'explosion architecturale des grands temples de Thèbes, Karnak et Louxor, et la splendeur des palais dont on a une idée à travers le mobilier fastueux de la tombe de Toutankhamon. Contacts culturels, matières premières et richesses se multiplient, qui influencent l'ensemble de la société égyptienne dans le sens d'un plus grand raffinement, d'un vocabulaire artistique plus riche.

Le roi Aménophis IV-Akhenaton met la capacité économique et la formidable énergie créatrice de son époque au service de ses idées révolutionnaires, bouleverse les canons de l'art et crée de toutes pièces une nouvelle capitale.

Tout rentre dans l'ordre ancien à l'époque ramesside (19ᵉ et 20ᵉ dynasties) ; les rois Séthi Iᵉʳ et Ramsès II ajoutent des réalisations prestigieuses aux grands sanctuaires. A la fin du IIᵉ millénaire, l'Egypte doit se défendre contre les premières atteintes des mouvements de populations qui secouent le monde méditerranéen. Les rois déplacent alors leurs résidences au Nord, laissant le gouvernement du Sud entre les mains du puissant clergé de Thèbes. Une page de l'histoire d'Egypte est tournée.

97 **Patère du général Djehouty**

Règne de Thoutmosis III
Vers 1490-1439 (18ᵉ dynastie)
Or. ⌀ 17,9 cm ; H 2,2 cm
N 713

La patère a été façonnée uniquement par martelage, et le décor obtenu au repoussé et par ciselage. Au centre, une fleur vue de dessus - sans doute un nénuphar, fleur aquatique par excellence - ; autour, poissons et papyrus stylisés, tous thèmes que l'on retrouve sur les coupes en « faïence » bleues contemporaines. Une inscription ciselée autour du rebord explique que cette magnifique pièce d'orfèvrerie fut offerte par le roi Thoutmosis III lui-même au général Djehouty, pour ses bons et loyaux services rendus à l'étranger.

98 **Tête d'un roi, Amenophis II ?**

Vers 1439-1413 avant JC
(18ᵉ dynastie)
Grès cristallisé rouge. H 0,21 m
E 10896

Cette belle tête appartenait à un sphinx, car l'arrière de sa coiffe (le "némès" royal) part à l'horizontale. Sur le front, le cobra dressé ("uréus") rappelle la force destructrice du pharaon contre les ennemis de l'Egypte. Bien que sur ce fragment aucun nom ne subsiste, le style du visage, spécialement des yeux, permet de le replacer, à l'intérieur de l'évolution artistique de la statuaire des rois, dans la première moitié de la 18ᵉ dynastie.

⁹⁹ Un couple: Senynefer et Hatchepsout

Vers 1410 avant JC (18ᵉ dynastie)

Groupe, grès peint. H 0,62 m ; L 0,82 m

E 27161

Ce couple grandeur nature, avec ses couleurs
fraîches comme à l'origine, est empreint d'une
étonnante présence. Il constitue une excellente démonstration de la fonction d'une statue égyptienne : être un double du corps, son souvenir sur
terre. Pour une fois les visages sont d'authen-
tiques portraits ; seuls les coloris de la peau sont
conventionnels ; jaune pour la femme et ocre
rouge pour l'homme. Ils se tenaient enlacés par la
taille, assis contre un dossier qui fait office de
stèle ; une prière y est gravée, pour l'offrande qui
leur assurera une subsistance éternelle.

¹⁰⁰ Stèle de Paser

Vers 1410 avant JC (18ᵉ dynastie)
Calcaire. H 0,985 m ; L 0,77 m
C 80

Ce type de stèle est un monument funéraire, destiné à être encastré dans la paroi de la tombe pour perpétuer le culte du mort. Ici l'offrande est double, car en haut c'est le défunt, Paser, qui offre à Osiris bouquets et nourriture, en disant : *"je suis venu t'apporter des offrandes, toutes sortes de bons produits du pays d'Egypte pour toi, ô Osiris, chef des Occidentaux (les morts): puisses-tu m'accorder d'être en ta faveur, comme j'ai été dans celle du roi sur terre"*. Sur la scène inférieure, Paser est en position de recevoir l'offrande à son tour, apportée par sa femme, sa fille et son fils, celui-là même qui a fait faire la stèle.

¹⁰¹ Le roi Aménophis III

Vers 1403-1365 avant JC (18ᵉ dynastie)
Tête, diorite. H 0,325 m
A 25

Ce fragment de statue ne porte aucune inscription qui permette de l'identifier. Et cependant aucun doute n'est possible, tant les traits du visage du roi Aménophis III sont caractéristiques : joues rondes, menton court et plat, bouche aux lèvres épanouies, nez court et grands yeux en amande. Son casque est une coiffure royale qui apparaît au Nouvel Empire ; le corps de l'"uréus", cobra de la royauté, s'enroule dessus de façon majestueuse.

Vers 1400 avant JC (18ᵉ dynastie)

Statuette, bois de grenadille d'Afrique.

H 33,4 cm ; L 7 cm ; P 17 cm

E 10655

Le sculpteur de cette statuette a fait preuve d'un grand art autant dans la perfection des formes que dans le traitement des surfaces : la gravure délicate des nattes de la perruque, véritable écrin du visage, contraste avec le beau poli du corps moulé dans une robe fine. Sur le socle, une prière invoque Osiris, puis tous les dieux du cimetière, pour que Touy puisse "respirer le doux souffle du vent du Nord, que son âme entre dans le cimetière, qu'elle soit dans la compagnie des bienheureux qui sont aux côtés d'Osiris, qu'elle puisse boire de l'eau où il lui plaira". La statuette a donc été faite pour la tombe de cette dame, une élégante de la bonne société de l'époque brillante du roi Aménophis III.

103 Cuiller "à la nageuse"

Vers 1400 avant JC (18ᵉ dynastie)

Bois et ivoire (ou os). H 29 cm ; L 5,5 cm

E 218

A la 18ᵉ dynastie se développe une catégorie de jolies cuillers aux formes recherchées : manches en col de canard, ou en bouquet de fleurs... Longtemps elles furent considérées comme des cuillers à fard. Mais l'étude des inscriptions que quel-

Nouvel Empire   **Antiquités Egyptiennes**

ques-unes portent, et des scènes dans lesquelles sont représentées ces cuillers, laisse peu de doute : elles servaient en réalité à jeter de la myrrhe sur le feu, en guise d'offrande aux dieux ou aux morts. A juste titre célèbres pour leur grâce et leur ingéniosité, les cuillers "à la nageuse" font sans doute partie du même groupe d'ustensiles. Ici, la jeune fille allongée tient à bout de bras un canard, dont les deux ailes forment le couvercle de la cuiller.

104 Statue colossale du roi Aménophis IV

Règne d'Aménophis IV, vers 1365-1349 avant JC (18ᵉ dynastie)

Grès peint. H 1,37 m ; L 0,88 m ; P 0,60 m

Provient d'un temple à l'Est de Karnak

Don du Gouvernement égyptien. E 27112

Dès les premières années de son règne, Aménophis IV donna une impulsion résolument nouvelle à la religion et à l'art, comme en témoignent les vestiges d'un sanctuaire qu'il fit édifier à l'Est du temple d'Amon à Karnak. Une grande cour était bordée d'un portique à piliers, contre lesquels se dressaient des colosses à l'image du roi, bras croisés sur la poitrine comme Osiris. C'était là un genre de statue architecturale traditionnel ; la nouveauté résidait dans le style extraordinaire de ces statues, jamais vu auparavant. Le corps du roi, aux hanches épanouies étrangement féminines, supporte une tête tout en longueur, aux traits vigoureusement stylisés à la façon d'un masque. Les couleurs, aujourd'hui presque entièrement disparues, devaient renforcer l'expression de cette étonnante figure, à la fois inquiétante et envoûtante.

105 Corps de Néfertiti (?)

*Règne d'Aménophis IV-Akhenaton
Vers 1365-1349 avant JC
(18ᵉ dynastie)*

Statuette, grès cristallisé rouge. H 0,29 m
E 25409

Ce morceau de sculpture, resté magnifique malgré ses mutilations, démontre la maestria atteinte par certains artistes de l'époque révolutionnaire du pharaon Aménophis IV, dite "époque amarnienne". Tout en suivant à la lettre le canon imposé par la nouvelle doctrine officielle - membres grêles et ventre balloné -, le sculpteur a su créer un style nouveau de beauté. Délicatesse dans l'ampleur, tel est le secret de la réussite de l'œuvre ; le développement du bas du corps est souligné par le plissé rayonnant du vêtement, finement gravé dans le grès rouge. Il convient d'attribuer ce corps féminin épanoui à Néfertiti, la célèbre reine d'Aménophis IV-Akhenaton, plutôt qu'à une de ses filles.

106 Tête de princesse

Règne d'Aménophis IV-Akhenaton,
Vers 1365-1349 avant JC
(18ᵉ dynastie)

Calcaire peint. H 0,154 m ; L 0,10 m

E 14715

Le couple d'Aménophis IV et de Néfertiti eut six filles. On suit avec intérêt le développement de leur progéniture - et malheureusement le décès de l'une d'elles - au fil des représentations de la famille royale, qui constituent à cette époque le centre de l'imagerie religieuse officielle. Cette adolescente aux joues encore rebondies est coiffée, comme les enfants de son temps, d'une épaisse masse de nattes longues qui retombent sur son épaule droite. L'alliance harmonieuse du style "amarnien", sensible dans le cou, la bouche, le menton, et du réalisme est la marque des plus belles œuvres de la fin du règne.

107 Le portier du palais royal Piay

Vers 1330-1300 avant JC
(fin de la 18ᵉ ou début de
la 19ᵉ dynastie)

Statuette, bois de karité (socle en acacia)

H 0,544 m ; L socle 0,109 m ; P 0,31 m

E 124

La statue de Piay résume bien les tendances de l'art de la fin de la 18ᵉ dynastie. Les artistes abandonnent le canon humain extraordinaire imposé par le roi Aménophis IV-Akhenaton, mais gardent de cet art révolutionnaire une douceur nouvelle ; le doux arrondi du ventre de Piay, souligné par son pagne plissé, est un héritage direct de la période précédente. Le costume ample et raffiné ajoute à l'élégance de l'œuvre, et annonce la volumineuse mode de l'époque qui suit : l'époque ramesside.

108 Pleureuses d'Horemheb

Tombe d'Horemheb à Sakkara
Règne de Toutankhamon, vers
1347-1337 avant JC (18ᵉ dynastie)
Bas-relief, calcaire. H 0,75 m ; L 0,36 m
B 57

Alors qu'il était général de Toutankhamon, Horemheb s'était fait préparer une belle tombe à Sakkara, le cimetière de la ville de Memphis ; à cette époque en effet, le centre administratif du pays s'était déplacé de Thèbes à Memphis. La scène des pleureuses qui accompagnent l'enterrement, caractéristique du décor des tombes de la 18ᵉ dynastie, prend ici une ampleur dramatique rendue possible par les nouveautés artistiques introduites lors de la période "amarnienne" précédente : souplesse des bras et des mains qui battent l'air en tous sens, liberté dans le travail des plans, dans le creux ou en relief, qui donne l'impression de foule. Mais Horemheb deviendra pharaon et sera enseveli dans une grande tombe creusée dans la Vallée des Rois, parmi ses pairs.

109 La déesse Hathor et le roi Sethi Iᵉʳ

Provient de la tombe de Séthi Iᵉʳ
dans la Vallée des Rois
Vers 1303-1290 avant JC
(19ᵉ dynastie)
Bas-relief, calcaire peint. H 2,265 m ; L 1,05 m
Rapporté d'Egypte par Champollion. B 7

Ce bas-relief peint faisait face à une scène symétrique (aujourd'hui au musée de Florence), à mi-chemin du long corridor creusé dans la montagne

Nouvel Empire **Antiquités Egyptiennes**

à l'Ouest de Thèbes (l'actuelle Louxor). Comme
toujours, la représentation est étroitement associée
à son emplacement ; la déesse Hathor vient à la
rencontre du roi quittant le monde des vivants.
Elle lui saisit la main et lui tend un collier qui
n'est autre que son insigne ; par ce geste, elle le
prend sous sa protection. Particulièrement vénérée
à Thèbes Ouest, zone des cimetières de la capitale du Nouvel Empire, elle y prit tout naturellement un rôle très important dans l'accueil des
morts. Les bas-reliefs de la plus grande tombe de
la Vallée des Rois réunissent en un classicisme
élégant le hiératisme traditionnel et la douceur
héritée de l'art amarnien.

110 Pendentif en forme de rapace à tête de bélier

Serapeum de Sakkara
Vers 1264 avant JC
(19ᵉ dynastie)

Or, turquoise, jaspe, lapis-lazuli

Envergure 13,7 cm ; L 7,4 cm

E 80

A Memphis un taureau sacré nommé Apis était vénéré comme l'incarnation terrestre du dieu Ptah. A sa mort, il était enterré avec les mêmes rites qu'un grand personnage, dans la nécropole souterraine qui était réservée à ses semblables. Dans la tombe d'un Apis mort pendant le règne de Ramsès II, Auguste Mariette trouva en 1851 ce beau bijou en or cloisonné, incrusté de pierres fines. Il représente probablement un aspect du dieu solaire Rê.

111 Roi présentant la déesse Maât

Vers 1300-1100 avant JC
(19ᵉ et 20ᵉ dynasties)

Statuette, argent plaqué d'or. H 0,195 m

Don Ganay. E 27431

La statuette en argent, plaquée par endroits d'une feuille d'or, appartenait sans doute à un objet de culte plus important ; on songe à ces barques d'apparat portées par les prêtres lors de la sortie des statues divines, les jours de fête. Le roi présente une petite femme assise : Maât, la déesse de l'Ordre du monde. De cette façon, il signifie au dieu qu'il maintient l'ordre divin sur terre.

112 Serviteur funéraire du roi
Ramsès IV

Vers 1162-1155 avant JC
(20ᵉ dynastie)

Statuette, bois peint. H 0,325 m

N 438

Les successeurs de Séthi I et de Ramsès II, parmi
eux beaucoup de Ramsès (de III à IX), se firent
aussi creuser des tombes profondes dans la Vallée
des Rois. L'exemple unique de la découverte de
la sépulture inviolée de Toutankhamon a révélé
quels trésors pouvaient contenir ces hypogées ;
malheureusement ils ont été pillés dès l'antiquité.
Après bien des péripéties, certains objets nous
sont parvenus, tel ce serviteur funéraire de
Ramsès IV. Déposé dans la tombe avec des centaines de ses semblables, tous à l'image du roi
comme lui, il porte sur son corps son mode
d'emploi : il doit remplacer le roi "quand il sera
de corvée pour faire tout travail dans la nécropole, pour entretenir les champs, pour irriguer les
rives, pour transporter du sable d'Est en Ouest...".
On le voit, la vie dans l'Au-delà avait ses obliga-
tions, même pour les plus grands.

La vie quotidienne

S'il nous est donné d'admirer les objets, modestes ou luxueux, de la vie quotidienne des Egyptiens, c'est grâce à la coutume qu'ils avaient, à la 18e dynastie, de déposer dans le caveau, auprès du mort, du mobilier afin de rendre sa nouvelle vie la plus confortable possible. Certes il y a loin de la tombe modeste, où sont pieusement rassemblés les quelques restes d'un pauvre mobilier déjà usagé : vanneries, appuie-tête, quelques objets de toilette, à la tombe d'un roi comme Toutankhamon où l'on a retrouvé des centaines de pièces d'un raffinement inouï !

Les objets exposés au Louvre se trouvent pour la plupart à mi-chemin entre ces deux extrêmes.

Une grande partie vient d'un cimetière de la rive Ouest de Thèbes (aujourd'hui Louxor). Le niveau de vie de ces gens, de classe moyenne, était relativement confortable. Les objets de toilette tiennent une place importante : miroirs, vases à onguents, flacons à kohol, peignes, épingles à cheveux, rasoirs, pinces à épiler... Ils sont pour la plupart ornés d'un décor inspiré de la vie végétale ou animale. Quant aux bijoux : bagues en or au chaton mobile en pierre, ou en "faïence", colliers de perles de faïence multicolores, ils étaient appréciés également par les femmes et les hommes. Outils et armes, jeux et instruments de musique étaient aussi placés dans les tombes.

¹¹³ Chaise

Vers 1400-1300 avant JC
(18ᵉ dynastie)

Bois, incrusté d'ivoire (ou d'os) ;
les lanières de cuir sont modernes.
H 0,91 m ; L 0,475 m ; P 0,59 m
N 2950

Nous ignorons la provenance de cette chaise, qui était déjà dans la collection du musée au milieu du XIXᵉ siècle. Nul doute qu'elle fut trouvée dans une tombe assez riche, à en juger par la qualité de la menuiserie : il convient de remarquer l'incurvation des différentes pièces du dossier, la sculpture des pieds en pattes de lion, le jeu des bois d'essences différentes et des incrustations. Comme toujours les pièces sont assemblées par tenons et mortaises, assujettis par des chevilles de bois. Si le motif des pattes avant et arrière de félin remonte au temps des Pyramides, le type du dossier incliné fut à la mode au Nouvel Empire. Le cannage antique était en corde.

¹¹⁴ Flacon

Vers 1400-1300 avant JC
(18ᵉ dynastie)

Verre. H 10 cm ; L 7,2 cm
AF 2032

C'est à la 18ᵉ dynastie, époque de contacts accrus avec l'étranger, d'enrichissement et de développement des techniques artistiques que le verre est utilisé pour la première fois en Egypte, surtout pour fabriquer des petits vases. Comme on ne savait pas le souffler, on plongeait une forme en sable aggloméré dans la matière en fusion ; des fils de verre de couleur étaient appliqués sur les parois chaudes et l'effet de guirlandes était donné en étirant ce décor encore mou avec un instrument pointu. Après refroidissement du verre, on ôtait le noyau de sable qui occupait l'intérieur du vase. La petite taille de ce flacon et son goulot étroit permettent de supposer qu'il contenait un fluide précieux, sans doute une huile parfumée.

115 Flacon en forme de bouquetin

Vers 1500-1400 avant JC
(18ᵉ dynastie)
Terre cuite peinte. L 0,15 m ; H 0,102 m
Fouilles de Dra Aboul'Naggah (Thèbes Ouest).
E 12659

La 18ᵉ dynastie fut une époque riche pour l'art du potier, comme pour beaucoup d'arts décoratif. Fleurissent alors ces jolis vases plastiques qui empruntent leurs formes, en partie ou entièrement, aux femmes ou à des animaux. Celui-ci représente un bouquetin couché et son petit ; le goulot est situé dans la gueule de la mère. Pour obtenir ce beau brillant rouge, la poterie était recouverte d'un engobe soigneusement poli avant cuisson. Quelques traits noirs précisent les lignes et les détails.

116 Pot à kohol

Règne d'Aménophis III,
Vers 1403-1365 (18ᵉ dynastie)
Faïence égyptienne (céramique siliceuse
glaçurée). H 8,4 cm
E 4877

Les Egyptiens faisaient un grand usage du kohol, aussi bien pour embellir leur regard que pour se protéger les yeux. Le large rebord de ce petit pot permettait de récupérer les miettes du précieux produit qui provenait des mines lointaines du désert arabique, au bord de la Mer Rouge. Il est réalisé en "faïence égyptienne", une céramique à base de grains de quartz recouverte d'une belle glaçure jaune. Les noms du roi Aménophis III et de la reine Tiy y sont incrustés en faïence bleue. Sous le règne de ces souverains, des ateliers de faïence et de verre, installés dans le palais, perfectionnaient sans cesse leur production, dont ce pot est un exemplaire des plus réussis.

La troisième Période intermédiaire,
l'Epoque saïte et les dernières dynasties indigènes
(Vers 1080-332 avant JC)

Au tournant du premier millénaire avant JC, la capitale est à Tanis, dans le Delta, tandis que les grands-prêtres d'Amon de Thèbes jouissent d'une indépendance de fait dans le Sud du pays (21e dynastie, vers 1080-1246 avant JC). Le morcellement politique s'aggrave ; des familles libyennes s'emparent pour un temps de la royauté (22e-23e dynasties). Les rois du Soudan annexent alors l'Egypte à leur royaume (25e dynastie), jusqu'à ce qu'une invasion des Assyriens mette fin à leur empire (664 avant JC). Des rois originaires de la ville de Saïs, dans le Delta, réorganisent ensuite le pays (26e dynastie "saïte", 664-525 avant JC). Mais les Perses le conquièrent une première fois (525-404). Les 28e, 29e et 30e dynasties regroupent les derniers pharaons d'origine égyptienne, avant que les Perses ne reviennent et intègrent le pays à leur grand empire (342-332).

117 **Couvercle du cercueil extérieur de Soutymès**

Vers 1000 avant JC (21ᵉ dynastie)

Bois stuqué et peint. H 2,10 m ; L 0,79 m

N 2609

Soutymès appartenait à la plus haute classe des fonctionnaires du puissant temple d'Amon, classe qui se fermait alors progressivement, donnant naissance à une sorte de clergé. Son pouvoir était essentiellement temporel, puisqu'il était contrôleur général des finances du temple. Le corps de cet homme important était protégé par pas moins de trois enveloppes successives, toutes le représentant en momie, mais les yeux ouverts comme un vivant. L'intérieur et l'extérieur de chaque cercueil étaient peints de représentations des grands dieux des morts, Osiris et Rê, sous toutes leurs formes, assistés de leurs compagnes, les déesses ailées.

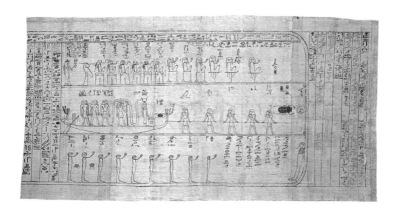

118 **Extrait du "Livre de la demeure secrète"**
Scène de la 12ᵉ heure

Vers 1000 avant JC (21ᵉ dynastie)

Papyrus. H 0,435 m ; L totale 1,60 m

N 3109

La chanteuse d'Amon Ankheseniset s'était fait copier, pour sa tombe, une version abrégée du

Antiquités Égyptiennes

Troisième Période Intermédiaire

"Livre de la demeure secrète", alors très en vogue, viatique que l'on glissait auprès du corps de tout mort suffisamment aisé. Il représente, avec des commentaires, le voyage du soleil pendant les douze heures de la nuit, qui triomphe de tous les obstacles du monde inférieur pour renaître à l'Est chaque matin, à l'issue de la 12ᵉ heure. Le dieu, représenté comme un homme à tête de bélier, est monté sur une barque hâlée par des compagnons. A la 12ᵉ heure, il traverse le corps d'un grand serpent pour en sortir sous forme du soleil levant, que les Egyptiens concevaient comme un scarabée (le hiéroglyphe de la transformation). Grâce à ce livre, Ankheseniset participait au cycle éternel du soleil.

119 Stèle de Tapéret

Vers 900-800 avant JC

Bois peint. H 0,31 m ; L 0,29 m

Don Batissier. N 3663

Au début du 1ᵉʳ millénaire avant JC, les grandes stèles funéraires en pierre sont supplantées par de petites stèles en bois, sur lesquelles le mort n'est plus attablé devant son repas funéraire, mais en adoration devant les grands dieux de l'Au-delà. A côté d'Osiris sont présentes les différentes formes du dieu soleil. La défunte Tapéret adresse une prière à Rê-Horakhty (le soleil à son zénith) sur une face de cette stèle, et à Atoum (le soleil couchant) sur l'autre. L'univers qui sert de cadre aux deux scènes est symbolisé de deux façons différentes : une fois le signe du ciel, incurvé, repose sur la bande de terre noire par l'intermédiaire des plantes héraldiques de l'Egypte du Nord et du Sud ; au revers, le ciel est la déesse Nout, dont le corps est parcouru par le soleil, qu'elle avale chaque soir et enfante chaque matin. Les rayons bienfaisant de la lumière solaire sont symbolisés par des fleurs de lys, ultime originalité de cette stèle au dessin précis et aux couleurs riches.

¹²⁰ La triade d'Osorkon

Règne d'Osorkon II
Vers 889-866 avant JC
(22e dynastie)

Or, lapis-lazuli, verre. H 9 cm ; L 6,6 cm

E 6204

La famille osirienne est ici représentée de façon originale : Isis la mère et Horus, le fils à tête de faucon, encadrent d'un geste protecteur le dieu Osiris accroupi sur un pilier. Selon la légende, Isis avait recomposé le corps déchiqueté d'Osiris et lui avait réinsufflé la vie, le temps de concevoir de lui son fils, Horus. Ce dernier avait vengé son père en provoquant en un combat singulier son assassin, le dieu Seth.

Le nom du roi, Osorkon II est gravé sur le pilier de lapis, garantissant l'assimilation du roi avec le grand dieu des morts. Le travail d'orfèvrerie est d'une telle qualité qu'il égale les meilleures sculptures, malgré la taille réduite de l'œuvre.

¹²¹ La "divine adoratrice" Karomama

Vers 870-825 (22e dynastie)

Statuette, bronze incrusté d'or, d'argent, de pâte noire et blanche (yeux)

H 0,595 m ; L 0,125 m ; P 0,35 m

Acq. en Egypte par Champollion. N 500

Pour resserrer les liens entre le puissant clergé d'Amon, qui agissait en maître dans la région de Thèbes, et la royauté qui gouvernait désormais depuis le Nord, les pharaons d'alors instituèrent une de leur filles "divine adoratrice d'Amon" : épouse du dieu et de lui seul, elle était investie d'un grand pouvoir temporel dans la région thébaine. Un des courtisans de l'une d'elles, Karomama, a dédié dans le temple cette statuette qui est le plus beau bronze égyptien connu : aux qualités plastiques de cette belle dame s'ajoute un admirable travail d'incrustation de métaux précieux qui rend la somptuosité du costume : les deux grandes ailes qui enveloppent ses jambes comme celles des reines ou des déesses, et surtout le magnifique collier, dont le lourd fermoir qui retombe sur son dos porte son nom : "l'aimée de Mout, Karomama".

122 Le dieu Horus

Vers 800-700 avant JC
Statue, bronze. H 0,95 m
E 7703

S'il y eut toujours des statues de métal dans les temples, c'est à la 3ᵉ Période Intermédiaire que l'art des bronziers atteint l'apogée de sa production, en qualité comme en quantité. Cette grande statue d'Horus appartenait à une scène dans laquelle les deux dieux patrons de la royauté, Horus et Thot, face à face, aspergent le roi pour le purifier avant les rites. Pour économiser le métal, ces grandes statues sont creuses car fondues selon le procédé dit "à cire perdue" : on modèle un noyau d'argile et de sable que l'on recouvre d'une couche de cire de l'épaisseur qu'aura le bronze, modelé à la forme voulue ; le tout est recouvert d'argile et chauffé : la cire fond et s'écoule, laissant un espace vide entre le noyau intérieur et la gangue extérieure, espace dans lequel on coule le métal en fusion. Après refroidissement, on casse la gangue extérieure ; généralement le noyau intérieur est laissé. Cette statue semble inachevée : le visage n'a pas été poli, les tenons qui réunissent les bras (fondus séparément) au corps sont encore visibles. Sans doute était-elle revêtue d'une couche aujourd'hui disparue, en plâtre ou en or.

Epoque saïte

123 Chat assis

Vers 700-600 avant JC

Statuette, bronze ; scarabée en verre bleu

H 0,33 m ; L 0,25 m

N 4538

Les statuettes de bronze, ex-votos offerts par des dévots dans les temples, se multiplient à la Basse Epoque. Parmi eux, les chats, généralement des représentations de la déesse Bastet, ont été retrouvés en grand nombre ; ils reflètent la popularité dont jouissait la déesse, non seulement dans sa ville de Bubatis, mais dans bien d'autres grandes villes comme Memphis, Thèbes, Esna. Les Egyptiens la représentent aussi accompagnée de chatons, ou comme une femme à tête de chatte.

124 Buste d'homme âgé

Vers 550 avant JC (26e dynastie)

Schiste. H 0,252 m ; L 0,185 m

N 2454

Par malheur l'inscription qui désignait cet homme est interrompue : "le protégé auprès de Ptah-Sokar, le chancelier du roi de Basse Egypte...". Deux tendances se mêlent dans ce beau morceau de sculpture : l'archaïsme alors en vogue, sensible dans la nudité du buste, dans la sobriété de la coiffe, et d'autre part le goût pour le réalisme, limité au visage. Les marques de l'âge sont minutieusement détaillées, peut-être parce qu'elles sont signe de sagesse. La finesse de la pierre, un beau schiste vert, assure un fini parfait à l'œuvre, tant dans le poli des volumes lisses que dans la précision de ce remarquable portrait.

Dernières dynasties indigènes

¹²⁵ L'extraction du jus de lis

IVe siècle avant JC

Bas-relief, calcaire. L 37 cm ; H 25,8 cm ; P 4 cm

E 11162

Ce fragment de bas-relief provient d'une tombe contemporaine des dernières dynasties indigènes. la scène en question est attestée plusieurs fois à cette époque : il s'agit de la cueillette des fleurs de lis et de l'extraction de leur jus. Les fleurs sont placées dans un linge qui est tordu à l'aide de bâtons afin d'en exprimer le plus de jus possible. Le liquide s'écoule dans une jarre placée sur une table basse, ou calée dans un support. Dans les reliefs plus complets, on constate que le jus est réservé dans de plus petits vases offerts au

propriétaire du tombeau. Les rondeurs des ou-
vrières et leurs visages potelés sont la marque de
l'influence de l'art grec qui, ajoutée à la clarté
toute égyptienne de la composition, insuffle un
charme spécial à ce très beau fragment.

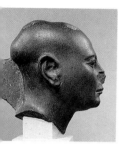

126 Tête d'homme au crâne rasé

IVᵉ siècle avant JC

Schiste. H 0,129 m

Don Lami. E 25577

A l'époque des derniers pharaons égyptiens, les
personnages se font volontiers représenter sans
perruque, tête rasée, comme au moment où ils
effectuent leur service de prêtrise dans les
temples. La tendance réaliste se poursuit avec
succès dans cette œuvre : les traits larges, le menton lourd, le contour des yeux légèrement ridé
sont ceux d'un homme d'âge moyen. le sculpteur
a déployé sa virtuosité tout spécialement dans le
traitement raffiné de l'anatomie du crâne.

127 Statue guérisseuse

IVᵉ siècle avant JC

Basalte. H 0,677 m

E 10777

Cette statue témoigne à la fois des tendances de
l'art au IVᵉ siècle avant JC et de l'engouement
grandissant pour les pratiques magiques. Le beau
visage souriant est dans la ligne idéalisante de la
statuaire saïte. Les volumes lisses et simples du
costume servent de support à des invocations magiques destinées à guérir des morsures des serpents et des scorpions. Le texte est formel :
l'homme mordu devait boire de l'eau qui avait
coulé sur les textes de la statue, et qui s'était imprégnée de leur puissance magique. Le type de
stèle que l'homme tient, qui représente le jeune
dieu Horus sur des crocodiles, est très répandu
en modèle isolé, et rendait les mêmes services.

L'Egypte sous la domination des Grecs *(333-30 avant JC)*
et des Romains *(30 avant JC-IVᵉ siècle après JC)*

Le grec Alexandre le Grand prend l'Egypte aux Perses ; après sa mort, elle est gouvernée par un de ses généraux, Ptolémée. L'Egypte est dirigée pour trois siècles par des "pharaons" grecs, descendants de Ptolémée, entourés d'une classe dominante également grecque qui, du moins dans les premiers temps, ne se mêle pas aux autochtones. En 30 avant JC, la dernière des souverains ptolémaïques, Cléopâtre VII, est vaincue par Octave ; L'Egypte entre dans l'orbite du monde romain pour quelques siècles. Si les empereurs - promus pharaons - poursuivent les chantiers de reconstruction des grands sanctuaires égyptiens, ils détournent l'économie du pays vers la production de céréales pour la population de Rome.

Egypte grecque

128 Boîte à compartiments

IIIᵉ siècle avant JC

Faïence égyptienne (céramique siliceuse émaillée). H 5 cm, L 12 cm ; P 11,6 cm

E 11071

L'art des faïences de l'Egypte grecque est un bon exemple de fusion réussie entre une technique de tradition égyptienne et un répertoire de formes et de décors grecs. Si les motifs en creux portent un bleu plus profond que les parties saillantes, c'est parce qu'ils contiennent une plus grande épaisseur d'émail. Un des centres importants de production de cette industrie était Memphis.

129 Corps d'Isis

IIIᵉ-Iᵉ siècles avant JC

Statuette, diorite. H 0,63 m

Don Hoffmann. E 11197

Sous les règnes des Ptolémée, les sculpteurs égyptiens s'essaient à l'art grec, mais dans une mesure limitée. Ce corps de déesse, à la position frontale traditionnelle, présente un vêtement plissé directement emprunté à la mode grecque, mais traité avec la symétrie chère aux Egyptiens. Le nœud de tissu entre les seins indique qu'il s'agit d'Isis.

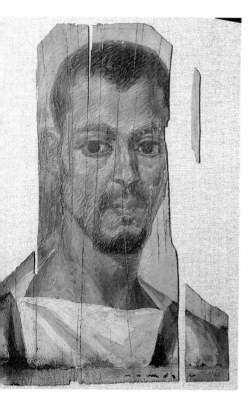

Egypte romaine

130 Portrait funéraire d'homme

IIᵉ siècle après JC?

Cire sur bois. H 0,38 m ; L 0,24 m

AF 6883

A l'époque romaine, le savant travail de pose des bandelettes de momie sert parfois à maintenir, au niveau du visage, un portrait du mort peint sur une planchette de bois. La technique comme le style de ces portraits sont gréco-romains : ils sont peints à la cire, par touches distinctes ; le buste est vu de trois-quart et le visage est presque de face. Ces gens sont des membres de la classe dominante d'origine grecque, à cette époque mêlée d'éléments indigènes. Le portrait est parfois peint directement sur le linceul.

131 Masque mortuaire de femme

Début du IIIe siècle après JC

Plâtre peint. H 0,34 m ; L 0,62 m ; P 0,26 m

Fouilles d'Antinoé. E 21360

Sous les Ptolémée comme sous l'empire romain, ce sont des cadres grecs qui gouvernent l'Egypte. Séduits par la religion funéraire égyptienne, prometteuse d'éternité, ils adoptent entre autre la coutume de la momification et l'idée qu'il convient de conserver l'aspect de la vivante enveloppe corporelle. Mais leurs masques sont très différents des "cartonnages" des Egyptiens. Ce sont des bustes en plâtre, aux traits réalistes, aux coiffures et aux parures à la mode romaine.

L'écriture

A côté des hiéroglyphes sculptés et peints que l'on peut détailler sur les murs des temples, les Egyptiens ont utilisé une écriture cursive, dans laquelle les hiéroglyphes initiaux sont plus ou moins reconnaissables selon l'époque, la rapidité de l'exécution et l'habileté du scribe : on l'appelle le hiératique. A partir du VIIe siècle avant JC, il évolue en une forme où les signes d'origine sont méconnaissables : le démotique, qui transcrit la langue parlée et non plus la langue classique.

Aux derniers siècles de la civilisation pharaonique, les scribes qui élaborent les inscriptions murales des temples jouent avec les signes et se plaisent à en inventer des centaines de nouveaux, restreignant ainsi la lecture à un cercle d'initiés. Inventés vers 3100 avant JC, les hiéroglyphes furent utilisés au moins jusqu'au IVe siècle après JC. Quant à la vieille langue égyptienne, elle survécut à l'invasion arabe au sein de la communauté chrétienne ; elle est conservée dans les textes de la religion copte, écrits en caractères grecs. C'est parce qu'il connaissait le copte que Champollion put le premier comprendre les hiéroglyphes, dans les années 1824-1826, après quinze siècles d'oubli.

132 Palette de scribe

Vers 1347-1337 avant JC
(18e dynastie)
Bois et joncs. H 37 cm ; L 5,5 cm ; ép. 1,3 cm
N 2241

La palette est constituée d'une planchette de bois, évidée en son milieu pour loger les tiges de jonc aux extrémités mâchées qui servent de pinceaux. Deux cupules contiennent des petits pains de couleur, un rouge et un noir. Le rouge servait pour les têtes de chapitre, par exemple dans le "Livre des Morts". Le cartouche gravé sur cet objet indique que son propriétaire vivait sous le règne de Toutankhamon.

133 Scène d'enterrement extrait du
"Livre des Morts" de Nebqued

Vers 1400 avant JC (18ᵉ dynastie)

Papyrus peint. H environ 0,30 m

N 3068

détail

Les livres égyptiens étaient écrits sur des bandes
de papyrus qui pouvaient atteindre plusieurs
mètres de longueur, et que l'on déroulait et en-
roulait au fur et à mesure de la lecture. L'écriture est répartie en colonnes ou en pages de
lignes. Il n'y a guère que les livres funéraires qui
sont illustrés, comme ce bel exemplaire du "Livre
des Morts"; au début est représentée la scène de
l'enterrement qui, grâce au format du papyrus,
peut s'étendre en longueur pour le convoi des ob-
sèques et les étapes de la cérémonie. Le musée
conserve d'autres ouvrages religieux, mais aussi
des lettres, des livres de comptabilité, des contrats
et même des fragments d'œuvres littéraires.

L'enterrement

Les Egyptiens ne sont certes pas le seul peuple à avoir porté un grand soin aux rites funéraires. Mais les conditions exceptionnelles de conservation des corps et des objets dans les tombes, la variété de leur mobilier et de leur iconographie funéraire ont beaucoup fait pour répandre une image des Egyptiens préoccupés avant tout par le jour de leur enterrement et leur sort après la mort. Nous avons des renseignements précis sur cette cérémonie, représentée dans les tombes ou illustrée au début du "Livre des Morts". Un des moments essentiels était, outre le convoi funéraire du mobilier et du sarcophage vers le cimetière, celui des rites de réanimation exécutés sur la momie ou le cercueil avant sa descente au tombeau.

¹³⁴ Cercueil de Madja

*Vers 1490-1470 avant JC
(18ᵉ dynastie)*

Bois peint. H 0,62 m ; L 1,84 m

Fouilles de Deir el-Medineh. E 14543

détail

Le cercueil de la dame Madja reflète la sobriété du mobilier funéraire de la classe moyenne. Le fond blanc de la bière, qui épouse la forme de la momie, met en valeur une composition claire et équilibrée : d'un côté des hommes apportent l'eau et la viande pour le repas de la morte ; de l'autre le cercueil est halé vers la tombe, où l'attendent les pleureuses habituelles.

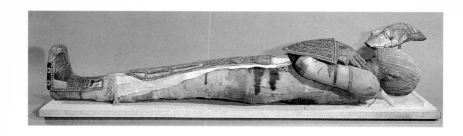

135 Momie d'homme

IIIe ou IIe siècle avant JC
L 1,67 m
N 2627

A l'époque ptolémaïque, la pose des bandelettes sur les momies prend un tour artistique. Le corps, après avoir été vidé de ses entrailles et desséché dans du natron, est entouré d'un savant quadrillage de lin. Puis la momie est recouverte de pièces de "cartonnages", faits en vieux papyrus ou en tissus plâtrés : masque sur le visage, étui sur les pieds, grand collier sur la poitrine. Sur les jambes sont représentés les habituelles déesses ailées, les génies funéraires, et la momie sur le lit d'embaumement.

L'Egypte copte

Le terme "copte" dérive du mot "aigyptos", utilisé par les Grecs pour désigner les habitants de la terre des Pharaons. Lorsque les Arabes parviennent en Egypte en 641, le pays étant entièrement christianisé, le mot recouvre non seulement l'ethnie, mais l'appartenance chrétienne des Egyptiens par opposition à l'envahisseur musulman. Le terme finira par désigner également le rite chrétien d'Egypte et par extension celui des chrétiens d'Ethiopie.

Les prémices d'une écriture copte apparaissent dès le IIe siècle avant JC pour se développer à partir des IIIe et IVe siècles après JC. Formé des lettres grecques et de sept signes d'origine pharaonique, elle sera supplantée, à partir du VIIIe siècle, par l'arabe dans les textes officiels puis disparaîtra durant le XIe siècle ; seule l'Eglise continuera à l'utiliser comme langue liturgique.

Un changement stylistique dans l'art de l'Egypte apparaît dans le courant du IVe siècle pour donner naissance à un art original qui se poursuivra jusqu'au XIIe siècle. Les Coptes, devenus minoritaires depuis le IXe siècle, se tournent peu à peu vers des formes inspirées par Byzance et l'Islam. L'art copte à son apogée (V^e-VIIe siècles) était au contraire foncièrement marqué par les influences gréco-romaines, paléochrétiennes et orientales.

136 Dionysos

Probablement Antinoé
IVe siècle après JC
Haut-relief, calcaire
H 0,545 m ; L 0,527 m ; P 0,175 m
Acq. 1958. E 26106

D'une niche tapissée de pampres de vigne surgit une figure de Dionysos, traitée dans ce style nouveau qui apparaît au cours du IVe siècle et tourne résolument le dos aux habitudes stylistiques des arts grec et romain. Le corps du dieu, déjà disproportionné, est dépourvu de détails réalistes ; le visage arrondi, peu individualisé, les grands yeux cernés et forés, la chevelure constituée de perles dénotent un sens nouveau de la vision et de la mentalité coptes. Parmi toutes les divinités païennes, le dieu Dionysos fut particulièrement vénéré en Egypte. Assimilé à Osiris, dieu du vin depuis les Textes des Pyramides, il jouit d'une faveur particulière auprès des rois Ptolémaïques. Le thème de la vigne, son principal attribut, est repris dans la Bible pour évoquer Dieu le Père et le Christ d'où sont issus les fidèles sous l'aspect des rameaux.

137 Vierge de l'Annonciation

Fin du Ve siècle après JC

Bas-relief, bois de Figuier
H 28,5 cm ; L 14,2 cm ; ép. 2 cm
Acq. 1945. E 17118

Marie, assise sur un haut tabouret était, selon les Evangiles apocryphes, occupée à filer la pourpre pour le Voile du Temple. En face d'elle était représenté l'archange Gabriel, dont seul un pied est conservé. Cette boiserie sculptée et rehaussée de peintures faisait probablement partie d'une pièce de mobilier illustrant les scènes de la vie de la Vierge dont l'iconographie se répandit largement dans le monde chrétien à partir du Concile d'Ephèse de 431 qui proclama la maternité divine de la mère du Christ.

La technique du travail du bois fut toujours très vivace en Egypte, malgré une carence indéniable de ce matériau qu'il fallait importer souvent de loin. Malgré ce handicap, les artisans et les sculpteurs coptes étaient particulièrement renommés pour leur habileté dans ce domaine et furent, jusqu'en pleine époque arabe, appelés sur les grands chantiers du Proche-Orient.

138 Le Christ et l'abbé Mena

Monastère de Baouît
VIIe siècle après JC

Peinture à la détrempe

H 57 cm ; L 57 cm ; ép. 2 cm

Fouilles IFAO, 1901-1902. E 11565

Dans un geste d'accompagnement protecteur, le Christ présente l'abbé Mena, supérieur du monastère de Baouît. Les deux personnages se tiennent debout, en stricte frontalité, sur un fond de collines et de ciel rougi par le soleil couchant. Le panneau, destiné probablement à être encastré dans une paroi, présente un style comparable aux nombreuses files de saints qui décoraient niches et parois des chapelles du même monastère. Les plis, simplifiés à grands coups de pinceau, forment des arrondis typiques de la peinture copte. L'influence byzantine se ressent dans les rehauts blancs des vêtements et dans la richesse de la reliure de l'Evangile, porté par le Christ, incrustée de perles et de cabochons, et qui contraste avec la sobriété des couleurs et la simplicité des formes.

¹³⁹ Châle de Sabine

Antinoé, VIᵉ siècle après JC

Tapiserie de laine. H 1,10 m ; L 1,40 m

Fouilles A Gayet, 1902-1903. E 29302

Cette pièce a été retrouvée dans une tombe
d'Antinoé où elle enveloppait les épaules de la
dame Sabine. Elle fait partie de quelques 35 000
tissus qui ont été exhumés en Egypte jusqu'à ce
jour. Ce châle, orné de tapisseries sur fond de
toile, est composé de deux carrés bordés de galons en équerre, et d'un médaillon central. Les
iconographies sont tirées de la mythologie gréco-
romaine : Daphné et Apollon, Diane chasseresse,
Bellerophon et la chimère. Les scènes dites nilo-
tiques des galons se rattachent au répertoire de
l'Egypte antique, réadapté à la riche clientèle romaine à partir du Iᵉ siècle après JC. La mode des
tissus aux somptueuses décorations, née en Orient,
dont quelques rares exemplaires apparaissent dès

le Nouvel Empire, commence à surgir dans le courant du IIIe siècle après JC pour s'épanouir à l'époque chrétienne dans tout le monde méditerranéen.

IXe siècle après JC

Bronze ajouré. H 0,28 m ; ⌀ 0,20 m

Acq. 1925. E 11708

Cet objet, probablement liturgique, est constitué d'une cassolette à trois pieds ornés de lièvres et d'un couvercle en forme de dôme surmonté d'un aigle écrasant un serpent. Le corps du braséro et son couvercle, maintenu par une cheville, sont tapissés d'un treillis de rinceaux ajourés aux formes particulièrement élégantes. Cette pièce est un témoin de l'art consommé des bronziers coptes jusqu'en pleine époque arabe. Le thème du lièvre ou du lapin a été de nombreuses fois reproduit sur les monuments de l'époque paléochrétienne (lampes, poteries, verres, estampilles, tissus...) sans que l'on ait pu interpréter sa signification (symbole de la brièveté de la vie humaine ? figure du Christ ?). En revanche, une explication symbolique pourrait être donnée à l'image de l'aigle écrasant le serpent qui évoquerait la victoire du Christ sur le démon, représenté ailleurs percé par le monogramme du Christ.

Égypte copte **Antiquités Égyptiennes**

L'âge préhellénique
et le monde grec archaïque

Le monde grec classique

Le monde hellénistique

Les Etrusques

Le monde romain

Introduction

Le département des Antiquités Grecques, Etrusques et Romaines est, avec celui des Peintures, l'un des plus anciens du musée du Louvre. Les objets qu'il réunit, répartis entre les trois civilisations concernées, font appel aux matières les plus diverses: la pierre, le bronze, la terre cuite, le bois, le verre, l'or et l'argent, l'ivoire, le stuc, l'ambre, etc. Ils illustrent l'activité artistique d'une vaste région du monde, principalement organisée autour de la Méditerranée, et dont l'histoire s'étend depuis la fin de l'âge néolithique (IVe millénaire avant JC) jusqu'au VIe siècle de notre ère. A partir d'un noyau constitué par la collection royale (entreprise dès le règne de François Ier) augmentée des collections rassemblées par Richelieu et Mazarin, l'ensemble très abondant des œuvres qu'il conserve s'est formé au long des générations par des acquisitions où les collections Borghèse (1808) et Campana (1863) figurent pami les plus importantes.

Une longue tradition et la relation historique étroite qui existe entre certaines œuvres et le palais lui-même ont consacré l'implantation du département des Antiquités Grecques, Etrusques et Romaines dans les parties les plus anciennes du bâtiment, telles la galerie jadis occupée par l'appartement des reines et la salle des Cariatides, riche en événements importants de l'histoire de France depuis le XVIe siècle. L'envergure et le caractère pondéreux des sculptures ont recommandé leur présentation au rez-de-chaussée, où le circuit grec, dédoublé en statues originales et copies exécutées à l'époque romaine, et le circuit romain suivent au plus près le déroulement chronologique. Au même niveau trois salles consacrés à l'art étrusque rassemblent au contraire grands et petits objets dans une synthèse qui rend sensible le passage de l'archaïsme au classicisme, puis du classicisme à la période hellénistique. Le premier étage, en cours de remaniement, est dévolu à l'exposition des bronzes surtout grecs et romains, à la présentation de la collection des vases et des statuettes de terre cuite, d'une facture essentiellement grecque, que son abondance et sa diversité placent au premier rang des collections mondiales.

L'âge préhellénique et le monde grec archaïque

La région du bassin méditerranéen où viennent s'installer, par vagues successives, ceux que l'on appellera les Grecs, était primitivement occupée par des populations non indo-européennes. L'histoire de leur art, depuis l'âge néolithique jusqu'à la fin du Bronze Moyen, tourne les regards d'abord vers la Thessalie, ensuite vers les Cyclades, enfin vers la Crète : toutes ces terres, tour à tour, bénéficient des influences exercées par les civilisations plus avancées de l'Orient. L'épanouissement de la Crète minoenne, dès la première moitié du IIe millénaire, va profondément marquer les premiers Grecs qui se signaleront par d'importantes réalisations artistiques : ce sont les Mycéniens, principalement installés en Argolide, mais dont la culture, au Bronze Récent, s'étend puissamment dans le monde égéen. Ils héritent de l'art crétois, y introduisant une rigueur que les Grecs du début de l'âge du Fer n'ont peut-être pas oubliée.

Après l'effondrement du monde mycénien, l'art

grec réapparaît sous la forme du style géométrique, ascèse de plus en plus savante qui touche toutes les formes graphiques ou plastiques. De cette langue commune qu'est la géométrie, les différentes régions, au premier rang l'Attique, proposent des dialectes particuliers.

Mais le système s'essoufle ves la fin du VIIIe siècle : arrivent alors en force les motifs orientaux, que l'art grec retranscrit dans une manière qui lui est propre. Chaque cité ou province "orientalise" à sa façon durant tout le VIIe siècle, qui connaît par ailleurs la naissance de la grande sculpture. Précédés par les exercices du style "dédalique", les couroi de marbre de la fin du siècle, par leur taille gigantesque autant que par leur matière, marquent une évolution décisive. Couroi et corés, revenus à plus de mesure, reproduiront jusqu'aux guerres médiques le même type conventionnel, mais avec une observation de plus en plus minutieuse de la réalité anatomique. Il y aura plus de liberté dans l'art du relief, ou dans les sujets moins marqués par la tradition religieuse.

Le particularisme des cités archaïques favorise l'éclosion des centres d'art, d'où sortent à profusion vases peints, statuettes de bronze ou de terre cuite. La céramique oppose Athènes à Corinthe : la cité de l'Isthme accapare d'abord les marchés, surtout par ses petits flacons à huile parfumée ; mais les vases attiques qui leur empruntent la technique de la figure noire les talonnent, pour finir par les supplanter. Vers le milieu du VIe siècle, restée maîtresse de ce commerce, Athènes abrite des ateliers florissants qui exportent beaucoup vers l'Etrurie. Des artistes audacieux vont y révolutionner la pratique de la peinture sur vases : en inversant le rapport, ils y réservent les silhouettes des personnages et inventent le style à figures rouges, d'où procéderont les plus grands chefs-d'œuvre du genre, à la charnière des VIe et Ve siècles avant JC. La même fièvre de création se lit dans la production des figurines de bronze, dont la fouille des grands sanctuaires panhelléniques a révélé l'étonnante diversité. Mais dans

cette foule d'objets, la fonction religieuse, le répertoire des légendes mythologiques et la place de
plus en plus importante accordée à la forme humaine font sentir une forte unité.

L'âge préhellénique

141 **Tête féminine**

Amorgos?
Vers 2700-2400 avant JC
Marbre. H 0,27 m ; L 0,145 m ; P 0,095 m
Don J Delamarre, 1896. MNC 2108 (Ma 3095)

Cette tête d'une hauteur impósante appartient à
la nombreuse famille des figures et figurines en
marbre que les artistes des Cyclades ont créées
dans la période du Bronze Ancien (3200-2000
avant JC). Il s'agit le plupart du temps de la représentation d'une femme nue dont la taille et la
forme peuvent varier considérablement. Le
marbre du Louvre est le fragment d'une véritable
statue, puisque l'objet complet devait mesurer à
peu près 1,50 m
Si les détails sculptés de cette tête se réduisent à
la présence du nez et des oreilles, l'artiste qui l'a
modelée était sensible au volume, comme en attestent le plan convexe de la face et l'épaisseur

du profil. Des têtes semblables s'observent sur des figures complètes représentées debout, les pieds en pointes, les avant-bras ramenés à angle droit sur le corps. Ce type, dit "aux bras croisés", marque l'achèvement le plus classique du genre : la géométrisation des formes, sensible dans la construction de la tête, s'étendait à l'ensemble du corps, en une composition de plans et de volumes d'une harmonie savamment calculée.

La valeur et la fonction de ces figurines repérées la plupart du temps dans la fouille des nécropoles, parfois aussi dans celle d'habitats, ne sont pas encore suffisamment claires, mais leur aspect religieux ne semble pas douteux.

142 "Saucière"

Heraia d'Arcadie (Péloponnèse)?
Vers le milieu du IIIe millénaire
avant JC

Or. H 0,17 m ; L 0,10 m ; l 0,144 m
Acq. 1887 ; MNC 906 (Bj 1885)

Ce récipient auquel son bec verseur haut et dressé a affecté le nom conventionnel de "saucière" est fait, à l'exception de l'anse massive que décore un motif de chevron, à partir d'une seule feuille d'or : c'est ainsi que le pied annulaire a été formé par martelage à partir de cette paroi. Cet objet précieux, dont on ne connaît aujourd'hui qu'un seul autre exemplaire créé dans cette matière, intrigue par son origine présumée, qui est celle d'un site du Péloponnèse, Heraia d'Arcadie. Mais la forme est courante dans le répertoire des potiers du Bronze Ancien, qu'il s'agisse des Cyclades, du continent grec ou de la zone nord-ouest de l'Anatolie. Il semble aujourd'hui que la naissance doive en être replacée dans l'archipel cycladique, où se rencontrent les exemples les plus anciens. Une même origine pour le vase du Louvre n'est pas à exclure, quoique la mention du Péloponnèse ne puisse être écartée absolument.

143 **Cratère géométrique** (fragment)

Style attique, vers 750 avant JC

Terre cuite. H 58 cm ; L 14 cm ; ép. 1,3 cm

A 517, S 568

Après la destruction de la civilisation mycénienne, la Grèce semble plongée dans le silence des "Ages Obscurs". La renaissance de l'art se manifeste pourtant dès le Xᵉ siècle, sous la forme de décors empruntés à la géométrie. D'une première phase expérimentale (le proto-géométrique), le style progresse vers une manière plus maîtrisée, ainsi qu'en témoignent les grands vases funéraires du milieu du VIIIᵉ siècle avant JC trouvés en particulier dans la nécropole du Dipylon, à Athènes. Ce cratère en fait partie, avec un décor figuré très abondant : au milieu d'ornements où domine le méandre, une scène de "prothésis" (exposition du mort sur son lit funèbre) assemble la famille du défunt autour de sa dépouille. Tous affectent l'attitude de la lamentation, que l'art géométrique traduit à sa façon. Chars en procession et bateau de guerre évoquent la noblesse héroïque du mort dont ce grand vase signalait la tombe. Le soin extrême apporté à l'exécution est caractéristique des peintres d'Athènes : ce vase serait l'œuvre de l'un des meilleurs, le "peintre du Dipylon".

144 **Amphore**

Attribué au "peintre d'Analatos"
Attique, vers 680 avant JC

Terre cuite. H 0,81 m

Acq. 1935. CA 2985

Ce vase, dont la forme élancée rappelle les amphores du style géométrique tardif, a dû servir de "loutrophore", c'est-à-dire de vase rituel utilisé dans la cérémonie du mariage ou dans les funérailles de célibataires. Mais alors que le décor plastique appliqué autour de l'embouchure ou sur

Antiquités Grecques Etrusques et Romaines   Le monde grec archaïque

les anses prolonge les créations antérieures, de même que la mise en page des motifs, ceux-ci échappent pour la plupart au registre géométrique. Qu'il s'agisse des rosettes et des tresses qui ornent le milieu du col, ou de figures animées comme celles des sphinx, des deux couples dansant au son de la double flûte, ou des cochers conduisant leur char, ces images marquent la naissance du style orientalisant à Athènes.

Au début du VIIᵉ siècle, les motifs transmis par l'Orient viennent peupler les décors grecs où le canon géométrique s'essoufle, et la silhouette humaine ou animale retrouve la souplesse et la vérité des proportions. Bien des cités proposent le nouveau style dans leur production de vases peints ; Athènes, sans exporter beaucoup, témoigne dans cette période d'un sens de la recherche et d'un intérêt pour la figure humaine que ce vase illustre bien.

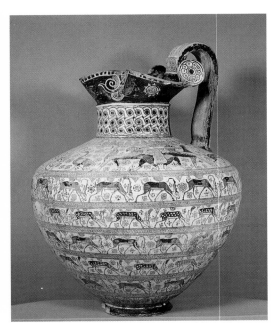

¹⁴⁵ Oenochoé
cruche à verser le vin

Rhodes ? Vers 650 avant JC
Terre cuite. H 0,395 m
Acq. 1891. CA 350 (E 658)

Cette cruche en terre cuite imitée sans doute d'un objet métallique, comme le montre en particulier la construction de l'anse, présente une embouchure trilobée pour faciliter l'usage du récipient. Achetée par le peintre E Lévy à Rome en 1855, son origine est inconnue ; mais sa forme, sa technique et le style de son décor la rangent parmi les vases que les cités de la Grèce de l'Est (que ce soit des îles comme Rhodes ou du continent) ont produits au cours de la période orientalisante du VIIe siècle avant JC et au-delà. Le décor y est appliqué sur une surface couverte d'un engobe clair, exécuté au pinceau et distribué en bandes superposées. Cette mise en page et l'abondance des motifs de remplissage font songer aux tissus brodés dont le souvenir nous est conservé par les textes. Ce style très orientalisant est dénommé le "style de la chèvre sauvage", d'après le motif animal le plus fréquent. Le soin pris à détailler chacune de ces silhouettes, comme celle des daims et des animaux fabuleux, montre qu'il s'agit là d'un chef-d'œuvre du genre : la monotonie qu'on éprouve devant des compositions du même esprit, mais plus tardives et plus relâchées, y est évitée.

146 Aryballe

flacon à huile parfumée

Corinthe, vers 640 avant JC

Terre cuite. H 0,063 m

Acq. 1898. CA 931

Par le privilège de sa situation géographique, Corinthe fut l'une des premières cités grecques à être touchée par les influences venues de l'Orient, dès la fin du VIIIe siècle. La poterie corinthienne, indice de la prospérité de la cité de l'Isthme, domine les marchés et se répand dans tout le monde méditerranéen. Le petit aryballe du Louvre manifeste bien le savoir-faire des artistes qu'elle abritait, dans la première phase de leur activité, auquel on a donné le nom de style "protocorinthien". Usant de la nouvelle technique à figure noires, l'artiste est parvenu à animer deux frises superposées, un combat et une chasse au lièvre, sur une surface très réduite.

Ici la qualité du produit est encore rehaussée par la sculpture du goulot, en forme de tête féminine : la relation entre le visage et la chevelure et la composition de cette dernière montrent que la création du vase ne doit pas être très éloignée d'une œuvre comme la *Dame d'Auxerre* [147].
Corinthe va produire un nombre considérable de vases, à la fin du VIIe et dans la première moitié du VIe siècle ; mais ils n'atteindront plus un tel niveau de qualité.

[147] Statue féminine
dite "Dame d'Auxerre"

Crète ? Vers 630 avant JC

Calcaire. H 0,75 m avec la base

Échangé en 1909 avec le musée d'Auxerre

MND 847 (Ma 3098)

Cette petite statue fut remarquée par l'archéologue Maxime Collignon dans les réserves du musée d'Auxerre. Son origine précise est inconnue. Mais le matériau dans lequel elle a été sculptée, le calcaire tendre, et le style dont elle procède l'apparentent étroitement à la plastique crétoise du VIIe siècle avant JC. On l'a dit "dédalique", du nom de l'ingénieur Dédale. Après la fantaisie des silhouettes géométriques, la *Dame d'Auxerre* se présente dans une attitude très ramassée, le corps gainé dans un vêtement étroit, la main droite ramenée sur la poitrine, la gauche plaquée contre la cuisse gauche. L'étoffe devait être égayée de couleurs dont il subsiste des traces : le dessin gravé en préparait l'application. Autre marque de style : le visage en U s'inscrit dans le trapèze d'une lourde chevelure égyptisante. Est-elle déesse ? Est-elle prêtresse ou fidèle en prière ? Nul ne le sait. Attentive à la fois à une plus grande justesse de proportion, et au sens du volume, la *Dame d'Auxerre* est un prologue à la grande statuaire grecque.

148 Pendentif

Rhodes (Camiros)
Vers 630 avant JC
Electrum. H 8,5 cm
Coll. Salzmann. Dépôt du Dépt des Antiquités
Orientales, 1949. S 1209 (Bj 2169)

Ce pendentif est un bel exemple de la virtuosité
des orfèvres exerçant leur talent à Rhodes pendant la période orientalisante. Sa fonction n'est
pas assurée : plutôt qu'un ornement de ceinture
ou de diadème, on incline à y voir aujourd'hui
un pendentif de collier ou de pectoral. Mais les
techniques qui y sont mises en œuvre, comme la
granulation et le filigrane, techniques transmises
par les bijoutiers de l'Est, disent clairement la sû-
reté de main de leurs émules grecs. Ces motifs
sont du reste puisés dans le répertoire orientalisant : les rosettes, les protomés de griffon, les têtes
janiformes dont le schéma "dédalique" rappelle la
Dame d'Auxerre **147**. Sur le plateau bordé d'un filigrane, le lion et l'aigle s'inscrivent dans une tradition égyptisante adoucie par la fantaisie
égéenne. Le luxe de ce bijou donne une idée du
raffinement auquel étaient parvenus certains
Grecs du VIIe siècle avant JC.

149 Statue féminine

Samos, vers 570 avant JC
Marbre. H 1,92 m avec la plinthe
Acq. 1881. MNB 3226 (Ma 686)

Trouvée en 1875 dans le sanctuaire d'Héra, à
Samos, cette imposante statue féminine est une
des premières "corés", c'est-à-dire l'une des premières représentations grecques de la femme en
beauté et majesté offerte à la divinité pour lui
plaire. C'est l'équivalent du type masculin du
"couros", jeune homme représenté nu dans toute
sa gloire athlétique : couroi et corés jalonnent la
période archaïque depuis la naissance de la
grande sculpture jusqu'aux guerres médiques.
Une découverte récente a mis au jour à Samos

une statue identique, portant le même costume et la même inscription-dédicace : "Chéramyès m'a dédiée à Héra comme offrande." Il s'agit donc sûrement d'un groupe d'au moins deux figures féminines : l'exemple n'est pas isolé à Samos, où l'on connaît déjà un groupe familial de six personnes. La statue porte ici un costume d'apparat, associant la tunique, le mantelet et le voile. La création de l'œuvre se situe vers 570 avant JC. Les jambes sont encore jointes, et la main droite, visible en transparence sous le voile, ne dérive pas encore le cours des plis de la tunique. La main gauche, très lacunaire, aurait pu porter un attribut. Le nombre et la parenté des sculptures découvertes à Samos attestent de l'existence d'une tradition locale, qui a sans doute beaucoup contribué à l'essor de la sculpture en Grèce.

150 Couros

Trouvé à Actium
Style naxien, vers 560 avant JC
Marbre. H 1 m
Acq. 1874. MNB 766 (Ma 687)

Le couros est le type majeur de la statuaire archaïque grecque, de la fin du VIIe siècle avant JC jusqu'aux guerres médiques. Beaucoup d'ateliers sont nés, un peu partout dans le monde grec, qui ont produit ces statues de tailles et de fonctions diverses. Le fait que celui-ci ait été trouvé à Aktion, dans le sanctuaire d'Apollon, peut plaider en faveur de la représentation du dieu. Le couros du Louvre, par la réponse satisfaisante qu'il offre à certains problèmes posés par la reproduction de l'anatomie, montre qu'il est à distinguer des tout premiers modèles : les sculpteurs grecs, d'où qu'ils soient, cherchent en effet à améliorer ici ou là la transcription du corps athlétique qu'est le couros. Mais certaines inexactitudes, comme la jonction maladroite entre bras

et avant-bras, empêchent qu'on date l'œuvre au-
delà de 560 avant JC. En dehors de cette évolution vers un rendu plus exact, les couroi témoignent de différences stylistiques : l'harmonie
décorative qui a présidé au traitement de ce
marbre le situe dans la production des ateliers de
Naxos.

¹⁵¹ Tête de cavalier

Athènes, vers 550 avant JC
H (tête) 0,27 m
Legs Georges Rampin 1896. MNC 2128 (Ma 3104)

Quand ce marbre entra dans la collection du
Louvre, personne ne sut classer une tête d'un

style évidemment archaïque, mais que les muscles du cou décrivaient comme asymétrique. D'autre part l'exécution de l'œuvre, qui a gardé quelques traces de polychromie, se distinguait des schémas habituels par la composition de la chevelure, véritable résille de marbre où s'applique la dentelle de la couronne de feuilles. Le mystère s'éclaircit quand on découvrit que cette tête joignait un torse de cavalier partiellement conservé au musée de l'Acropole. Le cavalier vainqueur inclinait et détournait la tête sur le côté, sans doute pour répondre aux aclamations. La compréhension du monument fut complètement renouvelée quand on s'avisa que des fragments subsistaient d'un deuxième cavalier, évidemment le pendant du premier, formant un véritable groupe. Mais quel en était le sujet? On a pensé aux Dioscures — Castor et Pollux — ou, en mettant l'accent sur la singularité de la représentation, les deux fils du tyran d'Athènes Pisistrate, Hippias et Hipparque. Quoi qu'il en soit, le visage est attique par sa construction interne, teinté de la grâce ionienne qui l'éclaire d'un sourire.

détail

152 **Amphore à figures noires**
munie de son couvercle

Signée par Exékias Potier
Attique, vers 540 avant JC
Terre cuite. H 0,50 m avec le couvercle
Acq. 1883. MNC 495 (F 53)

Le nom d'Exékias est connu par une dizaine de vases où le maître a signé comme potier: l'amphore du Louvre en fait partie. Mais sur deux d'entre eux, il revendique aussi le décor. La qualité des deux scènes présentées a pu faire parfois songer d'y adjoindre ce vase. D'un côté Héraklès lutte contre Géryon, monstre à triple corps d'hoplite, qui résiste avec peine à l'assaut du héros: le berger Eurytion, lui, a déjà succombé. La mise en page, qui joue sur la présence des boucliers au centre du combat, témoigne d'une grande force narrative, comme d'un sens très sûr de l'équilibre. Le décor du couvercle, une file d'animaux où alternent daims et sirènes, rappelle par son caractère miniaturiste le genre des coupes à haut pied contemporaines de cette amphore. C'est l'époque où la technique à figures noires atteint son sommet mais où l'invention de la figure rouge va bientôt bouleverser l'art du vase peint.

153 **Amphore à figures rouges**

Signée par Andokidès potier
Attique, vers 530 avant JC
Terre cuite. H 0,58 m
Acq. 1843. N 3391 (G 1)

Tournée par le potier athénien Andokidès, qui a signé son œuvre sur le pied, cette amphore au profil continu est décorée de deux tableaux dont la qualité picturale n'épuise pas l'intérêt. En effet, le combat auquel assistent Athéna et Hermès d'un côté, la performance musicale d'un citariste en présence de ses auditeurs et juges, de l'autre, s'enlèvent en clair sur un fond noir : au lieu d'utiliser la figure noire, le peintre a renversé le rapport, se donnant par là les moyens de détailler avec beaucoup plus de finesse l'intérieur des silhouettes. Cette nouvelle technique marque une révolution dans l'art du vase peint ; le pinceau plus sensible va remplacer le stylet et permettre une hiérarchie dans les notations. Le peintre qui travaille régulièrement avec le potier Andokidès paraît être l'innovateur du nouveau style, qui fait sa première apparition vers 530 avant JC. La figure rouge consacre le triomphe des ateliers d'Athènes qui vont dès lors régner sur l'industrie du vase peint.

¹⁵⁴ Tête de Sphinx

*Thèbes, style corinthien, vers 530
avant JC*

Terre cuite.

Acq. 1895. Ca 637

Les sphinx peuvent appartenir à un monument
funéraire ou votif : ils décorent en particulier, en
figures d'acrotères, des édifices qui vont de l'édicule jusqu'au véritable temple. Cette tête appartenait à un petit sphinx ornant l'angle d'une
construction de dimension modeste. Représenté
assis, de profil, le train avant dressé, le sphinx
tournait la tête à 90° sur le côté. Le visage féminin éclairé d'un sourire retenu est encadré de
l'ondulation des mèches frontales qui descendent
sur les tempes, et des rouleaux de cheveux retom-
bant sur les épaules. Un diadème, où figure une
chaîne de boutons et fleurs de lotus, couronne la
composition. Cet objet qui évoque, dans la terre
cuite, la statuaire grecque à l'époque de la floraison des corés, connaît des parallèles qui le replacent dans la production des coroplathes de
Corinthe. Mais le style doit sans doute à l'influence d'Athènes, que révèlent la précision du
modelé et surtout la présence du regard.

¹⁵⁵ Cratère en calice à figures rouges

Signé par Euphronios peintre
Attique, vers 510 avant JC

**Terre cuite (le pied, de même que quelques
fragments nouveaux, récemment, reconnus, ont
été remis à leur place). H 0,46 m**

Coll. Campana, 1863. Cp 748 (G 103)

Ce vase à figures rouges, dont la forme semble
avoir été inaugurée vers 530 avant JC par le

peintre-potier Exékias, appartient à la période la plus brillante de l'histoire de la céramique grecque. Il est du reste signé par Euphronios dont la carrière de peintre, à Athènes, se situe à la fin du VIe siècle avant JC, âge d'or du genre. Dans le décor du cratère, dont les proportions témoignent d'un équilibre très sûr, la scène la plus importante décrit la lutte opposant Héraklès au géant Antée sous l'œil effrayé de trois jeunes femmes. Ayant abandonné ses armes et la peau du lion de Némée, le héros, nu et sûr de sa force, inflige une prise mortelle à son adversaire dont la défaite se lit à l'expression angoissée du visage. Le détail fouillé des deux anatomies illustre la virtuosité avec laquelle le peintre a su moduler l'importance des détails internes. A la mythologie répond de l'autre côté la vie quotidienne. La seconde "image" est en effet celle d'un concours musical. La présence de quelques éléments encore incisés et l'abondance de rehauts rouge-violacé indiquent la proximité de la technique de la figure noire, qui continue d'être activement pratiquée à la même période.

156 Coupe à figures rouges

Signée par Euphronios potier
décor attribué à Onésimos
Attique, vers 500-490 avant JC
Terre cuite. H 0,165 m ; ⌀ 0,40 m
Acq. 1871. MNB 166 (G 104)

Façonnée par Euphronios au début du Ve siècle avant JC, cette coupe d'une envergure inhabituelle se singularise aussi par la richesse de son décor. L'imagerie est consacrée à Thésée, héros cher aux gens d'Athènes, où l'œuvre a été créée.
L'intérieur de la coupe présente un épisode de la vie du héros qui se situe au moment de son

voyage vers la Crète avec Minos. Minos jette un anneau dans la mer, défiant Thésée d'aller le chercher et de prouver ainsi qu'il était le fils de Poséidon. Thésée plonge alors, escorté par un Triton figuré ici les mains supportant les pieds du personnage. Dans le royaume des eaux, il est reçu par Amphitrite. Entre les deux, figure la grande silhouette d'Athéna, déesse protectrice du héros. La composition très fluide de ce lacis complexe de lignes évoque subtilement le monde sous-marin. L'extérieur est consacré à chanter les victoires de Thésée remportées sur les bandits qui infestaient l'Attique, Skiron, Procruste, et Kerkyon ; la capture du taureau de Marathon est son dernier exploit. Dans ce chef-d'œuvre de la fin de l'archaïsme, il y a un contraste très voulu entre la sérénité divine de la scène de l'intérieur et la violence des images de l'extérieur.

¹⁵⁷ Statuette d'un boucher

Thèbes (Béotie)
Vers 500-475 avant JC
Terre cuite. H 0,12 m
Acq. 1902. CA 1455 (B 122)

Les gens de Béotie, que les railleries des Athéniens poursuivent encore d'une injuste réputation de balourdise, ont souvent démontré leur virtuosité artistique, en particulier dans la facture des figurines d'argile. Celle-ci appartient à un répertoire de sujets qui reflètent divers aspects de la vie quotidienne. On connaît des images de cuisinières, de boulangers, de coiffeurs. C'est ici le boucher, occupé à assommer un porcelet sur un billot à trois pieds. Ce petit objet, qui a bien su saisir l'instantané, a été exécuté à main libre pour ce qui est du corps du personnage, tandis que le visage était obtenu à partir d'un moule. La fonction la plus probable de ce genre d'objets est celle de jouets destinés aux enfants, que l'on enfouissait dans les tombes avec la dépouille des défunts.

158 Pied de miroir

Premier quart du Ve siècle avant JC
Bronze. H 0,18 m
Acq. 1888. MNC 992 (Br 1688)

Parmi les ustensiles en bronze qui intervenaient dans la vie quotidienne des Grecs, le miroir n'est pas le plus médiocre. Reprenant une formule qui avait fait fortune dans l'art égyptien, les bronziers hellènes ont souvent donné au manche du miroir la forme d'une figure féminine. Celle-ci, en fonction de cariatide, la main droite tenant sans doute une fleur, supportait sur sa tête un disque métallique ; elle est par ailleurs posée sur un tabouret aux pieds sculptés en sabots d'équidé. Ce genre artistique bien illustré dans la transition entre archaïsme et classicisme fait assister à l'évolution des formes dans cette période capitale. Mais il traduit aussi la saveur particulière des styles régionaux : on croit reconnaître ici la manière d'Egine, au début du Ve siècle. La pose encore rigide et la tunique parcourue de plis fins sont des signes du passé, tandis que la gravité du visage et l'esquisse d'un mouvement libre des bras annoncent le "style sévère".

159 Coupe

Signée par le potier Brygos décor attribué au "peintre de Brygos"
Athènes, vers 490 avant JC
Terre cuite. H 0,134 m ; ⌀ 0,325 m
Acq. 1881. MNB 3047 (G 152)

On sait l'importance du rôle que jouent les poèmes homériques dans la culture des Grecs. Il n'est donc pas étonnant de retrouver sur tant de vases des images qui mettent en scène les héros de l'Iliade et de l'Odyssée. Mais cette coupe atteint à une qualité toute particulière. Œuvre du potier Brygos - il a signé sur l'une des anses -

elle a été peinte par un artiste qui a su s'adapter aux contraintes du décor. Dans le champ circulaire du médaillon intérieur, Briséis, captive d'Achille, verse une libation au vieux Phénix, tuteur du héros : l'équilibre de la mise en page est très sûr. Mais c'est dans la composition de l'extérieur que le "peintre de Brygos" a donné le meilleur de lui-même : c'est la prise de la ville de Troie qu'il a su faire vivre en deux épisodes empreints de violence et de passion. Sur une face Andromaque, armée d'un pilon - instrument du travail féminin - cherche à protéger Astyanax, son fils, contre l'assaut des Achéens ; sur l'autre, Néoptolème, le fils d'Achille, brandit le corps de l'enfant pour assommer le roi Priam réfugié sur un autel.

détail

Le monde grec classique

La tourmente des guerres médiques, où le sort de l'hellénisme a vacillé, apporte des changements décisifs dans l'histoire de son art. Athènes, dont les hoplites et les trières ont barré la route aux armées perses, sort grandie du conflit. Revenus dans leur cité dévastée, les Athéniens enfouissent pieusement sur l'Acropole les statues jetées à bas par l'envahisseur, pour créer des œuvres nouvelles.

Chez eux, mais aussi partout dans le monde grec, les formes quittent l'univers de la convention pour se rapprocher du réel. L'aplomb vrai décale les hanches des statues, des plis plus sobres parcourent des étoffes auxquelles on croit. L'athlète mobile remplace le couros rigide : l'usage du bronze qui s'étend facilite ce passage. Mais si les corps bougent, le geste ne suffit plus ; l'intention, ou l'imminence d'un futur s'impliquent dans son image.

L'art grec s'engageait dans la voie du réalisme. Mais cette progression va connaître une sorte de halte. Le rythme des compositions athlétiques se suspend dans l'équilibre savant des statues de Polyclète, symbole de la perfection classique. Les Ergastines du Parthénon vont d'un pas idéal, sans contact avec notre univers. Tout est alors raison, harmonie, transparence.

Mais ce moment, qui correspond à Athènes avec le gouvernement de Périclès et la carrière de Phidias, est de courte durée. La guerre du Péloponnèse et ses ravages vont compromettre cet équilibre : des valeurs nouvelles, celles de l'individu, se font jour, que l'art reflète. Le corps de la femme, dont les images se multiplient, se révèle sous des draperies arachnéennes ; la mélancolie teinte les visages et les athlètes réintègrent le monde de l'espace et du temps.

Le IVe siècle avant JC renforce ces tendances. Dans le monde d'un classicisme inégalement menacé, des éléments étrangers viennent s'agréger. La grâce flexueuse des corps de Praxitèle, la passion qui brûle les visages de Scopas contestent son modèle. A Xanthos, à Halicarnasse, le génie grec rencontre l'idéologie des barbares ; il s'apprivoise à des disciplines nouvelles, comme l'art du portrait, à des expressions inhabituelles, comme celle de la troisième dimension. C'est dans ce monde troublé que l'aventure d'Alexandre va achever de bouleverser les conditions de la création artistique.

160 **Apollon et les Nymphes**

Thasos, passage des Théores
Vers 480 avant JC
Relief, marbre. H 0,92 m ; L 2,09 m
Acq. 1864. Ma 696

Dans le premier tiers du Vᵉ siècle les formes subissent une transformation rapide qui les rend à la fois plus souples et plus réelles. Le passage des Théores de Thasos, ensemble de reliefs qui se faisaient face dans une rue de cette cité insulaire du Nord-Est de la mer Egée, offre le privilège d'observer côte à côte des figures sculptées dans la tradition archaïque et quelques autres dont le modelé s'affranchit des règles jusqu'alors en vigueur. En effet si les trois Nymphes se révèlent comme un groupe de corés dans l'attitude convenue de l'offrande, l'Apollon citharède témoigne, par la liberté du geste esquissé comme par la suggestion de la profondeur, de l'arrivée à Thasos des premières expériences du "style sévère". Il est probable que celles-ci ont été provoquées par l'influence d'Athènes autour de 480 avant JC ; mais

l'exécution du relief est sûrement thasienne, touchée de cet éclectisme qu'on retrouve toujours
dans les œuvres originaires de cette île.

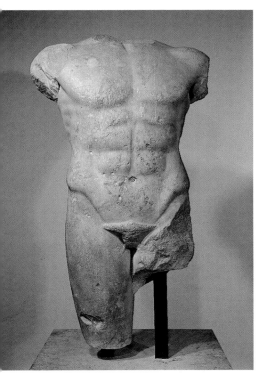

161 Torse masculin

Trouvé à Milet
Vers 480 avant JC
Marbre. H 1,32 m
Don Rothschild, 1873. MNB 691 (MA 2792)

La taille imposante du torse de Milet le distingue
parmi les sculptures athlétiques qui apparaissent
dans la période de transition entre la fin de l'archaïsme et le début du classicisme. C'est à cette
date en effet que recommandent de le placer le
mélange entre la contenance un peu raide et la
mobilité de certains modelés, comme celui des
omoplates. La disposition des muscles aux
épaules, indique que le bras droit devait se retirer
vers l'arrière, tandis que le gauche s'avançait devant le corps. Celui-ci présente une anatomie
maîtrisée qui rassemble toutes les leçons de l'archaïsme, en y introduisant le hanchement, pas dé-

cisif accompli par les sculpteurs au lendemain des guerres médiques. La situation de ce marbre est ambigu : trouvé en Ionie, sa puissance pourrait le relier plus aisément aux styles du Péloponnèse. Mais la sculpture athlétique n'est pas inconnue en Grèce de l'Est ; Pythagoras de Rhegion, précurseur et rival de Myron, est originaire de Samos. Le torse de Milet serait peut-être à replacer dans son sillage.

162 Statuette de jeune homme

Style sicyonien
Vers 480 avant JC
Bronze. H 0,264 m
Don David-Weill, 1937. MND 1891 (Br 4236)

Parmi les témoignages du passage de l'archaïsme au classicisme, la représentation sculptée de l'homme debout, nu, est l'un des plus éloquents. Pendant près d'un siècle et demi, le schéma a conservé sa rigidité d'origine, la jambe gauche avancée. A l'aube du "style sévère", cette statuette trouvée en Phocide tempère la raideur de l'attitude et permet aux bras d'esquisser un mouvement plus souple et plus vrai. Certes la position est toujours celle du couros, ainsi que le montre en particulier la forte cambrure des reins. Mais quelque chose parcourt cette musculature, qui lui confère une animation impossible dans les générations qui ont précédé : le couros est devenu un athlète, avec un corps qui commence à trouver son aplomb naturel. L'alliance heureuse de la vigueur et de la souplesse pourrait être la marque de l'école de Sicyone, cité du Péloponnèse fort renommée pour ses bronziers.

163 Stèle funéraire

Pharsale, vers 460 avant JC
Marbre. H 0,60 m
Acq. 1862. Ma 701

L'art grec a beaucoup cultivé le genre de la stèle
funéraire, pierre dressée sur la tombe du défunt
et qui reçoit vite une décoration sculptée. C'est
Athènes qui s'y illustre avec le plus d'éclat, dès la
période archaïque. Mais l'histoire de la stèle attique est traversée par une coupure d'un demi-
siècle, entre 500 et 450 avant JC. Ailleurs dans le
monde grec, la stèle poursuit sa carrière, comme
en Thessalie, d'où ce relief est originaire. Deux
femmes probablement debout y sont figurées face
à face dans une atmosphère de grave sérénité.
Leurs mains rassemblées au centre de la composition semblent échanger des fleurs et des sacs de
graines (?). Peut-être sont-ce une mère et sa fille,
si l'on est sensible à la majesté plus grave qui
teinte la figure de droite. A l'archaïsme prolongé
du bras, à gauche, de l'ondulation des chevelures
et du tracé des plis, s'accordent des traits nouveaux, la paupière plus épaisse, le menton plus
lourd, une expression plus profonde dans la physionomie.

164 Tête féminine casquée

Style éginète, vers 460 avant JC
Marbre. H 0,28 m
Don Vogüé, 1917. MND 1053

L'île d'Egine, située près des côtes de l'Attique, a
abrité à la fin de la période archaïque des ateliers
florissants de sculpteurs travaillant autant le bronze que le marbre. Cette tête originale qui appar-

tenait à une effigie de la déesse Athéna, procède du style représenté par les frontons du temple d'Athéna Aphaia. La proximité est grande en particulier avec la figure centrale du fronton ouest qui met en scène le même personnage. Les trous que l'on découvre dans la zone des tempes et des oreilles étaient des points d'attache d'éléments rapportés, sans doute des boucles de cheveux ainsi que des parures fixées aux lobes. La fermeté et la gravité de l'expression, la rondeur du menton et l'épaisseur des paupières (bordées autrefois de cils métalliques) situent cette œuvre au début du classicisme, dans les formes du "style sévère".

165 **Cratère en calice à figures rouges**

Attribué au "peintre des Niobides"
Style attique, vers 460 avant JC
Terre cuite. H 0,54 m
Acq. 1883. MNC 511 (G 341)

Ce cratère, dont le décor disperse en plans variés, d'une façon inhabituelle, les figurants des deux scènes représentées, occupe une place particulièrement importante : la mise en page qui, au moyen de lignes claires décrivant le relief, tantôt place les personnages, tantôt cache une partie de leur silhouette, ne peut être qu'empruntée à une grande œuvre picturale. Si le sujet d'un des deux tableaux est facilement reconnaissable, le châtiment de Niobé et ses enfants coupables d'avoir irrité Apollon et Artémis, le second reste obscur. On a coutume d'y reconnaître l'influence de l'un des plus célèbres peintres du V\u1d49 siècle avant JC, Polygnote de Thasos, auteur de grandes fresques et de peintures de chevalet, tant à Athènes qu'à Delphes, au début de la période classique.

166 Apollon de Piombino

Grande Grèce, deuxième moitié
du Ve siècle avant JC?
Premier siècle avant JC?

Statue, bronze. H 1,15 m

Acq. 1834. LP 262 (Br 2)

Trouvée dans la mer près de Piombino, cette statue de bronze entrée tôt dans les collections du
Louvre ne cesse de poser des énigmes. Malgré la
dédicace à Athéna, en lettres d'argent sur le pied
gauche, la seule interprétation sûre est celle de
son identification : l'attitude de ce personnage juvénile le range parmi les effigies d'Apollon, où le
dieu tenait l'arc à la main droite. Mais le style
laisse l'impression d'une facture composite : l'attitude est archaïque, comme les boucles frontales,
ou le tracé des sourcils. Par contre, le naturalisme
du dos et des membres ne peut se décrire en
termes d'archaïsme. Il s'agit sans doute d'une
œuvre postérieure à l'âge archaïque, où la stylisation se mêle à des traits plus proches de la vérité
observée. La difficulté est donc de situer cette
œuvre "archaïsante" dans l'espace et le temps :
pour le premier, c'est probablement l'Italie du
Sud qui constitue la meilleure proposition ; pour
la date on peut osciller entre la fin du Ve siècle,
où une intention religieuse aurait maintenu l'aspect traditionnel d'une image sacrée, ou le premier siècle avant JC qui a connu mainte création
où le passé archaïque et classique était rappelé
par goût rétrospectif.

167 Métope du Parthénon

Athènes (Acropole)
447-440 avant JC

Haut-relief, marbre. H 1,35 m ; L 1,41 m

Acq. 1818. MA 736

Cette plaque sculptée appartient à la
frise dorique du Parthénon, temple
qui se dressait sur l'Acropole
d'Athènes, dédié à la déesse tutélaire

Antiquités Grecques Étrusques et Romaines   Le monde grec classique de la cité, Athéna. Il abritait du reste la statue de la divinité réalisée par Phidias, l'inspirateur de l'ensemble de l'ouvrage. Le temple et son décor furent achevés en quinze années, qui correspondent au gouvernement d'Athènes par Périclès. C'est ici la dixième métope de la face sud, où se développe le thème de la centauromachie : l'homme-cheval assaille la femme dans un élan sauvage, que la mise en page équilibre savamment sur le cadre de la représentation. L'artiste a marié les courbes fluides du corps chevalin aux chutes encore rigides des plis du drapé. Malgré l'atmosphère idéalisante où évoluent les formes, l'attention au réel fait saillir les muscles et les veines sous la peau animale. Les deux figures donnent l'impression de se mouvoir devant un écran dans un jeu de lignes et de volumes parfaitement dominé par le sens aigü de l'harmonie.

168 **Plaque de la frise du Parthénon**

Athènes (Acropole)
Vers 440 avant JC
Bas-relief, marbre. H 0,96 m ; L 2,07 m
Coll. Choiseul-Gouffier. Saisie révolutionnaire.
MR 825 (MA 738)

Le bandeau sculpté qui courait en haut et tout autour du mur du Parthénon, sous la galerie péristyle, est un des monuments les plus accomplis de la sculpture grecque. Sur 160 m de frise, il associait environ 360 personnages rassemblés pour participer à la procession des Panathénées, grande fête athénienne où le corps civique tout entier, marchant sur l'Acropole, venait offrir à Athéna la tunique brodée par les jeunes filles appartenant aux familles les plus brillantes. Ce sont celles-ci qui défilent sur le marbre du Louvre, accompagnées de deux ordonnateurs de la cérémonie. Leur démarche retenue traduit la solennité de l'événement avec une régularité qui ne partage rien avec la monotonie ; un rythme lent parcourt ces figures où la gravité s'allie naturellement à la grâce. Il est vrai que les personnages sont proches de la scène centrale, où l'assemblée des dieux assistait à l'hommage rendu à Athéna. Inspirée sans doute par Phidias, la frise du Parthénon marque le point culminant de la sculpture classique.

169 Aphrodite

Copie romaine d'après un original attribué à Praxitèle, vers 360 avant JC

Statue, marbre (les bras sont des restaurations de Girardon qui a repris au ciseau la région de la poitrine et les plis du drapé). H 1,94 m
Trouvée à Arles en 1651. Don de la municipalité d'Arles au roi Louis XIV, 1683. MR 365 (Ma 439).

Bien que cette identification ne soit pas absolument certaine, Louis XIV eut sans doute raison de reconnaître dans cette statue arlésienne, copie romaine d'un type grec classique du IVe siècle avant JC, la déesse de l'Amour. Mais il est regrettable que cette appellation ait conduit le sculpteur Girardon à restaurer, avec les bras, la main droite tenant la pomme et la gauche supportant le miroir. Cette double caractérisation n'était sûrement pas dans le projet original. Celui-ci s'assimile facilement aux types statuaires reconnus depuis longtemps comme des créations de Praxitèle. Plus précisément l'Aphrodite d'Arles a toute chance de reproduire la fameuse Aphrodite de Thespies que le maître athénien sculpta vers 360 avant JC, en prenant pour modèle le corps célèbre de la courtisane Phryné, qui était son amie. L'artiste y témoigne d'une première audace dans l'expression de la nudité. Ce dévoilement, que l'Aphrodite de Cnide complètera, est un fait nouveau. L'expression de douce mélancolie et la sensualité du modelé répondent parfaitement à l'image que les sources anciennes ont léguée de Praxitèle, sculpteur de la grâce féminine.

170 Cratère en calice

Italie méridionale
Vers 330 avant JC
H 0,57 m ; ⌀ 0,81 m
Acq. 1825. N 3157

Sur ce cratère en calice monté sur un pied élevé, un grand tableau met en scène plusieurs personnages, utilisant des effets de polychromie et l'étagement des figures, en sorte que certaines d'entre elles sont à demi dissimulées par des replis de terrain. Il s'agit d'une œuvre créée dans un atelier d'Italie du Sud au IVe siècle avant JC, au moment où les artistes grecs installés dans cet occident méditerranéen produisent en masse des vases qui se démarquent de la tradition d'Athènes suivant plusieurs variétés régionales. C'est ici le style d'un atelier que l'on situe à Pæstum, au sud de Naples, et plus particulièrement celui d'un peintre qui n'a signé qu'une fois du nom de Python. L'image représente la lutte entre Cadmos et le dragon. Cadmos, fils du roi de Tyr Agénor, à la recherche de sa sœur Europe enlevée par Zeus, et convaincu par l'oracle de Delphes de fonder une ville, lutte près d'une source contre le monstre qui la garde, là où devait s'élever plus tard la cité de Thèbes. Cette scène, qui a dû être exécutée vers 300 avant JC, emprunte peut-être son thème au théâtre contemporain, auquel l'inspiration des peintres de Pæstum fait souvent appel.

171 Cratère en cloche

Attribué au peintre d'Ixion
*Style campanien, vers 320 avant
JC*

Terre cuite. H 0,40 m

Acq. 1985. CA 1724

La célèbre scène de l'Odyssée où Ulysse de retour à Ithaque tire vengeance des prétendants en les massacrant au milieu de leur banquet n'est que très exceptionnellement représentée. C'est pourtant le sujet choisi par un peintre italiote exerçant son talent dans la seconde moitié du IVe siècle avant JC au sein d'un atelier situé en Campanie. Le "peintre d'Ixion" (ainsi dénommé par un autre vase figurant ce personnage) a su ici adapter à la panse d'un cratère une composition qu'il avait dû emprunter à une grande peinture. L'aspect dramatique de la scène qui oppose le petit groupe formé par Ulysse, son fils Télémaque et un bon serviteur (sans doute le porcher Eumée) aux jeunes prétendants que la mort a déjà saisis ou qui tentent d'échapper à leur destin, évoque ce que les sources antiques nous ont laissé comme témoignage sur l'œuvre de grands peintres tels Zeuxis, originaire d'Italie du Sud. Alors qu'il a négligé le revers du vase, le décorateur s'est efforcé ici, non sans succès, de retrouver le souffle héroïque qui devait traverser cette grande composition. L'animation, les effets de raccourci, la description psychologique des visages, enfin les notations de couleurs (souvent effacées) replacent bien cette image dans l'atmosphère du IVe siècle.

Le monde hellénistique

La conquête d'Alexandre (334-324 avant JC), qui étend l'hellénisme sur un espace immense, change radicalement les données de l'activité artistique. Désormais l'art grec, où le beau commence d'être recherché pour lui-même, est aussi celui qui se fait en Macédoine, en Egypte comme en Orient, et jusqu'à l'Indus. Il va de soi que de nombreux ateliers, qui produisent des œuvres sur un territoire aussi vaste, mélangent selon un dosage inégal le substrat local et les tendances proprement helléniques. Si Athènes, modèle entre les modèles, brille encore de mille feux - elle est choyée par les princes qui la comblent de dons -, d'autres cités prennent une place considérable, comme Alexandrie, Pergame ou Antioche, pour ne citer que les plus importantes ; Rhodes abrite une puissante école de sculpture. La richesse opulente de certaines cours multiplie les commandes et les grands travaux. Dans cet univers bigarré, en ces trois siècles d'histoire hellénistique où royaumes et empires se font et se défont à un rythme soutenu, il est malaisé de distinguer un seul axe dans la création des formes artistiques, aussi inattendues que les événements eux-mêmes. La rareté des originaux, surtout pour la peinture, documentée par les seules copies romaines des villas campaniennes, se fait du reste cruellement sentir.

Lysippe, à la charnière des deux mondes classique et hellénistique, initie la sculpture au sens de la troisième dimension et donne ses lettres de noblesse au portrait. Ses suiveurs prolongent ses conquêtes, accentuant l'expansion des formes dans l'espace et l'allusion physionomique dans le traitement des visages. La notation du vrai, parfois âpre, se fraye un chemin auprès des motifs préétablis. Le répertoire s'enrichit de thèmes nouveaux : les artistes se penchent enfin sur la représentation de l'enfant et du vieillard, de la laideur et de la souffrance. Les mouvements s'exaspèrent jusqu'à la rupture. Cette montée vers l'exubérance et le pathétique, surtout à Pergame, a souvent été décrite, peut-être à juste titre, comme un âge "baroque". Mais même à son apogée, au début du IIe siècle avant JC, ce style n'est pas le seul mode d'expression : il peut coexister avec les effets du plus sobre des réalismes, du plus suave des idéalismes, comme à Alexandrie. D'ailleurs, dans ce foisonnement d'images, on peut maintes fois constater que le classicisme n'a pas été oublié. Et la pénétration progressive mais inexorable des Romains en terre grecque, rudes soldats fascinés par la culture hellénique, ne va faire qu'accélérer le retour des artistes vers le passé. Les dernières décennies du IIe et le Ier siècle avant JC voient apparaître des styles rétrospectifs où voisinent (et parfois fusionnent) les formes néoclassiques et les motifs archaïsants.

172 Statuette de Victoire

Myrina
Début du IIe siècle avant JC
Terre cuite. H 0,278 m
Dépôt du Musée de l'Université de Lyon, 1963
LY 1651

Cette figurine destinée à être suspendue de la paroi d'une sépulture fait partie des très nombreuses statuettes créées au cours de l'époque hellénistique par des ateliers situés très probablement à Myrina, cité grecque d'Asie Mineure voisine de Pergame. D'après les trouvailles, ces ateliers ont commencé à produire dès le VIe siècle avant JC et tout au long des siècles suivants, sans grande originalité. Mais dès la fin du IIIe siècle des thèmes nouveaux apparaissent, parmi lesquels celui de la Victoire. Beaucoup de modèles sont à distribuer parmi plusieurs firmes, comme y incite d'ailleurs la présence de signatures, véritables marques de fabrique. La récurrence de certains traits peut même faire évoquer des individualités : ainsi la Victoire du Louvre, d'une silhouette élancée, avec son vêtement plaqué contre le corps, se range

parmi un groupe de facture semblable, créé au
début du IIᵉ siècle avant JC et attribué à un seul
anonyme, auquel on a donné le nom de
"Coroplathe des Victoires".

173 Victoire de Samothrace

Samothrace, vers 190 avant JC
Marbre (statue) et calcaire (l'aile droite est une
reconstitution en plâtre). H 3,28 m
Missions Champoiseau 1863, 1879, 1891.
MA 2369

Cette statue, l'une des plus fameuses que
l'Antiquité grecque nous ait léguée, est aussi par-

mi les rares sculptures dont on connaisse la présentation originale. En effet, elle fut trouvée en très nombreux fragments sur une terrasse dominant le sanctuaire des Cabires, dans l'île de Samothrace, au Nord-Est de la mer Egée. Image d'une victoire sur mer, cette grandiose femme ailée qui se pose sur la proue d'un navire se découvrait en haut de la colline dans le plein effet de son élan, les ailes battantes. La main droite, retrouvée en 1950 et déposée au Louvre, est grande ouverte : la Victoire de Samothrace, le visage tourné vers l'observateur et la main droite levée, annonçait donc l'événement. Mais quel événement ? L'envergure et le style de la statue font penser à l'autel de Pergame décoré entre 180 et 160 avant JC. D'autre part si le calcaire de la proue est bien originaire de Rhodes, la Victoire de Samothrace pourrait commémorer un succès naval remporté par les Rhodiens au début du IIe siècle avant JC.

174 **Aphrodite**
dite "tête Kauffmann"

IIe siècle avant JC
Marbre. H 0,35 m
Acq. 1951. MND 2027 (Ma 3518)

Cette tête féminine au modelé délicat est le fragment d'une statue recréant l'Aphrodite nue que Praxitèle avait sculptée au milieu du IVe siècle et qui avait été installée par les Grecs de Cnide au cœur du sanctuaire de la déesse. L'artiste athénien avait vivement frappé les esprits, autant par l'audace du premier nu féminin que par la qualité de l'exécution. Le corps de marbre de la déesse avait été teinté par les pinceaux de Nicias, le seul peintre avec lequel le sculpteur consentait à collaborer. Aphrodite était représentée au moment des ablutions rituelles : ce n'est pas une scène galante, mais une image religieuse. Le visage se doit donc d'être souverain, d'une majesté tempérée par la grâce. Les cheveux tirés vers l'arrière de la nuque, où se forme le chignon, dégagent le triangle du front tandis que les mèches sont maintenues sur le crâne par des bandeaux. La plupart des copies les reproduisent divergents. Sur la tête Kauffmann ils sont parallèles : liberté prise à l'égard du modèle, semble-t-il, et qui propose le marbre du Louvre comme une récréation hellénistique, au lieu d'une simple copie romaine. La qualité remarquable du modelé, souple et sensuel, y souscrit sans difficulté.

175 Homme barbu combattant

Asie Mineure. Seconde moitié du IIᵉ siècle avant JC

Statuette, bronze (incrustation d'argent pour les yeux, de cuivre rouge pour les mamelons).

H 0,25 m

Coll. Jameson. Acq. 1950. MND 2014 (Br 4307)

La multiplication de foyers artistiques dans l'immense territoire conquis par Alexandre favorise une production abondante d'objets d'art. Ceux-ci tantôt témoignent d'une alliance de style entre la facture grecque et l'expression locale, tantôt s'inscrivent comme ici dans le droit fil d'une grande tradition esthétique. En effet, l'exécution de cette statuette d'homme nu représenté au combat, en faisant appel à une expression baroque dans le traitement du visage farouche et des cheveux emmêlés, en donnant aux muscles un modelé presque dilaté, se situe clairement au IIᵉ siècle avant JC dans l'héritage des grands ex-voto de Pergame. La référence au type classique de Zeus foudroyant ou du Poséidon brandissant le trident ne fait qu'accroître cette impression. La technique est en tout cas d'un grande raffinement ; les reprises à froid, les incrustations, les corrections des défauts de fonte témoignent d'une habileté consommée.

176 **Femme debout**
dite "Vénus de Milo"

Mélos, vers 100 avant JC
Statue, marbre. H 2,02 m
Acq. 1821. LL 299 (Ma 399)

La *Vénus de Milo* fut exhumée fortuitement des
terres de cette île des Cyclades en 1820. Acquise
par l'ambassadeur de France à Constantinople, le
marquis de Rivière, elle fut offerte par celui-ci au
roi Louis XVIII, qui en fit don au Louvre où elle
entra en 1821. La statue est exécutée en deux
parties, qui se rejoignent dans les plis épais du
vêtement, au-dessous des hanches. Le bras gauche
était rapporté, le droit a peut-être été restauré

dans l'Antiquité. A la base, le pied gauche était travaillé séparément et la plinthe sûrement incluse dans un socle. Le geste a fait beaucoup rêver : pour se limiter au plus vraisemblable, le bras droit croisait le corps et la main droite effleurait la hanche, et le bras gauche était sans doute en position élevée. Le thème de la statue est classique. Mais son exécution mouvementée, la mobilité du contour et le réalisme de certains détails en font une œuvre hellénistique, appartenant à l'époque où le retour au classicisme s'affirme, c'est-à-dire dans la transition entre le IIe et le Ier siècle avant JC. Sans être certaine, l'identification de la statue comme une Aphrodite est de loin la plus plausible : la beauté de ce corps nu émergeant des plis du drapé n'y contredit pas.

177 **Guerrier combattant**
dit le "gladiateur Borghèse"

Antium
Début du Ier siècle avant JC
Statue, marbre. H 1,99 m
Coll. Borghèse à Rome. Acq. 1808. MR 224
(Ma 527)

Cette silhouette est célèbre depuis le début du XVIIe siècle. Parfois mal comprise, l'attitude du personnage s'éclaire par le replacement du bouclier sur son bras gauche, qui en a conservé l'attache : c'est donc un guerrier qui se protège - peut-être contre un cavalier si l'on en juge par la direction du regard - et qui s'apprête à porter un coup. La restauration du bras droit, qui n'est pas antique, apparaît satisfaisante. L'œuvre est signée, sur le tronc d'arbre qui occupe l'arrière de la composition : "Agasias, fils de Dosithéos, citoyen d'Ephèse, a fait (la statue)." Est-ce là la signature de l'artiste qui a créé librement le sujet, ou celle du copiste qui l'a adapté à partir d'un bronze, ce que le tronc d'arbre-étai pourrait indiquer ? La silhouette allongée du combattant hérite des proportions inaugurées au IVe siècle avant JC par le sculpteur Lysippe, tandis que la démonstration des notations anatomiques rappelle le zèle de certains artistes du début du classicisme. Cette alliance de tendances pourrait faire penser à une création originale qui adapterait un style lysippique en y mêlant quelques touches de classicisme, ce qui s'expliquerait fort bien au début du Ier siècle avant JC, date fournie par le style des lettres de l'inscription.

Les Etrusques

Des peuples nombreux, mais souvent repliés sur eux-mêmes, occupent l'Italie pré-romaine. De tous, les Etrusques sont ceux qui, à côté des colonies grecques d'Italie du Sud - la Grande Grèce (à laquelle est consacrée une salle particulière) - ont connu la plus remarquable expansion et ont développé la culture la plus cohérente et la plus brillante.

A partir du milieu du VIIIe siècle avant JC, les cités de l'Etrurie, qui ne formeront jamais une entité unifiée, connaissent un grand essor politique, économique et culturel : la civilisation villanovienne, qui prévalait auparavant en Italie, s'exprimait à travers un artisanat - celui du bronze martelé notamment - marqué par l'influence géométrique alors prépondérante dans le Bassin méditerranéen. Un art d'une grande richesse lui succède, caractérisé par une grande habileté technique (filigrane, granulation) et des contacts étroits avec l'Orient : l'orfèvrerie en est l'expression la plus spectaculaire.

L'apogée de l'Etrurie se situe entre 675 et 475 environ. Dans le domaine de l'art, les contacts avec la Grèce sont intenses : des artistes grecs s'installent en Etrurie pour y produire des œuvres de haute qualité, dans le domaine de la peinture funéraire notamment ; les importations de vases grecs sont abondantes (beaucoup de vases grecs du Louvre proviennent des nécropoles d'Etrurie), même si, à l'époque archaïque, une céramique proprement étrusque se développe, le *bucchero*. Toutefois l'art étrusque se distingue, au fond, assez radicalement de l'art grec : les Etrusques, souvent peu intéressés par les recherches formelles, sont plus sensibles à la traduction du mouvement et de l'instantané. Ils sont particulièrement à l'aise dans toutes les techniques qui réclament l'élan de l'exécution, donc celles liées au modelage comme le bronze et la terre cuite, dans lesquelles ils atteignent un très haut degré de qualité.

L'époque hellénistique est marquée par la mainmise de Rome sur l'Italie. Mais l'influence du monde grec demeure considérable. On assiste à une hellénisation croissante de l'art, mais aussi à une uniformation progressive entre les peuples de la Péninsule. Perdant son indépendance politique, l'Etrurie se fond peu à peu dans l'ensemble romain.

178 Plaque en terre cuite

Caere
Dernier quart du VIe siècle avant JC
Terre cuite peinte. H 1,23 m ; L 0,58 m
Coll. Campana. Acq. 1863. Cp 6627

Les artistes étrusques accordent une place éminente à la terre cuite pour l'ornementation de leurs édifices : des acrotères et des antéfixes, mais aussi des éléments de dimensions plus importantes, des reliefs et des statues. C'est dans une tombe de Cerveteri que cette plaque peinte a été découverte. Mais son interprétation funéraire - des génies enlevant l'âme d'une défunte ou bien une représentation du sacrifice d'Iphigénie - est discutée: la série de panneaux à laquelle elle appartient semble avoir été retaillée, et aurait pu appartenir initialement à un édifice public. Le style des peintures est clairement marqué par l'influence de l'art grec d'Ionie.

179 Sarcophage des époux

Caere
Fin du VIe siècle avant JC
Terre cuite. H 1,14 m ; L 1,90 m
Coll. Campana. Acq. 1863. Cp 5194

Le sarcophage, exceptionnel, présente avec orgueil un couple de défunts d'une grande famille étrusque dans l'attitude traditionnelle du banquet. Influencé par l'art grec ionien, l'artiste a rendu avec une particulière sensibilité les liens qui unissaient les personnages, par la disposition des deux bustes et les gestes harmonieux des mains. En revanche il ne s'est pas soucié du rapport organique entre la partie inférieure des corps et les bustes: ce dédain pour une forme cohérente est une des constantes de l'art étrusque. Les caractéristiques techniques de cette œuvre, très élaborée, la qualité de son modelé l'apparentent aux grandes statues réalisées au même moment à Véies.

180 Acheloos

Début du Vᵉ siècle avant JC

Or. H 4 cm

Coll. Campana. Acq. 1863. Bj 498

Le dieu-fleuve Acheloos avait la faculté de se métamorphoser à volonté pour déconcerter ses adversaires. On l'a souvent représenté sous l'aspect d'un homme-taureau. Sur ce pendentif, exécuté au repoussé, une partie des cheveux est faite de boucles traitées en filigrane. Le reste, ainsi que la barbe, est en granulation : de minuscules boules d'or fixées sur le fond de manière à dessiner un décor ; deux techniques délicates que les orfèvres étrusques maîtrisent parfaitement : leur art, destiné à l'aristocratie dirigeante des cités de l'Etrurie, atteint, depuis l'époque orientalisante, une exceptionnelle qualité.

181 Urne cinéraire : voyage en char

Volterra, fin du IIᵉ-début du Iᵉʳ siècle avant JC

Albâtre. H 0,84 m ; L 0,60 m

Ma 2357

Sur le couvercle, la défunte, revêtue de ses bijoux, tient d'une main un éventail, de l'autre une grenade : ce fruit est en effet symbole d'immortalité. Sur la cuve un char bâché, dans lequel a pris place la même défunte, chemine, tiré par deux mules ; un cavalier et plusieurs serviteurs l'accompagnent. A l'époque hellénistique, les ateliers de la cité étrusque de Volterra se sont fait une spécialité d'urnes en albâtre, richement sculptées, destinées aux cendres des morts. Sur certaines, l'influence de l'art grec contemporain, notamment des formes artistiques élaborées à Pergame ou à Rhodes, est très forte. Rien de tel ici : le thème est celui du voyage vers le monde des morts, mais traité comme s'il représentait une image de la vie quotidienne, réalisée d'une manière savoureuse, mais maladroite, que l'on retrouvera plus tard dans l'art populaire romain.

Environs de Fiesole (Italie)
IIe siècle avant JC
Tête, bronze. H 0,21 m
Acq. 1864. Br 19

Le visage de cet Etrusque aux traits pleins et un peu mous est surmonté d'une épaisse calotte de cheveux aux mèches bien individualisées. C'est le portrait très attentif d'un homme dont l'artiste s'est attaché à rendre soigneusement l'apparence physique, mais sans aller au-delà d'une description de surface qui évite toute analyse de la psychologie et du caractère du personnage représenté. Cette effigie s'intègre par là dans un groupe de portraits italiques encore éloignés du rendu excessif des détails physiques dont font preuve certains portraits romains de la fin de la République.

Le monde romain

La création artistique a longtemps été considérée à Rome comme secondaire. Cependant les guerres menées au IIIe et au IIe siècles avant JC en Italie du Sud puis en Orient mettent les Romains en contact de façon directe et massive avec la Grèce et le monde hellénistique; de là date un changement profond des mentalités. L'art n'est plus seulement réservé à la délectation de quelques uns, c'est désormais une manifestation indispensable de la puissance politique, dont les Grecs sont les spécialistes: on fait venir à Rome les œuvres du passé comme les créations contemporaines, et les artistes eux-mêmes. Toutefois l'art reste d'abord au service des dieux et de l'Etat, et de ceux qui aspirent à le diriger: d'où l'importance dans le monde romain de toutes les réalisations à caractère public, et le développement d'un art officiel, qui s'exprime en particulier dans l'architecture ou la sculpture (les reliefs "historiques"). Thèmes, formes et images empruntés à la Grèce, copiés ou imités, sont adaptés parfois subtilement aux finalités nouvelles que leur assignent les Romains.

Mais l'art est aussi un instrument social, qui permet à chacun de manifester aux yeux de tous la place qu'il occupe, ou croit occuper dans la société: d'où l'importance du portrait, largement inspiré il est vrai des créations hellénistiques en ce domaine.

La crise profonde qui se développe à la fin du IIe siècle et plus encore au IIIe marque un tournant décisif: la création artistique exprime alors de plus en plus clairement les préoccupations spirituelles de chacun; la sculpture funéraire est le témoin privilégié de cette recherche, qui se manifeste aussi dans l'évolution du portrait.

Mais l'art peut être aussi à Rome plaisir des yeux et délectation personnelle: le développement de la mosaïque comme décor de sol est en l'illustration: de véritables "écoles" se créent qui donnent dans chaque région une physionomie propre à un art qui s'étend au-delà même du bassin de la Méditerranée et qui, tout en gardant une même orientation, est loin d'être uniforme d'une province à l'autre. Les créations des arts mineurs, vaisselle d'argent, orfèvrerie, petits bronzes, mettent en évidence à la fois l'existence d'un langage commun et d'inspirations régionales, liées parfois comme en Orient à la permanence de traditions artistiques depuis longtemps vivaces.

183 Portrait d'homme

Rome, vers 100 avant JC

Tête, marbre. H 0,375 m

Acq. 1888. Ma 919

Le portrait, exécuté comme il arrive en plusieurs morceaux (il manque le dessus et l'arrière de la tête), est celui d'un vieillard dépeint avec un réalisme exacerbé (les marques de l'âge, la bouche édentée, les plis du cou sont soulignés sans pitié) mais aussi sans schématisme : une intense impression de vie anime les traits mobiles ; le mouvement de la tête vers la droite lui confère un caractère pathétique dans la tradition des portraits hellénistiques. En le rapprochant d'effigies monétaires, on a parfois voulu l'identifier à Aulus Postumius Albinus, consul en 99 avant JC. C'est en fait le portrait d'un des tout premiers citoyens de Rome vers la fin du IIe siècle avant JC.

184 Scènes d'un recensement

Rome, vers 100 avant JC

Relief, marbre. L 2,05 m

Acq. 1824. Ma 975

Dans la Rome républicaine, le recensement, pendant longtemps indispensable au recrutement de l'armée, a lieu tous les quatre ans : les citoyens se font inscrire sur les registres administratifs en fonction de leur fortune. A la fin des cérémonies, on sacrifie au dieu Mars un taureau, un bélier et un porc : telles sont les deux scènes représentées ici. Ce bas-relief, qui appartient à un plus vaste ensemble partagé entre le Louvre et la Glyptothèque de Munich, est l'un des plus anciens exemples de ces reliefs historiques si appréciés des Romains. Les sculpteurs, encore peu habitués à représenter aussi fidèlement des évènements contemporains, ont empruntés certains modèles à l'art grec, en les adaptant, parfois maladroitement, à leur nouvelle fonction.

185 Portrait de Livie

Vers 30 avant JC

Tête, basalte. H 0,34 m

Acq. 1860. Ma 1233

Livie, l'épouse d'Auguste, âgée d'une trentaine d'années, porte une des coiffures les plus à la mode au début de l'empire romain : un nœud de cheveux au-dessus du front, un petit chignon sur la nuque et une courte tresse sur l'arrière de la tête, cachée ici par une sorte de voile plaqué sur le crâne. La dureté du matériau et son éclat donnent à la tête un aspect presque métallique, qui accentue l'impression hiératique que donnent la présentation strictement frontale et la fixité des traits. On pense au travail des camées en pierre dure, qui brille précisément d'un éclat particulier à l'époque augustéenne sous l'impulsion de quelques grands graveurs.

186 Marcellus

Rome, 23 avant JC

Statue, marbre. H 1,80 m

Coll. de Louis XIV. Ma 1207

C'est sans doute le portrait de Marcellus, le neveu d'Auguste, mort prématurément en 23 avant JC, qu'a réalisé ici l'athénien Cléoménès (la signature du sculpteur apparaît sur la carapace de la tortue). Mais l'artiste à choisi, pour le représenter, le type de l'Hermès funéraire élevé sur la tombe des Grecs morts à la bataille de Coronée en 447 avant JC. Ce retour à l'art classique, assuré par des familles de sculpteurs grecs venus s'installer à Rome, correspond à une volonté délibérée de l'empereur Auguste ; il explique, avec le caractère posthume de l'œuvre, sa perfection un peu froide et l'idéalisation des traits du visage : le jeune homme apparaît ici en quelque sorte héroïsé.

187 Juba Ier

Cherchel
Fin du I^e siècle avant JC
Tête, marbre. H 0,45 m
Acq. 1895. Ma 1885

Le souverain numide, qui s'était rangé du côté des partisans de Pompée contre César, s'était donné la mort après la victoire de ce dernier en 46 avant JC. Le sculpteur a mis en évidence ici la coiffure caractéristique, de longues mèches en tire-bouchon qui portent vers l'arrière le bandeau royal. Mais la tête au visage idéalisé, encadré par une barbe et une chevelure abondante, est traitée dans un style classicisant, volontairement imperson'nel ; elle évoque plutôt une figure de divinité. Le portrait du roi a vraisemblablement été exécuté sous le règne de son fils, Juba II, rétabli par Auguste à la tête d'un petit royaume dont la capitale, l'actuelle Cherchel en Algérie, devient alors un foyer très actif de culture grecque.

188 Cortège impérial

Rome, 13-9 avant JC
Relief, marbre. H 1,20 m ; L 1,47 m
Coll. Campana. Acq. 1863. Ma 1088

Pour célébrer le retour victorieux d'Espagne de l'empereur Auguste, le Sénat romain fait élever

en son honneur, entre 13 et 9 avant JC, un ensemble monumental, l'Autel de la Paix d'Auguste. Le décor sculpté y est d'une exceptionnelle richesse. On y voit notamment un double cortège qui regroupe, derrière l'empereur, les membres de sa famille, les prêtres, les magistrats et les sénateurs : il s'agit d'une transposition délibérée de la *frise des Panathénées* 168 au Parthénon. Athènes, et l'art classique, sont en effet les modèles qu'Auguste a choisi pour les manifestations de l'art officiel, empreint de mesure, d'équilibre et de raffinement.

189 Sarcophage : légende d'Actéon

Environs de Rome
Rome, vers 125-130
Marbre. H 0,99 m ; L 2,35 m ; P 0,75 m
Coll. Borghèse. Acq. 1808. Ma 459

Trois jeunes femmes, les Heures ou les Grâces, portent de lourdes guirlandes de fruits, au-dessus desquelles le sculpteur a représenté les épisodes de l'histoire tragique d'Actéon : Actéon surprend Diane au bain ; métamorphosé en cerf, il est dévoré par ses chiens. Sur le couvercle un cortège marin. La richesse des moulures d'encadrement est une influence de l'art de l'Asie Mineure ; mais l'insertion de petits tableaux dans les guirlandes est une création des ateliers de Rome, à la mode sous le règne d'Hadrien. D'une grande qualité, très raffinée, l'exécution est caractérisée par un goût classicisant, presque rococo dans l'accentuation parfois excessive et contournée des arbres et des rochers.

¹⁹⁰ Hadrien

Deuxième quart du IIᵉ siècle
Tête, Bronze. H 0,43 m
Acq. 1984. Br 4547

La présentation frontale de la tête, le regard dirigé vers l'avant et les sourcils froncés confèrent à ce portrait d'Hadrien une allure sévère et majestueuses, presque hiératique, qu'accroît encore la nature du matériau, et la patine rouge exceptionnelle qui le recouvre ; elle est atténuée cependant par le mouvement des boucles rases de la barbe et de celles plus amples qui encadrent le front. Dans le détail, l'organisation de la chevelure par exemple qui sert souvent à caractériser la succession des portraits impériaux, il présente des particularités qui le distinguent de la plupart des autres effigies de l'empereur et qui mettent en valeur l'originalité de cette œuvre puissante.

détail

191 Sarcophage : cortège marin

Rome, vers 140-150

Marbre. H 0,95 m ; L 2,37 m ; P 0,60 m

Eglise San Francisco a Ripa à Rome

Entré au Louvre en 1798. Ma 342

Les cortèges marins comptent parmi les thèmes les plus appréciés sur les sarcophages sortis des ateliers de Rome. Peut-être évoquent-ils le passage du défunt dans l'Au-delà, vers un lieu de bonheur. Les modèles sont empruntés à l'art grec, mais réinterprétés par les sculpteurs romains, plus ou moins librement suivant leur talent. Ici, de subtiles variations dans le détail rompent toute symétrie trop stricte. La composition harmonieuse, pleine de classicisme, est aussi animée d'un mouvement retenu ; le sens plastique est très vif, sensible dans la façon de creuser profondément le marbre. Le côté gauche de la cuve, inachevé, montre l'élaboration progressive des reliefs par les sculpteurs.

192 Portrait d'un jeune prince

Annaba (Algérie) ? Vers 170

Tête, marbre. H 0,21 m

Acq. 1955. Ma 3539

Les portraits d'enfants comptent souvent parmi les belles réussites de la sculpture romaine. C'est probablement un des neuf enfants de l'empereur Marc Aurèle, morts jeunes pour la plupart, que représente cette œuvre très sensible, due au ciseau d'un sculpteur d'origine grecque. La délicatesse du modelé, la finesse du traitement de la surface du marbre, sur laquelle la lumière joue avec douceur, donnent un charme particulier à cette physionomie d'enfant un peu mélancolique, qui exprime à sa manière la même gravité que les portraits d'adultes contemporains.

Le monde romain **Antiquités Grecques Etrusques et Romaines**

détail

193 Sarcophage:
Dionysos découvre Ariane

Rome, vers 235

Marbre. Trouvé à St-Médard-d'Eyrans (Gironde)
H 0,98 m ; L 2,08 m ; P 0,62 m
Acq. 1845. Ma 1346

Ariane, abandonnée sur l'île de Naxos par Thésée, s'est endormie. Dionysos, conduit par son cortège bruyant de satyres et de ménades, découvre la jeune femme dont il s'éprend ; il lui fera désormais partager sa vie de félicité. Dans le monde romain, traversé alors par une grave crise spirituelle, cette image est celle du bonheur qui attend les fidèles du dieu après leur mort : la tête d'Ariane, inachevée, était prévue pour être un véritable portrait, celui de la défunte déposée dans le sarcophage.

Celui-ci, taillé dans un marbre grec soigneusement poli, est sculpté à Rome même par des artistes dont l'art atteint ici sa pleine floraison ; leur technique, maîtrisée au point de rendre le marbre translucide, crée des jeux d'ombres et de lumière qui suggèrent le grouillement et l'exubérance du cortège dionysiaque. Sensibilité presque baroque, qui transpose parfaitement dans la matière les sentiments d'extase qui envahissent le croyant.

194 Sarcophage : chasse au lion

Rome, vers 235-240
Marbre. H 0,88 m ; L 2,20 m
Coll. Borghèse. Acq. 1808. Ma 346

Deux épisodes d'une chasse au lion ont été représentés : le départ, à gauche, et le choc entre le fauve bondissant et le chasseur. Celui-ci n'est autre que le défunt auquel était destiné le sarcophage : sa tête est un portrait, portant la courte chevelure et la barbe rase à la mode au IIIe siècle. Peut-être n'avait-il jamais chassé le lion, mais la représentation de son combat contre l'animal est le symbole de la victoire que ses qualités morales lui auront permis de remporter sur la mort dévorante. La composition très claire du relief et son exécution traduisent un goût pour l'expression directe et énergique, mais sans violence.

195 L'empereur Julien

Vers 360

Statue, marbre. H 1,75 m

Ma 1121

C'est en prêtre païen (il en porte la couronne compliquée dans la chevelure) que le sculpteur a choisi de représenter Julien (331-363) qui, lui-même brillant écrivain, s'était fait l'ardent défenseur de la culture antique traditionnelle et du paganisme face au christianisme devenu prépondérant : il est vêtu ici non pas de la toge, mais du *pallium,* un costume grec, celui des philosophes, drapé très serré autour du bras droit.

Le traitement du vêtement et surtout celui du visage rappellent délibérément la sculpture de la seconde moitié du IIe siècle ; mais l'exécution un peu mécanique des mèches de cheveux au moyen du trépan est un indice de la date tardive de la statue.

 Vénus

IVe siècle

Groupe, marbre. H 0,76 m

Trouvé à Saint-Georges-de-Montagne (Gironde)

Acq. 1953. Ma 3537

Vénus, nue, coiffe les longues mèches de sa chevelure. Un petit Amour l'aide à porter le lourd miroir dans lequel elle se contemple. Un Triton, à droite, un Amour chevauchant un dauphin, à gauche, rappellent que la déesse est née de la mer.

Un peu lourd et maladroit d'exécution, ce petit groupe de ronde bosse ornait, avec d'autres statuettes de divinités, une grande villa des environs de Libourne : au IVe siècle, le goût est volontiers à des ensembles de sculptures du même genre, qui n'ont plus, bien souvent, de signification religieuse, mais seulement une valeur décorative.

197 Lutteur

Ier siècle ?

Statuette, bronze. H 0,27 m

Autun. Acq. 1870. Br 1067

Parmi les spectacles les plus appréciés dans le monde romain, le pancrace oppose deux lutteurs aux poings nus. Le bronzier a saisi ici avec une verve particulière le moment où l'un des combattants vient de porter un coup de pied, et rejette en arrière le torse pour garder son équilibre. Rarement une statuette de bronze occupe avec tant de bonheur l'espace, au point qu'il est difficile de choisir un angle de vision privilégié. Volontairement excessif, le modelé contribue à donner toute sa saveur à cette œuvre, qui se situe pourtant dans la tradition des groupes de lutteurs en bronze de l'époque hellénistique.

Vieille femme accroupie

IIᵉ siècle

Statuette, bronze. H 9,2 cm
Vichy (Allier). Acq. 1895. Br 2936

Le bronzier a campé avec une particulière réussite une silhouette de vieille femme: vêtue d'une longue robe, un pied nu, l'autre chaussé, tassée sur elle-même, la peau du cou et des joues pendante, les yeux mi-clos, une tasse renversée à la main, elle paraît hébétée ; l'artisan a utilisé avec habileté sa coiffure, un voile noué par un ruban, pour donner forme à la partie supérieure du vase qu'est en fait cette statuette.

Les bronziers, dans la tradition de l'art d'Alexandrie, aiment à représenter des personnages infirmes ou grotesques. Rarement ils ont traduit avec autant de force l'épuisement et le caractère misérable d'un être humain, en nuançant d'humour leur observation sans pitié.

199 Bacchus et Pan

Seconde moitié du IIᵉ siècle

Groupe, bronze incrusté d'argent. H 0,187 m
Augst (Suisse). Acq. 1865. Br 1061

Depuis la fin de l'époque grecque classique, les artistes antiques ont souvent représenté Bacchus appuyé sur un de ses compagnons, un satyre ou Pan lui-même. Mais dans ce petit groupe de bronze les deux personnages sont moins étroitement liés. Le regard en avant, le dieu, malgré le geste de sa main gauche, paraît bien indifférent à la présence du Pan qui lui tend amicalement une grappe.

La qualité du modelé, un peu lourd, et l'insistance accordée aux regards (les grands yeux sont incrustés d'argent) situent l'œuvre dans la seconde moitié du IIᵉ siècle.

200 Aphrodite panthée

Epoque romaine

Statuette, bronze. H 0,20 m

Provenant d'Amrith (Syrie). Acq. 1868. Br 4425

L'une des figures les plus reproduites par les bronziers du Proche Orient aux époques hellénistique et romaine est Aphrodite. Elle est souvent représentée comme une déesse de la fécondité, aux formes généreuses. Mais elle prend aussi le caractère d'une divinité universelle, qui emprunte à d'autres une partie de leurs pouvoirs et de leurs accessoires. Aphrodite, nue, est ici surchargée d'attributs: ailée comme une Victoire, elle porte la couronne de tours, la corne d'abondance et le gouvernail de la Fortune. Sur sa tête se dresse aussi l'emblème d'Isis; dans son dos est passé un carquois, à son bras s'enroule un serpent.

Ces petites statuettes, des bibelots produits en grand nombre et largement répandus, témoignent du bouillonnement religieux qui agite l'Orient romain.

201 Calliope

*Pompei, villa de Julia Felix
Entre 62 et 79 après JC*

Peinture murale à fresque. H 0,46 m ; L 0,36 m

Don de Ferdinand IV roi de Naples, 1802. P 4

Calliope, la muse de la poésie, un rouleau de textes refermé dans les mains, est debout sur une console qui porte son nom. Elle occupait comme chacune de ses huit sœurs et Apollon lui-même le centre d'un grand panneau jaune, une présentation caractéristique de la dernière phase de la peinture murale à Pompéi avant l'éruption ("quatrième style"). Son attitude réservée, la recherche de son habillement la distinguent pourtant de ses compagnes.

Pour la première fois ici, on peut associer avec certitude aux neuf Muses, grâce aux inscriptions, leur nom et leur fonction.

202 **Cortège funéraire**

Rome, tombeau de Patron
Fin du Iᵉʳ siècle avant JC
Peinture murale à fresque. H 1,68m ; L 0,39 m
Acq. 1863. P 37

Cette scène énigmatique ornait les murs de la tombe du médecin d'origine grecque Patron. Grâce aux inscriptions, on reconnaît les principaux personnages : la femme du défunt et ses deux filles, au centre, accompagnées peut-être de ses petits-enfants. Sans doute ce lent et solennel cortège a-t-il une signification religieuse : peut-être une visite au tombeau. Le peintre, en alignant régulièrement les silhouettes dans un paysage très simple, et en utilisant une palette de couleurs sobres et douces, a créé une atmosphère exceptionnelle, pleine d'une harmonie triste mais paisible.

²⁰³ Le jugement de Pâris

Antioche (Turquie), "maison de
l'atrium"
Peu après 115
Mosaïque, marbre, calcaire et pâte de verre.
1,86 m × 1,86 m
Acq. 1932. Ma 3443

La mosaïque décorait le sol de la salle à manger
d'une riche maison. Elle met en scène Pâris, le
prince-berger troyen, auquel le messager des
dieux, Hermès, vient demander de désigner la
plus belle des trois déesses Athéna, Héra et
Aphrodite : cette dernière, sûre de son succès, est
à droite, appuyée avec désinvolture au rocher.
L'artiste a cherché, en utilisant des cubes de très
petites dimensions d'une grande richesse de coloris, à rivaliser avec la finesse de touche d'un pinceau : son modèle est certainement une peinture,
et il n'est pas étonnant de retrouver à Pompéi,
sur une fresque, une image tout à fait semblable.
Pendant longtemps les mosaïques de l'Orient romain, imprégnées de la tradition de l'art grec,

conserveront ce souci de faire un véritable tableau de pierre.

La bordure, un élégant entrelacs de vigne et de lierre, qui prend son départ de deux têtes humaines, et que peuplent insectes, lézards et oiseaux, est inspirée d'une mosaïque créée au IIe siècle avant JC à Pergame.

détail

204 **Préparatifs d'un banquet**

Carthage (Tunisie), vers 180

Mosaïque, marbre et pâte de verre

2,25m × 2,40 m

Acq. 1891. Ma 1796

Sur la partie conservée de cette grande mosaïque, cinq serviteurs s'avancent vers la droite en portant victuailles, vaisselle et ustensiles nécessaires à la préparation d'un festin. L'artiste dont les personnages se détachent sur un fond uniformément blanc, procède par larges touches de couleurs claires ou foncées qui s'opposent brutalement les unes aux autres pour suggérer les modelés, au lieu d'un subtil dégradé: brutalité voulue, qui correspond au caractère expressionniste de l'art romain à la fin du IIe siècle.

détail

205 **Scènes de chasse**

Daphné (Turquie),
"Villa constantinienne"
Vers 325

Mosaïque, marbre, calcaire et pâte de verre

8,07 m × 8,04 m

Acq. 1939. Ma 3444

La mosaïque, dont le centre était occupé par une fontaine, décorait la salle de réception d'une grande maison de Daphné. Par sa composition, elle est la transposition du décor d'un plafond, que rappelle la moulure dorée (imitant le stuc) qui encadre les diverses parties. La bordure extérieure est faite de scènes de genre empruntées à l'art hellénistique ; aux quatre angles, la personnification d'une idée abstraite. Des plantes luxuriantes cernent le pavement ; aux angles, sur une touffe d'acanthe, s'enlèvent quatre jeunes femmes, les Saisons. Dans le champ, quatre scènes de chasse : l'une d'entre elles, mythologique, montre les exploits de Méléagre et d'Atalante.

La variété des images représentées donne à la mosaïque une grande richesse ; mais le traitement des chasses, réaliste et presque maladroit parfois, contraste avec l'allure très classique des grandes acanthes et des Saisons : la tradition ancienne, héritée de l'art grec, se trouve confrontée aux tendances nouvelles de l'Antiquité tardive.

206 Le phénix sur un semis de roses

Daphné (Turquie), fin du Ve siècle

Mosaïque, marbre et calcaire

6 m × 4,25 m

Acq. 1934. Ma 3442

Les mosaïques découvertes à Antioche (aujourd'hui Antakya, en Turquie), la capitale de la Syrie romaine, et dans son faubourg résidentiel Daphné, donnent une superbe image du haut niveau artistique d'une des plus grandes villes du monde romain.

Dans l'antiquité tardive ces pavements prennent l'allure de véritables tapis : sur celui-ci un semis de roses se répète à l'infini. Au centre se dresse le Phénix, l'oiseau qui renaît régulièrement de ses cendres, symbole d'immortalité. Les artistes l'ont volontiers utilisé pour suggérer le caractère éternel de l'empire romain. Sur la bordure, maladroitement restaurée en un endroit dès l'Antiquité, les mosaïstes ont placé des bouquetins posés sur une paire d'ailes, un ruban autour du cou. C'est une image empruntée à l'art des Sassanides, dont l'empire (l'actuel Iran) est, en Orient, le rival de

Rome: Antioche est un lieu d'échanges privilégié entre ces deux mondes antagonistes.

207 Coupe aux squelettes

*Elément du trésor de Boscoreale
(Italie)
1ᵉʳ siècle après JC*
Argent doré. H 0,104 m
Don Rothschild, 1895. Bj 1923

Ce n'est pas la seule fois qu'un artiste romain représente des squelettes; c'est, dans les banquets, une façon habituelle d'inciter les convives à jouir de l'instant présent. Mais jamais le thème n'a été traité d'une façon aussi élaborée que sur les deux coupes du trésor d'argenterie de Boscoreale, près de Pompéi. A la manière d'une bande dessinée, des inscriptions donnent le nom des squelettes et le sens des scènes auxquelles ils participent : ce sont des poètes ou des philosophes grecs célèbres, Sophocle, Euripide, Epicure... dont les attitudes et les paroles illustrent la fragilité et la vanité de la condition humaine : humour corrosif, dérision de l'homme et de la vie.

208 Nature morte marine

IIe-IIIe siècles

Plat, argent. ⌀ 0,345 m
Trouvé à Graincourt-lès-Havrincourt
(Pas-de-Calais). Acq. 1959. Bj 2214

Ce plat, témoignage du succès que rencontre la vaisselle d'argent en Gaule, est entièrement consacré au thème de la pêche : crustacés et poissons, ancres et rames, nasses et filets, oiseaux de mer disposés d'une manière très élaborée au centre et sur le rebord. Mais ce n'est pas une innovation ; au même moment bien d'autres objets portent des images identiques. Celles-ci ont été créées beaucoup plus tôt par les orfèvres de l'époque hellénistique, à Alexandrie peut-être ; elles inter-

venaient alors dans de véritables scènes de pêche ;
les orfèvres romains les utilisent d'une manière
plus exclusivement décorative.

²⁰⁹ Médaillon en or

321 après JC

Or. ∅ 9,2 cm

Acq. 1973. Bj 2280

Une monnaie d'or de Constantin, émise pour célébrer le second consulat de ses deux fils en 321,
est sertie au centre d'une large monture faite
d'une feuille d'or ajourée ; cette technique (l'*opus
interrasile*) connaît un grand succès dans l'orfèvrerie à partir du III⁰ siècle, au moment aussi où
sont à la mode les bijoux monétaires. Celui-ci,
particulièrement somptueux, faisait partie avec
trois autres d'une sorte de grand collier ; il s'agit
probablement d'une commande de l'empereur,
destinée à un cadeau.
Les bustes sur le pourtour (six à l'origine) restent
énigmatiques.

²¹⁰ Boîte à reliques

Fin du IV⁰ siècle

Argent doré. H 5,7 cm ; L 12 cm

Provenant de Castello di Brivio (Italie)

Acq. 1912. Bj 1951

Avec la diffusion du christianisme, les artistes
doivent créer des images pour illustrer la foi nouvelle et les textes de la Bible. Cette petite boîte
en métal précieux, destinée à conserver des reliques, porte ainsi une riche décoration en relief,

exécutée suivant la technique du repoussé, dont les sujets sont empruntés à l'Ancien et au Nouveau Testament: les trois jeunes Hébreux jetés dans la fournaise sur l'ordre du roi Nabuchodonosor et sauvés par l'ange, l'adoration des Rois Mages et la résurrection de Lazare.

²¹¹ Diptyque

Vᵉ siècle
Ivoire. H 0,29 m
Acq. 1836. SMD 46

Sur les deux feuillets d'ivoire, six Muses sont représentées, qui apportent l'inspiration à autant de poètes et de philosophes: héritées du paganisme, elles ont désormais une valeur universelle. L'exécution, raffinée, est toute imprégnée de classicisme, comme la plupart des productions des arts précieux de l'Antiquité tardive.

Cet élégant décor, en fort relief, constitue en fait la couverture d'un diptyque: il était possible d'écrire au revers des plaquettes qui se refermaient comme un livre. C'était un cadeau très apprécié, que les grands personnages offraient à leurs amis dans des circonstances exceptionnelles, pour fêter, par exemple, leur entrée en charge dans une magistrature.

²¹² Gobelet

Banyas (Syrie), IVᵉ siècle
Verre. H 13,6 cm ; ⌀ 7 cm
Acq. 1901. MND 486

La renommée des verriers syriens s'était étendue à toute la Méditerranée. L'artisan a transformé ici une forme de vase assez simple en un objet original en multipliant les anses tout autour du col, qui forment ainsi une sorte de cage. La verrerie de l'Antiquité tardive, qui affiche volontiers sa virtuosité, apprécie particulièrement les effets de transparence que peut produire sur une pièce l'adjonction d'éléments rapportés.

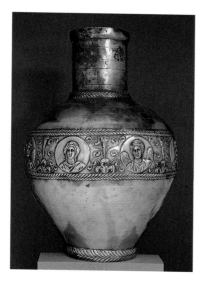

213 Vase

Homs (Syrie), VIe-VIIe siècles
Argent. H 0,44 m
Don Durighello, 1892. Bj 1895

L'orfèvrerie connaît un très brillant développement au début de l'époque byzantine, la vaisselle liturgique en particulier : le grand vase en forme d'amphore trouvé sur le site de l'antique Emèse était sans doute destiné, dans une église, à contenir le vin eucharistique. Les huit médaillons qui, sur la bande où se concentre le décor, alternent avec un rinceau végétal et des cornes d'abondance, renferment des bustes : le Christ, la Vierge, des anges et des apôtres.

Même si le vaste ne porte aucun poinçon, la qualité des reliefs est si grande qu'il pourrait bien provenir de la capitale même de l'empire byzantin, Constantinople.

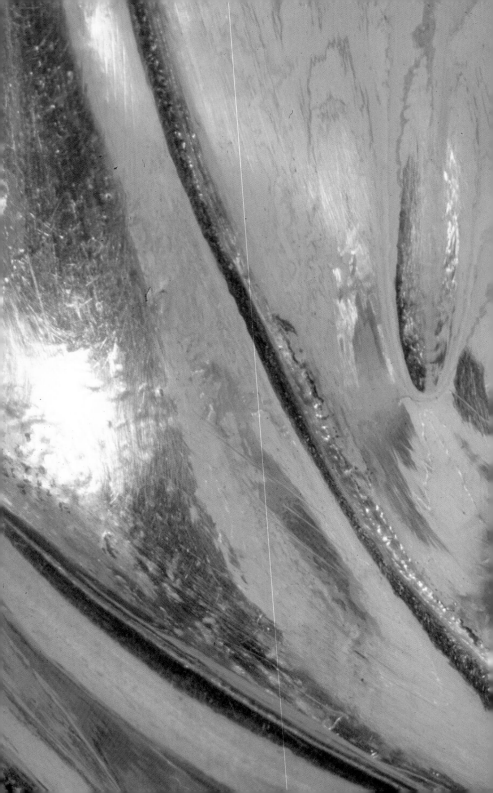

Objets d'Art

Introduction

Le décret de la Convention du 27 juillet 1793, créant le musée, prévoyait déjà au Louvre la présence des objets d'art. Cette section allait se constituer, dans la période qui suivit, d'une façon un peu anarchique, essentiellement au moyen de deux grands apports : à la fin de 1793 entrait au Louvre une fraction du trésor de l'abbaye de Saint-Denis, comprenant les *regalia* du sacre des rois de France et les vases précieux rassemblés et montés par l'abbé Suger au XIIᵉ siècle ; en 1796, ils étaient rejoints par la majeure partie des collections royales de bronzes de la Renaissance et de vases en pierres dures.

Ce premier fonds, composé d'objets aussi importants sur le plan historique que sur le plan artistique, allait donner au futur département des Objets d'Art un aspect particulier, en imposant un niveau de qualité qu'on allait tenter de maintenir par la suite.

Sous la Restauration, furent acquises les collections d'objets d'art d'Edme-Antoine Durand, amateur et voyageur fortuné (1825), et de Pierre Révoil, peintre de scènes historiques (1828). Sous le Second Empire , celle de Charles Sauvageot était donnée en 1856, tandis qu'en 1863 Napoléon III achetait celle du marquis Campana, qui comprenait un remarquable ensemble de faïences italiennes. Grâce à ces enrichissements, le département des Objets d'Art, créé sous le Second Empire, se vit peu à peu doté d'une collection homogène et cohérente pour le Moyen Âge et la Renaissance, en matière d'ivoire, d'orfèvrerie, de mobilier, de céramique, de verrerie, de bronze. Cette collection n'a cessé de croître jusqu'à nos jours grâce à d'autres dons (baron Adolphe de Rothschild, 1901 ; baronne Salomon de Rothschild, 1922) et à des achats.

Ce fut dans les dernières années du XIXᵉ siècle que le champ chronologique du département s'étendit en outre aux Temps modernes. Le versement par le Mobilier national, en 1870 puis en 1901, de meubles, tapisseries et bronzes d'ameublement provenant des anciennes demeures royales, forma un noyau prestigieux qui allait s'augmenter grâce à des dons de mobilier (comte Isaac de Camondo, 1911 ; baron Basile de Schlichting, 1914 ; M et Mme Grog-Carven, 1973), d'orfèvrerie (M et Mme David-Weill, 1946 ; M Stavros S Niarchos, 1955), de porcelaine (Mme Adolphe Thiers, 1880), à des dations et à de nombreuses acquisitions.

Bas-Empire

Au IIIe siècle après JC, l'Empire romain traverse une série de crises politiques, sociales et culturelles dont il sort profondément transformé : commence alors le Bas-Empire (IIIe - IVe siècles). La séparation de l'Empire d'Occident, de culture latine, et de l'Empire d'Orient, de culture grecque, est définitive à la mort de Théodose (395) ; le christianisme qui s'est peu à peu imposé dans l'ensemble de l'Empire romain, reconnu sous Constantin (314), devient religion officielle sous Théodose (385) ; enfin la pression continue des peuples barbares aboutit aux Grandes Invasions du Ve siècle sous lesquelles succombe l'Empire d'Occident (476).

L'art du Bas-Empire s'inscrit très largement dans la tradition des formes et des techniques de l'art gréco-romain. Ce renouveau, particulièrement sensible dans la sculpture sur ivoire, à Rome, aux environs de 400, se laisse cependant pénétrer de courants anti-classiques originaux : tandis que se définit peu à peu une iconographie chrétienne,

l'attrait continu des arts orientaux est de plus en plus sensible et le primat de l'idée sur la forme constitue une entorse à l'illusionnisme antique, notamment dans les problèmes de perspective.
Ces tendances s'accentuent encore dans l'Empire d'Orient au VIᵉ siècle.

²¹⁴ Miracles du Christ

Rome, début du Vᵉ siècle

Plaque, ivoire. H 0,197 m ; L 0,78 m

Acq. 1926. OA 7876-7878

La plaque rectangulaire constituait le côté latéral d'un grand feuillet de diptyque d'ivoire, chrétien, en cinq parties. Les trois scènes représentent des miracles du Christ. Une autre partie latérale de ce même ensemble, mais provenant sans doute du second feuillet, est conservée au musée de Berlin-Dahlem (Staatliche Museen im Preussichen Kulturbesitz). Un troisième fragment avec l'Adoration des Mages était autrefois à la cathédrale de Nevers (musée de Nevers). Ces reliefs d'ivoire illustrent le style des ivoiriers romains des premières années du Vᵉ siècle où les références à l'art antique "classique" sont encore très affirmées, malgré l'effacement progressif du rendu spatial.

215 L'Empereur triomphant
dit "Ivoire Barberini"

Constantinople
Première moitié du VIe siècle
Ivoire. H 0,342 m ; L 0,268 m
Acq. 1891. OA 9063

Offert au cardinal Barberini par l'érudit aixois
Claude Fabri de Peiresc, au début du XVIIe siècle,
l'ivoire devait déjà se trouver en Provence au
VIIe siècle puisqu'au revers figure une liste de
souverains barbares et de personnages de cette région. L'"Ivoire Barberini" est le seul feuillet
presque complet subsistant de diptyque impérial
dont chaque feuillet se composait de cinq éléments d'ivoire assemblés. Au centre est représenté
le triomphe d'un empereur, Anastasius (491-518)
ou, plutôt Justinien (527-565) associé, à la partie
supérieure, à la glorification du Christ. La densité
de la composition, le très fort relief, presque en
ronde-bosse, de la partie centrale et la plénitude
des visages idéalisés du Christ et de l'empereur
sont caractéristiques d'un groupe d'ivoires créés à
Constantinople dans la première moitié du
VIe siècle.

Art byzantin

Epargné par les Grandes Invasions du Vᵉ siècle, l'Empire d'Orient, qu'on appelle désormais Empire byzantin, devait survivre jusqu'en 1453, date de la chute de sa capitale, Constantinople, aux mains des Turcs. Après un premier épanouïssement sous les règnes de Justinien (527-567) et d'Heraclius (610-641), l'existence de Byzance est bientôt menacée par l'essor de l'Islam qui conquiert tout le sud du Bassin méditerranéen au cours du VIIᵉ siècle. L'Iconoclasme (726-843), doctrine qui refuse l'art religieux figuratif, clôt dans le sang cette période. Après le retour à l'orthodoxie religieuse (843), l'avènement de la dynastie des empereurs macédoniens (867-1056) inaugure la période la plus brillante de l'histoire byzantine, qui se prolonge encore sous la dynastie des Comnènes (1081-1183). Mais les Croisades, parties d'Occident en vagues successives, accroissent les heurts entre Byzantins et Occidentaux et la quatrième Croisade est détournée sur Constantinople, qui est mise à sac (1204), tandis que les croisés se partagent les dépouilles de l'Empire. Peu à peu, néanmoins, les Grecs parviennent à récupérer leur Empire, restauré en 1261. Commence alors avec la dynastie des Paléologues (1261-1453), la troisième et dernière période de l'histoire de Byzance, lente agonie de l'Empire assiégé par les Turcs.

L'art byzantin est, et se veut, l'héritier direct de l'art du Bas-Empire chrétien. A chaque grande époque de renouveau de l'histoire byzantine, correspond en effet une série de retours en arrière délibérés, auxquels on donne le nom de "Renaissances" (renaissances "héraclienne", "macédonienne", "comnène", "paléologue"), qui puisent l'essentiel de leur inspiration à la source antique. Ce classicisme, qui constitue l'unité profonde de l'art byzantin dans son ensemble, s'est exprimé, à toutes les époques, dans ses plus belles créations. Il n'exclut cependant pas parfois l'attrait d'autres courants artistiques, qu'il s'agisse du luxe oriental des arts de l'Islam sous les Macédoniens, des recherches de l'effet décoratif propres à la période

comnène ou des accents pathétiques du dernier
art byzantin sous les Paléologues.

216 **Triptyque Harbaville:**
déisis et saints

Constantinople
Milieu du Xe siècle
Ivoire, traces de dorure. H 0,242 m ; L 0,285 m
Acq. 1891. OA 3247

Le triptyque s'organise autour de la représentation de la *déisis*: la Vierge et saint Jean-Baptiste
intercèdent pour l'humanité auprès du Christ trônant. En dessous et sur les volets, les apôtres, des
saints évêques, martyrs et saints militaires s'associent à cette prière. Ce chef-d'œuvre du classicisme byzantin est le plus élégant des ivoires de
l'atelier impérial dit "Romanos" (rangés autour de
la plaque du Cabinet des Médailles de la
Bibliothèque Nationale de Paris où le Christ couronne l'empereur Romanos II (945-949) et son
épouse Eudoxie). Il constitue un témoin majeur
de la renaissance des arts somptuaires à Byzance
sous les empereurs macédoniens.

217 Saint Démétrios

Constantinople
Début du XIIe siècle

Médaillon, or et émail cloisonné. ⌀ 8,4 cm

Don Pierpont Morgan, 1911. OA 6457

Ce médaillon et neuf autres de la même série
(New York, Metropolitan Museum) avaient été
remontés sur le cadre d'une grande icône de l'archange Gabriel, jadis conservée au monastère de
Djoumati (Géorgie soviétique). Trois des médaillons figuraient la *déisis* à laquelle étaient associés
des saints en buste. Cet émail appartient aux plus
belles créations de Constantinople sous le règne
des Comnènes. La recherche de l'effet décoratif et
la parfaite maîtrise de la technique le situent à la
suite des émaux de la couronne de saint Etienne
de Hongrie (1071-1078) et des plus anciens émaux
de la *pala d'Oro* de Venise, vers 1100.

Art carolingien, art roman

Tout comme l'art byzantin, l'art médiéval est héritier du Bas-Empire. Ce fait est particulièrement
clair dans le domaine des arts précieux carolingiens puisqu'une volonté déterminée de
Charlemagne et de ses successeurs, fascinés par
l'idée impériale, a poussé les artistes à s'inspirer,
au sens large du terme, de modèles antiques, provoquant ce que l'on appelle la "renaissance carolingienne". Ainsi, alors que l'orfèvrerie, art majeur déjà de la période précédente, ne cessait de
se perfectionner, la fin du VIIIe et le IXe siècles
virent renaître des techniques que l'on avait dé-
laissées, telles la glyptique, la fonte du bronze,
dont témoigne la *Statuette équestre de
Charlemagne* **219** et surtout le travail de l'ivoire
dont des exemples de premier plan sont présentés
dans les collections du Louvre.

Aux XIe et XIIe siècles, les ateliers d'art précieux
se multiplient et se diversifient. Le fait marquant
est alors le rôle primordial joué par les différentes techniques de l'émaillerie : si les émaux

cloisonnés de la *Reliure de Maestricht* [222] peuvent être replacés dans la lignée des émaux cloisonnés carolingiens et ottoniens, la floraison des émaux champlevés sur cuivre s'affirme, aussi bien au Nord et à l'Est que dans les zones méridionales : l'*Armilla de la Résurrection* [226] et le *Reliquaire de saint Henri* [225] témoignent ici de la réussite des ateliers mosans, rhénans et saxons, rivaux des émailleurs de Conques (*Médaillon au griffon* [227]) et de Limoges (*Ciboire d'Alpais* [228]).

[218] **Plaques de la reliure du Psautier de Dagulf**

Atelier du Palais de Charlemagne
Fin du VIIIᵉ siècle

Ivoire. H 16,8 cm ; L plaque 8,1 cm

Provenant de la cathédrale de Brême

MR 370-371

Charlemagne avait donné l'ordre au scribe Dagulf d'écrire, pour le pape Hadrien Iᵉʳ, un riche psautier. Sans doute inachevé à la mort du Pape (795), ce psautier resta dans le trésor royal. Les deux plaques d'ivoire qui proviennent de sa reliure, évoquent le contenu du manuscrit puisqu'elles représentent David ordonnant la rédaction des Psaumes et les chantant, et saint Jérôme recevant l'ordre de corriger le texte des Psaumes puis travaillant. Ces deux ivoires, les seuls que l'on puisse rattacher directement à une commande de Charlemagne, marquent le début de la renaissance carolingienne. Leur style fait nettement référence à des modèles du Bas-Empire.

219 Statuette équestre de
Charlemagne

IXᵉ siècle

Bronze avez traces de dorure. H 0,235 m
Provenant du trésor de la cathédrale de Metz.
OA 8260

Inspirée de statues équestres antiques, la statuette
est formée de plusieurs éléments de bronze fondus à part puis assemblés. Le cheval, dont les
proportions ne coïncident pas bien avec celles du
cavalier, pourrait être une œuvre du Bas-Empire
en remploi. Le corps et la tête du cavalier sont
des bronzes carolingiens. Le souverain, représenté
couronné, tient l'orbe du monde ; son visage gras,
barré d'une grosse moustache tombante, son costume, très simple, correspondent au portrait de
Charlemagne décrit par Eginhard. La statuette
pourrait avoir été fondue à Aix-la-Chapelle, au
début du IXᵉ siècle. Cependant, il est possible que
le cavalier soit un portrait de Charles le Chauve,
dont les portraits peints dans des manuscrits soulignent la ressemblance avec son grand-père,
Charlemagne.

220 Plaque
dite du **"Paradis terrestre"**

France, vers 860-870 (?)

Ivoire. H 0,358 m ; L 0,114 m
Acq. 1863. OA 9064

La plaque est divisée en plusieurs registres sur
lesquels sont répartis, de haut en bas, Adam et
Eve, puis des animaux fantastiques et des animaux sauvages et domestiques. Il ne s'agit pas, en
fait, d'une représentation du Paradis terrestre,
mais d'une illustration d'un texte d'Isidore de
Séville, expliquant les différents ordres de la création, les *Etymologies*. Le naturalisme des animaux
représentés, la douceur et la finesse du modelé
révèlent une excellente connaissance et une rare
compréhension des modèles antiques ou du
Bas-Empire. L'ivoire est issu du même atelier

que le *flabellum* (éventail liturgique) de Tournus (Florence, Bargello).

221 Patène de serpentine

Ier siècle avant ou après JC (pierre) et seconde moitié du IXe siècle (monture)

Or, perles, pierres précieuses, verres colorés

⌀ 0,17 m

Provenant du trésor de l'abbaye de Saint-Denis

Entrée au Louvre en 1793. MR 415

La patène est composée de deux parties. La soucoupe de serpentine, incrustée de poissons d'or, peut être considérée comme une pièce antique, du premier siècle. La monture d'or est ornée de pierreries, entre lesquelles se développent des motifs isolés d'orfèvrerie cloisonnée, association que l'on trouve jusqu'au début du XIe siècle. La patène accompagnait, à Saint-Denis, un calice composé d'un canthare d'agate antique, la "coupe des Ptolémées", auquel était adaptée une monture d'orfèvrerie analogue à celle de la patène (Paris, Bibliothèque nationale). Une inscription sur le pied de ce calice précisait qu'il avait été offert à l'abbaye par Charles le Chauve.

222 Cassette-reliure de Maestricht

Deuxième quart du XIe siècle

Or, émaux cloisonnés, pierres précieuses,
filigranes et nielles sur âme de bois
H 0,392 m ; L 0,32 m
Acq. 1795. MR 349

La cassette-reliure provient du trésor de Saint-Servais de Maestricht (Pays-Bas) ; elle renfermait un manuscrit des Evangiles sur lequel les ducs de Brabant prêtaient serment. Une inscription gravée et niellée désigne la donatrice, Béatrix, identifiée tantôt avec l'épouse du duc Adalbéron de Carinthie, tantôt avec l'épouse de Boniface de Toscane (1036) puis de Godefroy le Barbu, duc de Basse-Lorraine et de Brabant. Les émaux cloisonnés s'inscrivent à la suite des œuvres des ateliers de Trèves et d'Essen et le style des reliefs d'or repoussé reste proche d'œuvres ottoniennes du début du XIe siècle.

223 Epée du sacre des rois de France

X^e-XIe siècle (pommeau), XIIe siècle (quillons), XIIIe siècle (fusée)

Or, acier, perles de verre ou de lapis
H 1,005 m ; L 0,226 m
Provenant du trésor de l'abbaye de Saint-Denis
Entrée au Louvre en 1793. MS 84

Les instruments du sacre des rois de France étaient conservés au trésor de Saint-Denis. L'épée du sacre était considérée, depuis le XIIIe siècle, comme celle de Charlemagne, "Joyeuse". Son pommeau et la plaquette portant un élément végétal, au centre de la garde, remontent au haut Moyen Âge ; sa fusée, ornée, jusqu'en 1804, de fleurs de lis dans des losanges, paraît gothique ; ses quillons, formés de deux petits dragons ailés aux yeux incrustés de perles, datent de la seconde moitié du XIIe siècle. Elle fait donc partie, avec les éperons (musée du Louvre), des plus anciens *regalia* français subsistant aujourd'hui.

²²⁴ Vase en forme d'aigle
dit "aigle de Suger"

France, avant 1147

Vase de porphyre antique, argent doré et niellé.

H 0,431 m ; L 0,27 m

Provenant du trésor de l'abbaye de Saint-Denis

Entré au Louvre en 1793. MR 422

Suger, conseiller des rois Louis VI et Louis VII, et
abbé de Saint-Denis, mit un soin tout particulier
à l'enrichissement du trésor de son abbaye et s'est

expliqué dans ses écrits sur les vases précieux qu'il fit exécuter : il dit avoir retrouvé, dans un coffre, un vase de porphyre antique qu'il fit transformer en vase liturgique en lui donnant, par sa monture, la forme d'un aigle. Cette aiguière ne peut être séparée des autres vases de pierres dures montés réalisés pour Suger : son calice (Washington, National Gallery), le vase "d'Aliénor" et l'aiguière de sardoine (Paris, musée du Louvre). Ces œuvres furent exécutées par l'un des groupes d'orfèvres qui travaillaient pour Saint-Denis, sans doute, pour ce cas précis, par des orfèvres d'Ile-de-France.

225 Reliquaire de saint Henri

Hildesheim, Basse-Saxe, vers 1175

Cuivre doré, gravé, émaux champlevés et cristal
de roche, argent sur âme de bois
H 0,236 m ; L 0,161 m
Acq. 1851. OA 49

Le reliquaire en forme de quadrilobe émaillé sur ses deux faces repose sur un pied hémisphérique également émaillé. D'un côté le Christ en majesté est entouré de trois rois ; de l'autre figure saint Henri, dernier empereur ottonien du Saint-Empire romain germanique, canonisé en 1152, avec à ses côtés, l'impératrice Cunégonde et un clerc du nom de Welandus, donateur probable du reliquaire. Le fond d'émail bleu ponctué d'or et la gamme restreinte des couleurs caractérisent un groupe d'œuvres créées à Hildesheim à l'époque du duc de Saxe, Henri le Lion (1142-1181)

226 "Armilla": la Résurrection

Meuse, vers 1170

Cuivre doré, émaux champlevés

H 0,113 m ; L 0,147 m

Don des Amis du Louvre, 1934. OA 3261

L'*armilla* (bracelet d'apparat) et son pendant représentant la Crucifixion (Nuremberg, Germanisches Nationalmuseum) auraient été retrouvés en Russie dans la tombe du prince André Bogoloubski († 1174) ; celui-ci les aurait reçus en cadeau diplomatique de l'empereur Frédéric Barberousse. Le style montre la permanence des traditions classiques propres à l'art mosan, vers 1150-1160. Cependant la grâce toute byzantine des anges, leurs visages et celui du Christ, annoncent déjà l'art antiquisant de Nicolas de Verdun à partir de 1180.

227 Médaillon orné d'un animal fantastique

Conques (?), 1107-1119

Cuivre doré, émaux champlevés. ⌀ 8 cm

Don d'un groupe d'amis du Louvre, 1909

OA 6280

Parfaite expression de la "loi du cadre" romane, le médaillon est aussi un des tout premiers témoignages de la technique de l'émail champlevé sur cuivre, propre à l'époque romane. Avec neuf autres médaillons semblables (New York, Metropolitan Museum, et Florence, musée du Bargello), il appartenait au décor d'un coffret. Un second coffret encore conservé à Conques, est orné de médaillons pratiquement identiques, dont deux portent une inscription attribuant à l'époque de l'abbé Boniface (1107-1119) l'exécution des deux coffrets.

228 Ciboire d'Alpais

Limoges, peu avant 1200

Cuivre doré, ciselé et gravé, émail champlevé,

appliques fondues et rapportées, pierreries

H 0,30 m ; ∅ 0,168 m

Acq. 1828. MRR 98

Le ciboire aurait été trouvé dans la tombe de Bertrand de Malsang († 1316), abbé de Montmajour près d'Arles, où il aurait été réemployé comme calice funéraire. A l'intérieur du couvercle, autour d'une figure d'ange gravée, court l'inscription MAGISTER G. ALPAIS ME FECIT LEMOVICARUM. Elle atteste l'exécution à Limoges même du ciboire et constitue un document essentiel de l'histoire des émaux limousins du Moyen-Âge. Le ciboire est le chef-d'œuvre d'un groupe d'émaux limousins antérieurs à 1200.

Art gothique

Au cours de la première moitié du XIIIe siècle, l'émaillerie limousine continue à produire des œuvres insignes, telle la plaque du *Saint Mathieu* de l'abbaye de Grandmond **229**. Cependant, à la fin du siècle, les émailleurs italiens avaient mis au point un nouveau procédé qui conquit rapidement les grands centres d'Europe occidentale : celui des émaux translucides sur basse-taille, pratiqué aussi bien sur argent (*Vierge de Jeanne d'Evreux* **233**) que sur or (*Valves de boîte à miroir* **231**). Dans la seconde moitié du XIVe siècle triomphent les émaux sur ronde-bosse d'or dont témoignait autrefois la fleur de lys du *Sceptre de Charles V* **235** : à travers eux s'annonce déjà la technique des émaux peints qui allaient peu à peu supplanter les autres formes de l'émaillerie ; l'*Autoportrait* de Fouquet **238** en montre les premiers essais.

Le développement du luxe des cours princières, en particulier de la cour de France dominée par des amateurs passionnés d'œuvres précieuses, ne pouvait qu'être favorable au métier des orfèvres : rien, peut-être, n'exprime mieux la maîtrise à laquelle ils étaient parvenus, que la beauté et l'élégance de ces deux chefs-d'œuvre de l'art médiéval que sont la *Vierge de Jeanne d'Evreux* et le *Sceptre de Charles V*. Mais la prépondérance du gothique français se manifeste encore mieux dans le domaine des ivoires dont le musée du Louvre possède l'une des plus impressionnantes collections : statuettes, diptyques, triptyques, tabernacles et pièces profanes ont alors diffusé à travers toute l'Europe le style et les caractéristiques de l'art des ateliers parisiens.

229 Plaque cintrée ornée d'une figure de saint Mathieu

Limoges, vers 1220-1230

Cuivre doré, émail champlevé. H 0,29 m ; L 0,14 m

Acq. 1825. MR 2650

La figure de saint Mathieu identifiée par l'inscription, est fixée sur un fond émaillé de vigoureux rinceaux fleuris. On connaît cinq autres plaques semblables avec les apôtres Jacques (New York, Metropolitan Museum), Philippe (Leningrad, Ermitage), Paul et Thomas (Paris, Petit Palais) et saint Martial (Florence, Bargello), "apôtre" du Limousin que la dévotion locale associait au collège apostolique. Ces plaques proviennent de l'autel majeur de l'ancienne abbaye de Grandmont, près de Limoges. Exceptionnels par leur modelé, ces apôtres constituent une interprétation limousine du style antiquisant apparu, vers 1200, dans la Meuse et le nord de la France.

230 Vierge à l'Enfant de la Sainte-Chapelle

Paris, vers 1250-1260

Ivoire, restes de polychromie. H 0,41 m

Provenant du trésor de la Sainte-Chapelle de Paris. Acq. 1861. OA 57

Le développement du culte marial a entraîné, aux XIIIe et XIVe siècles, la création de nombreuses figures de la Vierge à l'Enfant, notamment en ivoire. Cette statuette décrite dans un inventaire du trésor de la Sainte-Chapelle avant 1279, est considérée comme la plus parfaite réussite des ivoiriers parisiens, au point que toute une série de statuettes d'ivoire de la seconde moitié du XIIIe siècle paraissent s'être inspirées de ce prestigieux modèle. L'aspect de ses drapés, son visage triangulaire, aux yeux étirés, au sourire légèrement moqueur, permettent de la placer dans la pleine floraison du gothique monumental parisien,

au milieu ou dans le troisième quart du
XIIIe siècle.

231 Valve de boîte à miroir :
Le jeu d'échecs

Paris, vers 1300
Ivoire. ⌀ 0,12 m
Don Sauvageot, 1856. OA 717

On doit aux ivoiriers gothiques non seulement
des pièces religieuses mais aussi des œuvres profanes, telles les valves de boîte à miroir. Les plaquettes, assemblées par paires à l'aide d'un lacet
ou d'un pas-de-vis, pour protéger un petit miroir
de métal, étaient sculptées de sujets courtois ou
de scènes évoquant des épisodes de romans à la
mode. Le jeu d'échecs représenté ici pourrait
s'inspirer d'un passage du roman de Tristan et
Yseult. La très grande douceur du modelé de ce
relief et l'élégance souriante des personnages, vêtus des longues robes flottantes, sont caractéristiques de l'art à la cour de Philippe le Bel.

232 Bras-reliquaire
de saint Louis de Toulouse

Naples, avant 1338
Cristal de roche, argent doré, émaux
translucides. H 0,63 m ; L 0,20 m
Don de Mme F Spitzer, 1891. OA 3254

Frère du roi de Naples Robert d'Anjou, saint
Louis de Toulouse fut canonisé en 1317. Le bras-
reliquaire destiné à l'une de ses reliques fut fait
pour Sancia de Majorque, femme de Robert
d'Anjou. Les émaux translucides qui rehaussent

une partie de la monture pourraient être dûs à un orfèvre siennois (Lando di Pietro?). Avec son pendant (le bras-reliquaire de saint Luc, également fait pour Sancia de Majorque), le bras-reliquaire de saint Louis de Toulouse constitue l'un des rares exemples subsistant des œuvres créées à la cour des Angevins de Naples où collaborèrent des orfèvres français et italiens.

233 Vierge à l'Enfant de Jeanne d'Evreux

Paris, entre 1324 et 1339

Argent doré, émaux translucides sur basse-taille, or, cristal de roche, pierres et perles. H 0,69 m
Donnée en 1339 à l'abbaye de Saint-Denis par la reine Jeanne d'Evreux, entrée au musée en 1793
MR 342 et 419

Aux XIIIe et XIVe siècles se développe un type nouveau de statuettes dans lesquelles la figure principale présente au spectateur le reliquaire proprement dit : c'est le cas de cette Vierge à l'Enfant d'argent doré qui tient à la main une fleur de lys d'orfévrerie et de cristal, dans laquelle étaient enfermées des reliques des vêtements, des cheveux et du lait de la Vierge. Le visage arrondi de la Vierge, l'étagement des bordures de son manteau associé à l'élargissement de sa silhouette par des chutes de plis en cornets, sont caractéristiques de l'art parisien de la première moitié du XIVe siècle. Les émaux du socle (scènes de l'Enfance du Christ et de la Passion) offrent un des premiers exemples français datés de la technique des émaux translucides sur basse-taille, mise au point par des orfèvres toscans à la fin du XIIIe siècle.

234 Tabernacle

Paris, deuxième quart du XIVe siècle

Ivoire H 0,29 m ; L 0,235 m

Acq. 1882. OA 2587

Parmi l'abondante production des ivoiriers gothiques, les "tabernacles" se remarquent par leur conception élaborée : ces petits polyptyques sont composés de volets articulés qui se replient autour d'une partie centrale, évoquant une minuscule chapelle, sous laquelle se tiennent une ou plusieurs statuettes. Le centre du tabernacle du Louvre présente un haut relief de la Vierge à l'Enfant dont la silhouette large et sinueuse, les fins drapés en cascades, le visage très plein évoquent des œuvres de sculpture monumentale. En revanche, les scènes des volets, montrent des affinités avec les diptyques et triptyques contemporains.

235 Sceptre de Charles V

Paris, avant 1380

Or, perles, pierres précieuses, verres. H 0,60 m

Provenant du trésor de l'abbaye de Saint-Denis

Entré au Louvre en 1793. MS 83

Le roi Charles V avait fait préparer un certain nombre de vêtements et d'insignes royaux, dont le présent sceptre, pour le sacre de son fils, le futur Charles VI. La description détaillée du sceptre dans l'inventaire du trésor royal rédigé en 1379-1380, permet de constater que l'objet n'a pas subi de grandes transformations ; la différence majeure étant le fait que la fleur de lys, était, à l'origine, revêtue d'émail blanc opaque. La présence, au sommet du sceptre, d'une statuette de Charlemagne et, sur le nœud, des scènes de la légende de Charlemagne, fait certainement allusion au prénom du roi et de son fils (Charles) mais implique aussi la volonté des premiers Valois de rattacher leur pouvoir au légendaire empereur carolingien.

236 Paire de valves de miroir

Paris, avant 1379

Or, émaux translucides sur basse-taille. ⌀ 6,8 cm

Acq. 1824. MR 2608-2609

Jean le Bon et ses fils, Charles V, Louis d'Anjou, Philippe de Bourgogne et Jean de Berry, furent des collectionneurs passionnés. Il ne reste guère, pour évoquer l'énorme trésor réuni par Louis d'Anjou et décrit dans un inventaire de 1379, que ces deux valves de miroir, représentant, l'une, la Vierge à l'Enfant entourée de sainte Catherine et saint Jean, l'autre, Dieu le Père entre saint Jean-Baptiste et saint Charlemagne. Le style très affirmé de ces figures est influencé par l'art des Pays-Bas et de la Rhénanie ; il est très représentatif du milieu de la cour de Jean le Bon et surtout de Charles V, pour lesquels ont travaillé de nombreux artistes originaires de ces régions.

237 **Figure de support:**
prophète agenouillé

Paris, 1409

Bronze doré. H 0,14 m

Don J Maciet, 1903. OA 5917

Le prophète agenouillé du Louvre et son pendant
du musée de Cleveland constituaient deux des figures de bronze qui supportaient la châsse d'orfèvrerie de saint Germain à Saint-Germain-des-
Prés. La châsse, détruite à la Révolution, nous est
connue par une gravure du XVIIe siècle et par le
contrat, passé en 1409, entre l'abbé et les trois orfèvres parisiens chargés de son exécution, Guillaume Boey, Gautier Dufour et Jean de Clichy.
L'ampleur des drapés et la vigueur de la ciselure
des têtes ont été rapprochées de l'art des meilleurs sculpteurs des années 1400, et expriment de
manière tangible la réalité du courant stylistique
"international" de l'art gothique vers 1400.

Jean FOUQUET
Vers 1420-vers 1477-1481

238 **Autoportrait signé**

Vers 1450

Email peint sur cuivre, ⌀ 6,8 cm

Don H de Janzé, 1861. OA 56

Le médaillon provient du cadre disparu du diptyque de Notre-Dame de Melun dont il constitue
la signature. Exécuté par Fouquet, peu après son
voyage d'Italie, pour Etienne Chevalier, secrétaire
et conseiller du roi Charles VII, trésorier de
France en 1452, le diptyque est aujourd'hui partagé entre les musées de Berlin-Dahlem (Etienne
Chevalier présenté par saint Etienne) et Anvers
(la Vierge et l'Enfant entourés d'anges). Sur la
plaque de cuivre recouverte d'émail noir, puis
gris-brun, Fouquet a posé l'or en fins traits ha-
churés, avant de dégager par endroit le fond noir
brillant sous-jacent par enlevage à l'aiguille. Ces
procédés annoncent l'art des émaux peints de la
fin du siècle et de la Renaissance.

Italie Renaissance

Témoins d'un art de vie nouveau et de techniques nouvelles, les objets d'art de la Renaissance italienne sont représentés au Louvre par des œuvres caractéristiques appartenant principalement aux domaines de la faïence, de la verrerie et des petits bronzes. Ces œuvres permettent d'évoquer à la fois le décor des demeures et le goût particulier pour l'art antique dans lequel vécut l'Italie et la Renaissance.

La faïence, qui doit son nom à la ville de Faenza, est la grande création de l'Italie en matière de céramique. La faïence est une terre cuite recouverte d'un émail opacifié à l'oxyde d'étain généralement blanc sur lequel on posait un décor peint. Le Louvre conserve des exemples majeurs des principaux centres de production, Faenza, Urbino, Casteldurante, Gubbio et Deruta.

La verrerie se développa à Venise à la fin du XVe siècle avec un tel essor que les deux mots restent encore indissociables. Grâce en partie à la découverte d'un verre très blanc, appelé "cristallo", le prestige des verres de Venise entraîna une grande vague d'imitations en Europe dite "façon de Venise", favorisée par l'expatriation de nombreux artistes italiens. Malgré sa fragilité, la verrerie vénitienne de la Renaissance est encore présente et la collection du Louvre est une des plus importantes au monde.

Le bronze reste le matériau le plus caractéristique de la Renaissance en Italie, le plus apprécié après les métaux précieux pour ses qualités et pour l'illusion qu'il offrait de travailler "à l'antique". Florence, Padoue et Venise furent les centres privilégiés d'une abondante production de petites statuettes ou d'objets usuels recherchés avec passion par les amateurs.

239 Bassin aux armes de Florence

Florence, vers 1425-1450
Faïence. H 8 cm ; ⌀ 64 cm
Acq. 1897. OA 3946

Le mot *majolique* qu'on emploie pour désigner la faïence italienne est sans doute dérivé du nom de l'île de Majorque par où transitaient tout au cours du XIVe siècle, en route vers l'Italie, les somptueuses productions lustrées des ateliers espagnols de Valence. Bien que très amateurs de ces faïences dont bon nombre de pièces portent les armes de familles de Pise et de Florence, les Italiens développèrent néanmoins un style original reflétant le climat artistique général du *quattrocento* florentin.

Ce bassin au profil vigoureux, dont l'iconographie, une bannière armoriée portée par un lion se détachant sur un champ de branches de lys, évoque la ville même de Florence, est un des plus impressionnants témoins de la production de cette ville dans le premier quart du XVe siècle.

240 Coupe décorée d'un cortège allégorique

Venise, dernier quart du XVe siècle
Verre émaillé. H 0,275 m ; ⌀ 0,140 m
Legs baronne Salomon de Rothschild, 1922
OA 7564

Venise, au cours du XVe siècle, avait hérité des traditions verrières de la Rome antique, grâce à ses nombreux contacts avec Byzance et la Syrie mamlouke, où ces traditions s'étaient maintenues.

Italie Renaissance **Objets d'Art**

L'émaillage, un des aspects les plus spectaculaires de la verrerie syrienne, fut largement utilisé par les maîtres verriers vénitiens. Parmi ceux-ci, Angelo Barovier, qui mourut en 1460, joua un rôle capital. Bien que cette coupe paraisse stylistiquement postérieure à la mort d'Angelo Barovier, elle permet cependant d'évoquer la splendeur de la verrerie vénitienne vers la fin du XVe siècle. La signification du cortège allégorique se déroulant tout autour du calice n'a pas livré son secret. Peut-être, comme on l'a si souvent pensé, représente-t-il une allégorie du mariage ?

Bartolomeo BELLANO
Vers 1440-1496/7

241 **Saint Jérôme et le Lion**

Padoue, fin du XVe siècle

Bronze à patine noire craquelée

H 0,25 m ; L 0,205 m

Don de Mme Gustave Dreyfus et ses enfants, 1919. OA 7250

Elève de Donatello et originaire de Padoue où l'art du bronze fut très florissant, Bellano est connu pour ses œuvres traitées avec un grand sens de la narration. Ce petit bronze illustre l'épisode célèbre au cours duquel le saint retire une épine de la patte d'un lion. La statuette qui est unique semble avoir été directement fondue d'après le modèle en cire. Elle peut être datée des années 1490-1495 car elle offre des rapports étroits avec les sculptures du monument de Pietro Roccabonella à San Francesco de Padoue, exécutées par Bellano à partir de 1491 : même volumes traités avec simplicité et figure humaine rendue avec la même sensibilité.

détail

Andrea Briosco dit RICCIO
1470-1532

242 **Le Paradis**

Padoue, 1516-1521

Bas-relief, bronze à patine brune

H 0,37 m ; L 0,49 m

Entré au Louvre en 1798. MR 1711, OA 9099

Ce bas-relief fait partie d'une série de huit et provient de la tombe élevée dans l'église San Fermo Maggiore à Vérone par Riccio, célèbre sculpteur padouan, en l'honneur de Girolamo della Torre, physicien et professeur de médecine, et de son fils Marcantonio, également professeur de médecine et ami de Léonard de Vinci. Les reliefs racontent sur un mode païen le voyage de l'âme du mort aux Enfers, d'après le Livre VI de l'*Enéïde* de Virgile. *Le Paradis* représente à gauche l'âme du mort, sous la forme d'un amour ailé portant un livre, accueillie par des danseurs dans les Champs-Elysées de l'Enfer païen ; en haut à droite, sous la même forme, buvant l'eau du Léthé, le fleuve de l'oubli ; en bas à droite, revenue à sa forme terrestre de vieillard barbu, endormie dans l'attente de son retour sur terre et couronnée par la Renommée. Riccio, créateur fécond de figures du mythe et de la fable, s'impose ici par un classicisme inspiré par des prototypes antiques allié au réalisme et à la poésie des artistes de l'Italie du Nord.

Nicola da URBINO
connu entre 1520 et 1538

243 **Assiette du service d'Isabelle d'Este**

Urbino, vers 1525

Faïence. H 4 cm ; ⌀ 27 cm

Legs baronne Salomon de Rothschild, 1922

OA 7578

La contribution italienne la plus originale à l'histoire de la faïence fut l'*Istoriato*, genre décoratif

Italie Renaissance **Objets d'Art**

237

qui consistait à recouvrir les pièces de scènes historiées. Pendant la première moitié du XVIᵉ siècle, certains centres comme Casteldurante et Urbino portèrent cet art à un degré inégalé de perfection. Parmi les peintres d'*Istoriati* les plus célèbres se détache Nicola di Gabriele Sbraga qui signait ses œuvres Nicola da Urbino, du nom de la ville dans laquelle il était établi.

Une des réalisations les plus prestigieuses de Nicola da Urbino fut le service commandé vers 1525 par Isabelle d'Este, marquise de Mantoue, célèbre mécène et amateur d'art, service dont faisait partie l'assiette du musée du Louvre. On peut y reconnaître, sur la face, les armoiries d'Isabelle d'Este ainsi que sa devise inscrite dans un cartouche posé sur le sol. La scène, quant à elle, reproduit une composition de Raphaël aux Loges du Vatican, illustrant la Genèse, *Abimelec épiant Isaac et Rebecca*.

244 Gnome à l'escargot

Florence, seconde moitié du XVIᵉ siècle

Bronze à patine noire craquelée et brune

H 0,375 m ; L 0,195 m

Acq. 1933. OA 8252

Assis à califourchon sur un escargot et tenant dans sa main droite le manche d'un fouet, le gnome nu semble de façon dérisoire vouloir accélérer l'allure de l'animal. De l'audacieuse association d'une figure humaine difforme et d'un escargot monstrueux, traités avec naturalisme, se dégage une œuvre typique de la sensibilité maniériste. Ce gnome pourrait être rapproché d'un marbre du même sujet, conservé à la villa de Carregi, près de Florence, et attribué à l'atelier de Valerio Cioli (1529-1599). En dépit de sa petite taille il s'apparente aux sculptures de jardins réalisées pour le décor des villas ; et son attitude complexe a été soigneusement étudiée pour être vue sous différents angles.

Jean BOULOGNE
1529-1608

245 **Nessus et Déjanire**

Florence, vers 1575-80

Bronze à patine brun-rouge

H 0,421 m ; L 0,305 m

Coll. de la Couronne. Inv. Cour. 176

Originaire de Douai, Jean Boulogne fit carrière à Florence où son nom fut italianisé en Giambologna. Parallèlement à la réalisation de grandes sculptures de marbre, Jean Boulogne créa de nombreux modèles pour des petits bronzes. Ceux-ci, fondus dans son atelier ou diffusés par ses élèves, étaient très recherchés dans toute l'Europe et servaient aussi à la cour des Médicis de cadeaux diplomatiques. Le groupe du Louvre dont la qualité est exceptionnelle est un des rarissimes exemplaires portant la signature de l'artiste ("IOA BOLONGIE" sur le bandeau du centaure). Il peut être identifié avec un bronze donné par Le Nôtre à Louis XIV en 1693 et témoigne du génie de Jean Boulogne à saisir deux figures en action.

239

France Renaissance

Comme dans les autres domaines, en France, à la Renaissance, la création d'objets d'art fut confrontée à l'influence italienne. La présence, en effet, d'artistes venus d'Italie, en particulier sur les chantiers royaux comme celui de Fontainebleau, stimula l'inspiration des artistes nationaux. Un phénomène nouveau apparut également : la circulation des estampes qui favorisa la connaissance des formes et des décors créés aussi bien en Italie qu'en Allemagne ou dans les Flandres. En retour le rayonnement, dans la seconde moitié du XVIᵉ siècle, de l'"Ecole de Fontainebleau" et la diffusion des modèles créés par un type nouveau d'artistes, les ornemanistes, tels Jacques Androuet du Cerceau ou Etienne Delaune, assurèrent à la France une place de choix dans le domaine des objets d'art.

L'orfèvrerie n'est plus représentée aujourd'hui que par des œuvres d'une insigne rareté qui permettent cependant d'évoquer le luxe de la cour de France et notamment le goût pour la polychromie, les rehauts d'émail et les décors inspirés de grotesques et de moresques ou reproduisant des scènes historiées.

La peinture en émail sur cuivre fut une spécialité de Limoges pendant tout le XVIᵉ siècle ; destinée tout d'abord à la production de tableaux de dévotion, elle s'étendit à celle de vaisselles décoratives. Son succès, semblable à celui de la majolique italienne, fut immense en France comme à l'étranger.

La céramique française, enfin, se partagea entre deux pôles. D'une part l'italianisme, acclimaté à Lyon et à Nevers, et assimilé par un artiste de Rouen mal connu, Masséot Abaquesne, qui fabriqua une véritable faïence suivant la technique italienne. D'autre part la production traditionnelle, en plein essor dans les centres provinciaux comme le Beauvaisis ou la Saintonge, qui fut dominée par la figure mythique de Bernard Palissy.

Léonard LIMOSIN
Vers 1505-vers 1575

246 Saint Thomas
sous les traits de François Ier

Vers 1550

Email peint sur cuivre. H 0,915 m ; L 0,435 m

Entré au Louvre en 1816. MR 211

Du XVe au XVIIe siècle, Limoges fut le centre de
la production de plaques de cuivre émaillées.
L'artiste qui porta cette technique à sa perfection
est Léonard Limosin. Ce dernier réalisa en 1547
douze tableaux en émail représentant les apôtres,
aujourd'hui au musée de Chartres, dont les cartons avaient été peints par Michel Rochetel
d'après des dessins de Primatice. Cette série fut
offerte par Henri II à Diane de Poitiers pour son
château d'Anet et on peut penser que Léonard
Limosin fut chargé de la reproduire car le
Louvre conserve deux autres apôtres provenant
du couvent des Feuillantines et qui ont figuré au
musée des Monuments français d'Alexandre
Lenoir pendant la Révolution : le *saint Thomas*
présente comme variantes, par rapport à celui de
Chartres, un portrait de François Ier pour la tête
et des inversions dans les motifs d'encadrement.

Léonard LIMOSIN
Vers 1505-vers 1575

247 Portrait du connétable de
Montmorency

1556

Email peint sur cuivre, monture en bois doré

H 0,72 m ; L 0,56 m

Saisie révolutionnaire. Entré au museum

en 1794. N 1254

Léonard Limosin, célèbre à la cour de François Ier
puis de ses successeurs, réalisa en 1556 ce portrait

d'Anne de Montmorency (1493-1567), connétable de France en 1538. Ce portrait exécuté sans doute d'après un dessin au crayon est d'une grande fidélité au modèle.

Il a conservé son encadrement d'origine composé de huit plaques de formes diverses, représentant la devise du connétable, des têtes d'enfant et de méduse, ainsi que deux satyres dont le modèle est issu de la galerie François Ier à Fontainebleau.

détail

Masséot ABAQUESNE
connu en 1526-mort avant 1564

**248 Marche d'autel
de La Bastie d'Urfé**

Rouen, 1557

Faïence. L 3,260 m ; P 1,840 m et 0,540 m
Don Beurdeley père et fils, 1880. OA 2518

Selon un acte enregistré à Rouen, le 22 septembre 1557, Claude d'Urfé passa commande à Masséot Abaquesne de carreaux émaillés pour une valeur de 559 livres. Sans doute s'agissait-il des carreaux destinés à décorer le sol de la chapelle de sa demeure de La Bastie d'Urfé dans le Forez, chapelle dont le Louvre conserve la marche de l'autel datée précisément de l'année de ce contrat. Qui était Masséot Abaquesne ? Un entrepreneur ? Un artiste ? Et dans ce dernier cas où fut-il formé ? La technique employée, la faïence, et le décor *raphaëlesque*, couramment utilisé dans les ateliers d'Urbino à la même époque, trahissent une formation italienne.

Bernard PALISSY
1510?-1590

249 Bassin décoré de "rustiques figulines"

France, vers 1560

Terre vernisée. H 0,074 m ; L 0,525 m ; P 0,403 m

Acq. 1825. MR 2293

Bernard Palissy est la personnalité la plus célèbre de l'histoire de la céramique française. Ecrivain, architecte, chimiste, artiste passionné, il incarne, par ses multiples intérêts, l'humaniste type de la Renaissance.

Un des aspects les plus caractéristiques de sa production reste ces grands plats ornés de reptiles, de coquillages et de plantes moulés au naturel, appelés "rustiques figulines", qui sont un écho des deux grottes, maintenant disparues, réalisées pour Catherine de Médicis, aux Tuileries, et pour le connétable de Montmorency, à Ecouen.

Pierre REYMOND
Vers 1513-après 1584

250 Plat ovale

1578

Email peint sur cuivre. H 0,390 m ; L 0,515 m

Acq. 1825. MR 2419

Au XVIe siècle, se développe la production de vaisselle décorative en émail peint souvent en grisaille avec comme ici des rehauts d'émail rose saumon et d'or. Cette vaisselle est ornée soit de représentations des travaux des mois, soit d'illustrations de la Bible : ici Shaphân lit le livre de la Loi au roi Josias qui, à la suite de cette lecture, entreprit une grande réforme religieuse. Le bord est orné d'une frise de créatures monstrueuses et d'animaux avec à la partie supérieure, un écusson portant la date de 1578. Les motifs sont souvent inspirés de gravures contemporaines ; ici d'une vignette de Bernard Salomon publiée à Lyon à partir de 1554.

251 Bouclier de Charles IX

Paris, vers 1572

Fer repoussé et plaqué d'or, émail

H 0,68 m ; L 0,49 m

Acq. 1793. MR 427

Rare témoignage du luxe des derniers Valois, le bouclier est accompagné d'un casque assorti. C'est le casque que reçut d'abord Charles IX (1550-1574): il lui fut livré, ainsi qu'un cimeterre, par Pierre Redon, orfèvre et valet de chambre du Roi. Quant au bouclier, exécuté postérieurement, il fut payé à la veuve de Redon, Marie de Fourcroy, en 1572. Le long du bord, le monogramme K du Roi alterne avec des médaillons en émail cloisonné. Le bas-relief central représente la victoire de Marius sur Jugurtha, roi de Numidie, en 107 avant JC. Tout autour, l'encadrement accumule les motifs chers aux décorateurs de l'Ecole de Fontainebleau: cuirs, masques, trophées, paquets de fruits.

252 Masse de l'ordre du Saint-Esprit

Paris, 1584-1585

Argent doré et émaillé

H 1,10 m ; L 0,32 m ; poids 4,24 kg

Anc. trésor de l'ordre du Saint-Esprit. MR 564

L'ordre du Saint-Esprit fut fondé en 1578 par Henri III (1551-1589) qui fit exécuter à Paris, entre 1579 et 1585, pour l'ordre, un ensemble de dix objets en argent doré versés au Louvre après sa suppression en 1830. La masse, livrée dans les premiers jours de 1586 par l'orfèvre François Dujardin, est surmontée par la couronne royale ; la partie supérieure porte quatre bas-reliefs représentant des cérémonies de l'ordre, d'après des dessins de Toussaint Dubreuil (conservés au Cabinet des Dessins du Louvre). Dessous apparaissent en émail les armes de Henri III, roi de France et de Pologne. Le bâton est semé de fleurs de lis, de flammes, de croix de l'ordre et de chiffres H couronnés. Cet objet illustre la qualité de l'orfèvrerie parisienne du XVIᵉ siècle dont, à cause des fontes postérieures, les exemples subsistant sont rares.

Flandres Renaissance

détail

²⁵³ **Le mois de septembre**
7ᵉ pièce de la tenture des
Chasses de Maximilien
d'après Bernard van ORLEY

Bruxelles, vers 1528-1533

Tapisserie, laine et soie, fils d'or et d'argent,
7 fils de chaîne au cm. H 4,48 m ; L 5,58 m

Coll. de la Couronne. OA 7320

Tissée à Bruxelles, le plus grand centre de production de tapisseries du XVIᵉ siècle, cette pièce appartient à une tenture représentant des scènes de chasse dans des paysages des environs de Bruxelles, symbolisant les douze mois de l'année. La tenture a été attribuée à Bernard van Orley, un des peintres flamands dont le rôle fut prépondérant dans l'art de la tapisserie.

Tissée selon toute vraisemblance dans l'atelier de Jan Ghieteels, elle a été datée entre 1528 (par la marque communale obligatoire à partir de cette année-là) et 1533 (par l'état d'avancement du vieux palais ducal de Bruxelles), représenté sur *le mois de mars.* Connue sous le nom des *Chasses de Maximilien* à cause du portrait présumé de Maximilien Ier tuant le sanglier dans *le mois de décembre,* la tenture appartint à Mazarin puis à Louis XIV.

Première moitié du XVIIe siècle

Les arts décoratifs français de la première moitié du XVIIe siècle sont encore mal connus. Pourtant cette période a été féconde, peut-être grâce à l'impulsion donnée par Henri IV, qui attribua des logements, au Louvre même, à des représentants des "métiers d'art". Des participations étrangères (lissiers flamands, ébénistes flamands et allemands) contribuèrent à implanter ou à développer certaines techniques.

Les collections du Louvre rendent compte de cette activité. Ainsi celle des diverses manufactures de tapisseries, qui étaient réparties dans Paris, est évoquée par plusieurs pièces provenant de tentures créées par Simon Vouet **257**, peintre de Louis XIII. En matière de mobilier, sont confrontées la production traditionnelle d'œuvres sculptées en bois massif, dues aux menuisiers de Paris et de province, et une technique nouvelle, importée, qui va révolutionner l'histoire du mobilier, celle du meuble plaqué, ou ébénisterie. La céramique est représentée par de grandes pièces en faïence de Nevers. Quant au luxe de l'orfèvrerie, bien que l'orfèvrerie française du XVIIᵉ siècle ait peu survécu aux fontes, il est attesté par des objets comme le coffre d'or dit d'Anne d'Autriche, ou certaines montures en or émaillé faites pour des vases en pierres dures. Dans le domaine des montres, où se répand un nouveau procédé, la peinture sur émail, plusieurs pièces illustrent l'art des horlogers et émailleurs de Blois. Le décor, qu'il s'agisse des tapisseries, des cabinets d'ébène, des faïences ou des montres, présente le même contraste : des scènes d'inspiration mythologique, religieuse, romanesque, sont pourvues d'encadrement d'aspect naturaliste où foisonnent les fleurs.

Barthélémy Prieur
1536-1611

254 Henri IV en Jupiter

Paris, vers 1608

Statuette, bronze, laque noire et patine brun clair. H 0,67 m

Acq. 1986. OA 11054

Barthélémy Prieur fut l'un des plus grands sculpteurs français de la fin du XVIᵉ et du début du XVIIᵉ siècle. Ses œuvres sûres conservées sont malheureusement peu nombreuses ₃₁₂, d'où l'intérêt de la présence de sa signature sur la base de

Henri IV.

La manière dont le Roi est représenté, caractéristique de l'inspiration antiquisante de la Renaissance, est tout à fait originale : le souverain apparaît nu et divinisé. Ce bronze possède un pendant, également conservé au musée du Louvre, représentant la reine, Marie de Médicis, sous les traits de Junon.

Ottavio MISERONI
† *1624*

255 **Coupe de l'empereur Rodolphe II**

Prague, 1608

Jaspe sanguin, argent doré

H 0,190 m ; L 0,575 m ; P 0,330 m

Coll. de la Couronne. Entrée au Louvre en 1796

MR 143

Le Louvre a hérité des vases en pierres dures que réunit Louis XIV à Versailles. Il commença par acheter la quasi-totalité de la collection de Mazarin après sa mort, collection dont cette coupe faisait partie. Mais à l'origine, elle avait été exécutée pour l'empereur Rodolphe II (1552-1612) dont le monogramme est gravé sur la pièce. Au XVIe siècle, Milan s'illustra dans la production des vases en pierres dures. C'est de Milan que Rodolphe II fit venir à Prague, en 1588, le graveur Ottavio Miseroni, pour diriger un atelier de fabrication de ce type d'objets. Ce vase est caractéristique, dans la forme comme dans le décor sculpté, de son style. Ses dimensions en font, d'autre part, l'un des plus grands vases en pierres dures jamais exécutés.

256 Armoire à deux corps

France, 1617

Noyer. H 2,54 m ; L 1,82 m ; P 0,80 m

Coll. Révoil. Acq. 1828. MRR 61

Cette armoire dont le décor sculpté est d'une exubérance et d'une virtuosité peu communes possède la structure caractéristique des armoires françaises de la Renaissance et de la première moitié du XVIIᵉ siècle : deux corps indépendants ouvrant par quatre vantaux. Les reliefs de ces derniers dérivent, comme c'est souvent le cas, de gravures flamandes et représentent : en haut, à gauche *Bellone entraînant les troupes* et à droite *La victoire de la Sagesse sur l'Ignorance*, d'après Barthélémy Spranger ; en bas les reliefs reproduisent deux estampes de la série des *Planètes* d'après Martin de Vos ; à gauche *Mars*, au-dessus de l'Age viril accompagné de la Prudence, à droite *Jupiter* au-dessus de la Mémoire appuyée sur son alambic et conversant avec un homme âgé symbolisant la Vieillesse.

257 **Moïse sauvé des eaux**
3ᵉ pièce de la tenture de
l'**Ancien testament**
d'après Simon VOUET

Paris, atelier du Louvre
Vers 1630

Tapisserie, laine et soie,

7 à 8 fils de chaîne au cm. H 4,95 m ; L 5,88 m

Versement du Mobilier national, 1907. OA 6086

En 1627 le peintre Simon Vouet rentra d'Italie,
appelé par Louis XIII. Il reçut aussitôt des
commandes du Roi parmi lesquelles des modèles
pour une tenture en huit pièces de l'*Ancien
Testament*. Deux de ces pièces, dont *Moïse sauvé
des eaux*, furent tissées dans les ateliers du
Louvre, installés depuis Henri IV sous la Grande
Galerie, où travaillaient les lissiers Pierre Dubout
et Girard Laurent. Ces ateliers furent à l'origine
de la manufacture des Gobelins créée à partir de
1662. La tapisserie était destinée à décorer le palais du Louvre.

Paris, milieu du XVIIe siècle

Bâti de chêne et peuplier, placage d'ébène, bois
fruitier noirci. H 1,85 m ; L 1,58 m ; P 0,56 m
Versement du Mobilier national, 1900. OA 6629

Les "menuisiers en ébène" parisiens de la première moitié du XVIIe siècle se consacrèrent à un
type de meuble, le cabinet, pour lequel ils élabo-
rèrent une formule qui leur est propre : il présente à la partie supérieure une frise de tiroirs,
sous laquelle s'ouvrent deux grands vantaux ; l'intérieur renferme deux rangées de cinq tiroirs en-
cadrant deux petits vantaux, dissimulant une
niche ; le pied indépendant est formé par une
ceinture à tiroirs soulignée par des tabliers, qui
repose à la partie antérieure sur des colonnes, ou
des cariatides, à la partie postérieure sur des colonnes, des pilastres ou un lambris ; le décor du
placage d'ébène, sculpté ou gravé, est souvent encadré de moulures ondées. Le cabinet du Louvre,
rehaussé de statuettes en ébène et, à l'intérieur,
de colonnettes d'ivoire, appartient au groupe de
ces cabinets le plus riche.

Première moitié du XVIIe siècle **Objets d'Art**

Pour sa politique de prestige, Louis XIV ne négligea la collaboration d'aucun des aspects des arts décoratifs. En 1667, fut fondée aux Gobelins la manufacture royale des Meubles de la Couronne où s'élaboraient, sous l'inspiration de Charles Le Brun, les éléments de décor nécessaires au faste des demeures royales : tapisseries, meubles, pièces d'orfèvrerie (mobilier d'argent notamment), mosaïques de marbres. Les tapis royaux étaient exécutés à la manufacture de la Savonnerie. Au Louvre, André-Charles Boulle dominait l'ébénisterie de l'époque. L'abondance des commandes du souverain fut telle que, comme sous Napoléon, elles déterminèrent le style de l'ensemble de la production de l'époque, qui mêle des thèmes végétaux stylisés à des motifs empruntés au vocabulaire gréco-romain.

Le Louvre conserve des témoignages particulièrement spectaculaires de l'activité de cette époque. La manufacture des Gobelins est présente grâce à plusieurs tentures tissées d'après des cartons du XVIe siècle ou contemporains et par deux tables en mosaïque de marbres aux armes royales. Le mobilier d'argent de Louis XIV disparu peut être imaginé grâce à un grand miroir d'argent de style français, exécuté à Augsbourg vers 1700. De gigantesques tapis destinés au Louvre et aux Tuileries permettent d'apprécier l'art de la manufacture de la Savonnerie [262]. Dans le domaine du mobilier, où de nouveaux types de meubles apparaissent, la technique de Boulle est illustrée par de nombreuses œuvres en marqueterie de laiton et d'écaille, de corne et d'étain, qui révèlent l'importance que les ornements de bronze commencent à prendre sur les meubles. Pour le décor des meubles de menuiserie, on recourt à la dorure, l'un des plus anciens meubles dorés étant le guéridon du Louvre passé de Fouquet à Louis XIV. Les collections du Louvre rappellent enfin que celui-ci a été un grand collectionneur puisque la majeure partie de ses collections de bronzes de la Renaissance et de vases en pierres dures a été attribuée au musée sous la Révolution.

259 **Nef**

Italie, XVIᵉ siècle (pierre)
Paris, milieu du XVIIᵉ siècle
(monture)

Lapis, argent doré, or émaillé

H 0,415 m ; L 0,375 m ; P 0,185 m

Coll. de la Couronne. Entrée au Louvre en 1796.

MR 262

Le vase est formé par quatre éléments en lapis :
une nef godronnée particulièrement volumineuse,
un balustre en deux parties, une base. Les montures des vases en pierres dures étaient fréquemment modifiées en fonction de l'évolution du
goût. Ainsi la nef ne présente-t-elle plus sa monture d'origine : c'est à Paris, au milieu du
XVIIᵉ siècle, qu'elle reçut sa monture actuelle. Le
style de celle-ci mêle, comment souvent à
l'époque, le naturalisme, illustré par les guirlandes
de fleurs en or émaillé, et l'inspiration mythologique, représentée par les statuettes en argent doré (Neptune, quatre sphinx égyptiens) et par les
figures en or émaillé (tête de satyre, gueule de
requin, deux mascarons). Ce vase qui entra avant
1673 dans les collections de Louis XIV orna plus
tard la chambre de Marie-Antoinette à Versailles.

260 Chancellerie au chiffre de Louis
Boucherat

Beauvais, 1685

Tapisserie, laine et soie,

8 à 9 fils de chaîne au cm. H 3,61 m ; L 4,40 m

Versement du Mobilier national, 1902. OA 5703

Les *Chancelleries* étaient des tapisseries sur fond
bleu fleurdelisé portant les armes du Roi et les

attributs du Sceau, destinées à être remises en présent au chancelier. La tapisserie du Louvre, tissée à Beauvais, fut achetée par le roi en 1686, pour cinq mille livres et offerte à Louis Boucherat, chancelier de France de 1685 à sa mort en 1699. Son chiffre et la date de sa nomination sont visibles au milieu de la bordure inférieure.

La manufacture de Beauvais fut créée par Colbert en 1664 mais resta une entreprise privée, sous la protection du Roi. La *Chancellerie* du Louvre a été tissée d'après François Bonnemer pour la partie centrale et Jean Le Moyne de Paris pour les bordures.

261 **L'Arrivée en Afrique**
Première pièce de la tenture de
l'**Histoire de Scipion**
d'après Jules ROMAIN

Paris, manufacture des Gobelins, 1688-1689

Tapisserie, laine et soie,

8 à 9 fils de chaîne au cm. H 4,50 m ; L 5,48 m

Versement du Mobilier national, 1901. OA 5393

Après 1683, pour donner du travail aux ateliers de basse-lisse des Gobelins, sans avoir à commander de nouveaux cartons qui auraient coûté trop cher, Louvois, nouveau surintendant des Bâtiments, eut l'idée de faire recopier quelques tentures du Garde-Meuble royal. Son choix se porta sur des chefs-d'œuvres de la tapisserie bruxelloise du XVIᵉ siècle. C'est ainsi qu'une tenture de l'*Histoire de Scipion* d'après Jules Romain, exécutée pour le maréchal de Saint-André en 1550, fut recopiée en dix pièces. L'*Arrivée en Afrique* représente le moment où Scipion aperçoit la côte où il va débarquer afin de poursuivre Hannibal qu'il vaincra à la bataille de Zama. La finesse habituelle du tissage bruxellois de la Renaissance se retrouve parfaitement dans la réplique des Gobelins, qui témoigne avec splendeur de la qualité des tapisseries de la manufacture royale.

262 **Tapis de la Grande Galerie du Louvre, aux armes de France**

Paris, manufacture de la Savonnerie, vers 1670-1680

laine. 8,95 m × 5,10 m

Versement du Mobilier national, 1901

OA 5432 bis A

Installée dans une ancienne fabrique de savons à Chaillot sous le règne de Louis XIII, la manufacture de tapis de la Savonnerie prit son essor sous le règne de Louis XIV. Après la commande de 13 tapis pour la Galerie d'Apollon au Louvre, elle reçut celle de 93 autres tapis destinés à revêtir le sol de la Grande Galerie, longue de près de cinq cents mètres, que le roi faisait réaménager. Ces tapis furent tissés dans les ateliers des familles Lourdet et Dupont entre 1670 et 1689, sur des cartons de François Francart, Baudoin Yvart et Jean Le Moyne, d'après Le Brun. Ils illustrent le thème de la gloire et des vertus royales. Ces tapis ne furent malheureusement jamais mis en place ; les uns servirent pour le décor des résidences royales, d'autres pour être offerts en cadeaux diplomatiques.

André-Charles BOULLE
1642-1732

263 **Armoire**

Paris, vers 1700
Bâti de chêne et sapin, placage d'ébène,
d'écaille, de cuivre et d'étain, bronze doré
H 2,65 m ; L 1,35 m ; P 0,54 m
Coll. de la Couronne. Versement du Mobilier
national, 1870. OA 5441

Etabli au Louvre de 1672 à sa mort, Boulle n'a pas inventé le procédé de marqueterie auquel il a laissé son nom mais il sut en tirer le meilleur parti. Ce procédé consiste à découper un motif dans deux matériaux superposés d'aspect contrasté, l'un clair et l'autre sombre ; le motif obtenu dans l'un est ensuite inséré dans le fond obtenu dans l'autre. Lorsque le décor apparaît en clair sur sombre, il est dit en partie : ainsi au centre de l'armoire, où des arabesques de laiton se détachent sur un fond d'écaille. En revanche, il est dit en contrepartie lorsque les motifs de couleur foncée tranchent sur un matériau clair, comme ici à la périphérie des vantaux, où des rinceaux d'écaille se développent sur un fond de laiton. Boulle appliqua cette technique à des meubles d'une forme originale, qu'il créait, et d'un grand luxe, à cause de l'importance qu'il donna aux ornements en bronze doré. Les encadrements en ébène rappellent les meubles de l'époque précédente.

264 Table

Paris, début du XVIIIe siècle
Noyer doré, marbre portor
H 0,86 m ; L 2,00 m ; P 0,87 m
Versement du Mobilier national, 1901. OA 5049

L'usage du mobilier en bois doré (tables, sièges) se répandit dans la seconde moitié du XVIIe siècle. Cette table reflète le style des ornemanistes de la fin du règne de Louis XIV. Elle portait les armoiries de la famille Malon de Bercy (d'azur à 3 canettes d'or posées 2 et 1) sous une couronne de marquis. Elle provient en effet du château de Bercy (dans la zone est de Paris). Au début du XVIIIe siècle, à l'époque où elle fut exécutée, le propriétaire du château, Charles-Henri de Malon de Bercy (1678-1742), intendant des finances, gendre du contrôleur général des finances Desmaretz et petit-neveu de Colbert, y fit de grands travaux sous la direction de l'architecte Jacques de La Guêpière ; le décor intérieur fut modernisé en 1713-1714 par l'équipe de sculpteurs sur bois qui travaillait pour les Bâtiments du Roi.

Triomphe de la ligne courbe dans les formes, de l'asymétrie dans le décor inspiré par l'art des jardins (rocaille, treillage, fleurs), les formules du style Louis XV, dont maints éléments étaient apparus dans les dernières créations élaborées pour Louis XIV, eurent un succès universel et durable. Des ornemanistes (Meissonier, Pineau, les Slodtz), des artistes (Boucher, Cressent), des marchands merciers (Hébert, Duvaux), stimulés par des mécènes comme Mme de Pompadour, réussirent à fournir sans cesse de nouveaux modèles aux différentes branches des arts décoratifs.

Dans le mobilier étaient créés des types de meubles de plus en plus diversifiés. Un instant démodée, au début du règne de Louis XV, la marqueterie réapparut. Mais l'ébénisterie ne recourait plus seulement au bois et au bronze ; elle utilisait aussi la laque et la porcelaine. Le bronze doré servait à de multiples emplois. Les orfèvres parisiens travaillaient pour toutes les cours d'Europe, tandis que les bijoutiers couvraient tabatières et montres de matériaux polychromes : émail, écaille, porcelaine, pierres dures. La faïence de grand feu, que Rouen et Moustiers portèrent à son apogée, allait décliner à partir du milieu du siècle quand fut mise au point, à Strasbourg et Marseille, la technique de la faïence de petit feu, permettant une palette plus diversifiée. Parallèlement, s'imposait la nouvelle technique de la porcelaine, dans laquelle brillait spécialement la manufacture de Vincennes, transférée à Sèvres en 1756.

Chez certains amateurs (Caylus, Marigny) ou architectes (Blondel, Soufflot), se manifesta cependant une certaine lassitude à l'égard du style "rocaille". Ce courant d'opposition, de plus en plus vigoureux à partir de 1760, aboutit à la création du style grec ou Transition, qui reflétait à la fois l'influence de l'Antiquité et celle de l'art louis-quatorzien. Les formes devinrent rectilignes et architecturales, tandis que le décor, archéologique, consistait en postes, grecques, vases, masques, rinceaux, tores de laurier. Les meubles exécutés par

Leleu [278] pour le prince de Condé constituent un excellent exemple de cette réaction qui allait donner naissance au style Louis XVI.

265 Le Régent

Diamant, 140,64 carats métriques
Coll. des Diamants de la Couronne. MV 1017

Maintenant dépassé en poids par d'autre diamants célèbres, le *Régent*, grâce à son eau exceptionnellement transparente et à sa taille parfaite, reste considéré comme le plus beau diamant du monde. Découvert en Inde en 1698, il fut acquis en 1702 par Thomas Pitt, gouverneur de Madras, qui l'envoya en Angleterre où il fut taillé. En 1717, le Régent l'acheta pour la Couronne de France à Pitt. Il orna d'abord le bandeau de la couronne, en argent doré, du sacre de Louis XV (Louvre), en 1722, puis celui de la couronne de Louis XVI, en 1775. Il servit ensuite sur la garde de l'épée du Premier Consul (Fontainebleau, Musée Napoléon Ier), en 1801, puis sur le glaive de l'Empereur, en 1812. Il figura sur la couronne du sacre de Charles X (1825), et, sous le Second Empire, sur le "diadème à la grecque" de l'impératrice Eugénie.

Louis XV   **Objets d'Art**

Daniel GOVAERS ou GOUERS
1717-avant 1754

266 Tabatière

Paris, 1725-1726
Or émaillé, écaille piquée, miniatures, diamants
H 3 cm ; L 8,5 cm ; P 6,5 cm
Don anonyme, 1978. OA 10670

Les souverains français, à partir de Louis XV, prirent l'habitude d'offrir, notamment à des diplomates étrangers, des boîtes ornées de leurs portraits et enrichies de pierres précieuses. Govaers fut l'un des fournisseurs de Louis XV dans ce domaine. Cette tabatière, la plus ancienne de l'abondante collection du Louvre, fut donnée par le Roi le 3 février 1726 au baron Cornelis Hop, ambassadeur de Hollande (1685-1762). Le couvercle et le dessous sont en écaille piquée d'or, les côtés sont en or émaillé. Au revers du couvercle, deux miniatures attribuées à Jean-Baptiste Massé, d'après Jean-Baptiste Van Loo, représentent le jeune Louis XV et la reine Marie Leczinska, mariée en 1725.

Henri-Nicolas COUSINET
† *vers 1768*

267 **Nécessaire de la reine Marie Leczinska :**
chocolatière et son réchaud

Paris, 1729-1730

Argent doré, ébène. Chocolatière : H 19,4 cm

Support de la chocolatière : H 12 cm

Réchaud : H 4,5 cm

Don de la Société des Amis du Louvre

avec le concours de M Stavros S Niarchos, 1955.

OA 9598

Ce nécessaire, dont les pièces portaient les armes de la reine Marie Leczinska, maintenant effacées, fut vraisemblablement exécuté à l'occasion de la naissance du Dauphin, venu au monde, après trois filles, en 1729. Le thème du dauphin apparaît en effet à plusieurs reprises sur ces objets. Mais ils témoignent aussi de l'apparition, dans l'art officiel, du style rocaille, que manifestent d'autres éléments du décor : roseaux, vagues, coquillages, cartouches et agrafes dissymétriques, fleurs. La ciselure de ces motifs rend bien compte de la qualité de l'orfèvrerie parisienne et en particulier du talent de Cousinet, qui portera plus tard le titre de sculpteur du prince de Condé.

268 L'Hiver

Rouen, vers 1740

Faïence à décor au "grand feu"

H 2,09 m ; L 0,60 m

Acq. 1882. OA 2611

Ce buste fait partie d'une série des quatre saisons. Une figure d'Apollon, maintenant conservée au Victoria & Albert Museum de Londres aurait, à l'origine, complété cet ensemble.

Bien que ne portant pas de signature, ce véritable morceau de sculpture peut être attribué à la manufacture rouennaise de Nicolas Fouquay. Le décor, quant à lui, est très proche d'œuvres signées du peintre Pierre Chapelle.

Charles CRESSENT
1685-1768

269 Cartel :
l'Amour vainqueur du Temps

Paris, vers 1740

Bronze doré, marqueterie de laiton et d'écaille

H 1,40 m ; L 0,50 m

Coll. de la Couronne. Versement de la Cour de Cassation, 1953. OA 9586

Ébéniste, mais sculpteur de formation, Cressent attachait beaucoup d'importance aux bronzes de ses meubles. Il en créait les modèles et en surveillait l'exécution. Leur qualité est particulièrement impressionnante sur ce cartel, où l'ébénisterie est réduite aux panneaux en marqueterie Boulle des côtés. L'Amour domine la composition, représentative du style rocaille par son asymétrie. Cressent, qui dut à trois reprises vendre son fonds de commerce, proposait un cartel de ce type dans sa vente de 1749. Le présent exemplaire provient des collections royales. Cadran et mouvement sont signés par Nicolas Gourdain, reçu maître horloger à Paris en 1724 et mort en 1753.

270 Cartel

Manufacture de Paul Hannong
Strasbourg, vers 1750

Faïence à décor au "petit feu"

H 1,12 m ; L 0,45 m

Legs comte Isaac de Camondo, 1911. OA 6568

Vers le milieu du XVIIIe siècle la concurrence des manufactures de porcelaine obligea les faïenciers à adopter des techniques nouvelles. L'utilisation du décor au "petit feu", notamment, se caractérisant par la cuisson successive de divers oxydes métalliques à basse température sur émail déjà cuit, permit d'élargir considérablement la gamme des couleurs. Ce cartel, très certainement une œuvre de la manufacture strasbourgeoise de Paul Hannong, montre l'apothéose de la technique du "petit feu", associée à une forme extrêmement complexe, peut-être inspirée d'un modèle de l'ébéniste parisien Ch. Cressent **269**.

Jacques DUBOIS
vers 1693-1763

271 Bureau plat du château du Raincy

Paris, milieu du XVIIIe siècle

Bâti de chêne, sapin et bois fruitier, laque, vernis noir, bronze doré, cuir

H 0,81 m ; L 1,87 m ; P 1,02 m

Château du Raincy, saisie révolutionnaire.
Versement du ministère de la Justice, 1907.
OA 6083

Ce bureau ornait, avant la Révolution, le château du Raincy (Seine-Saint-Denis), appartenant au duc d'Orléans. Il porte l'estampille de Jacques Dubois, ébéniste établi faubourg Saint-Antoine, dont l'atelier fournit, parallèlement à une production courante, certains des meubles les plus luxueux du XVIIIe siècle. Celui-ci représente au mieux le goût des meubles en laque, inspiré par les grands marchands merciers parisiens : ils

eurent l'idée, à partir des années 1730, de faire exécuter des meubles qui étaient ornés de panneaux de laque provenant d'objets importés d'Extrême-Orient (coffrets, cabinets, paravents). La ceinture du bureau est décorée de laques représentant des paysages, les encadrements et les pieds étant en vernis noir.

272 Naïade

Manufacture royale de porcelaine de Vincennes, 1756

Porcelaine tendre, bronze doré. H 0,26 m

Legs Mme Adolphe Thiers, 1880. TH 693

La *Naïade*, plus connue sous le nom qui lui fut donné au XIXe siècle de la *Source* est, sans doute, la figure la plus importante qui fut produite à la manufacture royale de porcelaine de Vincennes. Cet exemplaire est daté de 1756, l'année même du transfert définitif de la manufacture à Sèvres. L'auteur du modèle n'est pas connu ; l'on sait, en revanche, que le beau décor peint est dû à Ch-N Dodin, un des artistes les plus prolifiques de la Manufacture. Le marchand mercier Lazare Duvaux acheta la *Naïade* en 1757 puis la revendit

peu après à son confrère Hébert. C'est sans doute
à ce dernier que l'on doit l'extraordinaire monture en bronze.

François-Thomas GERMAIN
1726-1791

273 Feu

Paris, 1757
Bronze doré. H 0,59 m ; L 0,60 m ; P 0,45 m
Acq. 1935. OA 8278

Ce feu porte en toutes lettres la signature de l'orfèvre François-Thomas Germain qui, après la
mort de son père, Thomas Germain, en 1748,
conserva les privilèges dont jouissait celui-ci : titre
de sculpteur orfèvre du Roi et logement au
Louvre. Ceci le rendait indépendant du contrôle
corporatif et lui permit de ne pas produire uniquement des objets d'orfèvrerie. Ainsi lui doit-on
plusieurs ensembles en bronze doré très importants : la cheminée du palais Bernstorff de
Copenhague (1756), les bras de lumière du
J-P Getty Museum (1756) et ce feu. La volute
rappelle encore le style rocaille, mais la cassolette,
le trépied et la draperie marquent précocement
l'avènement du style dit "grec" à l'époque, première phase du néo-classicisme.

François-Thomas GERMAIN
1726-1791

274 Surtout de Joseph Ier de
Portugal

Paris, 1758
Argent fondu et ciselé
H 0,475 m ; L 0,573 m ; P 0,536 m
Acq. 1983. OA 10923

Germain fournit des pièces d'orfèvrerie tant à
Louis XV qu'à divers souverains étrangers, tel

Joseph Ier du Portugal (1714-1777) pour lequel il exécuta, de 1756 à 1765, plusieurs services et notamment ce surtout. A l'origine les surtouts, qui apparurent à la fin du règne de Louis XIV, étaient des objets utilitaires, chargés d'accessoires nécessaires à la table (salières, huiliers, luminaire). Le surtout de Joseph Ier est, au contraire, purement décoratif. Cette scène de genre, d'une éblouissante qualité d'exécution, repose sur un socle orné de cannelures, rappelant que Germain fut l'un des précurseurs du néo-classicisme. Au XIXe siècle, une partie de l'orfèvrerie de la cour de Portugal, dont le surtout, échut à l'empereur Pierre Ier du Brésil, qui fit apposer son monogramme.

Edme-Pierre Balzac
1705-après 1781

275 **Seau à bouteille du service du duc de Penthièvre**

Paris, 1759-1760

Argent fondu et ciselé

H 0,245 m ; ⌀ 0,235 m ; L 0,285 m

La paire est conservée. Acq. 1987. OA 11117

Ce seau fait partie d'un service célèbre dont huit éléments figurent au Louvre. Il appartint au XVIIIe siècle à Louis-Jean-Marie de Bourbon, duc de Penthièvre (1725-1793), petit-fils de Louis XIV et de Mme de Montespan, puis au XIXe siècle à son petit-fils, le duc d'Orléans, futur roi Louis-Philippe (1773-1850), qui fit ajouter ses armes sur chaque pièce. Ce service comprend chronologiquement deux séries d'objets : la plus ancienne fut exécutée par Thomas Germain vers 1730 ; la seconde, commandée une trentaine d'années plus tard, dans un style encore rocaille pour s'assortir à la première, est due à deux autres grands orfèvres, Balzac et Antoine-Sébastien Durand.

276 Pot-pourri "vaisseau"
de Mme de Pompadour

*Manufacture royale de porcelaine
de Sèvres, 1760*

Porcelaine tendre. H 0,37 m ; L 0,35 m

Acq. 1984. OA 10965

La forme de ce pot-pourri évoque les nefs d'orfèvrerie des tables royales. On en doit certainement
le dessin à l'orfèvre J-Cl Duplessis, responsable
des modèles à la manufacture de Sèvres. Le rare
fond rose s'ouvre sur un cartel entouré de palmes
vertes dans lequel est peinte une scène de chinoi-
serie, œuvre du peintre Ch-N Dodin.
Acheté par Mme de Pompadour en 1760, ce pot-
pourri "vaisseau" se trouvait, à la mort de cette
dernière en 1764, sur la cheminée de la chambre
de son hôtel parisien, l'actuel palais de l'Elysée.

277 L'Amour et Psyché
d'après François BOUCHER

*Paris, manufacture des Gobelins
Vers 1770*

Tapisserie, laine et soie,

10 à 11 fils de chaîne au cm. H 4,25 m ; L 3,80 m

Palais Bourbon, 4ᵉ pièce de la tenture d'alcôve

de la chambre à coucher de la duchesse de

Bourbon. Coll. de la Couronne, 1825

Versement du Mobilier national, 1901. OA 5118

Cette tapisserie appartient à une tenture en
quatre pièces, célébrant les *Amours des dieux*, tis-

sées aux Gobelins dans l'atelier de basse lisse de Jacques Neilson. François Boucher, qui exerçait la fonction de directeur artistique de la manufacture des Gobelins en tant que superinspecteur de 1755 à sa mort en 1770, est l'auteur des modèles des scènes centrales qui simulent un tableau accroché sur un mur. L'alentour à fond cramoisi a été tissé d'après des modèles de Maurice Jacques. La collaboration des deux artistes est à l'origine de nombreuses tentures, sur le thème des *Amours des dieux*, qui furent considérés comme les plus réussies et les plus spectaculaires des productions de la Manufacture.

Jean-François LELEU
1729-1807

278 **Commode du prince de Condé**

Paris, 1772

Bâti de chêne, placage d'amarante, marqueterie
de bois divers, bronze doré, marbre brèche
rouge. H 0,88 m ; L 1,17 m ; P 0,56 m
Acq. 1953. OA 9589

Louis-Joseph de Bourbon, prince de Condé (1736-1818), acheta le Palais Bourbon en 1764 et, dans les années suivantes, confia le soin de son embellissement à des architectes novateurs. De 1772 à 1776, on demanda à Leleu pour cette demeure de très nombreux meubles d'ébénisterie (Wallace Collection, Petit Trianon), dont cette commode, livrée en 1772 et destinée à la chambre à coucher du prince. Par son aspect architectural et son décor de bronze gréco-romain, elle est très caractéristique du mobilier de style "grec", qui s'imposa dans les années 1760. La marqueterie éblouissante rappelle que Leleu travailla dans l'atelier du grand marqueteur Jean-François Oeben, lui-même ancien apprenti du plus jeune fils d'André-Charles Boulle au Louvre.

Louis XVI

Sous Louis XVI, le décor intérieur, le mobilier et les objets d'art suscitaient de plus en plus d'intérêt. Dans la production, la qualité du travail croissait parallèlement à la variété de l'inspiration. Des architectes et ornemanistes (Gondoin, Belanger, Dugourc) fournissaient aux grands amateurs de l'époque des projets d'une grande fantaisie, que traduisaient, sous la direction des marchands merciers Poirier et Daguerre, ou Darnault frères, des ébénistes comme Riesener et Carlin, des fondeurs comme Gouthière et Thomire.

Sur des formes plus gracieuses qu'à l'époque du style grec, le décor associait à des motifs antiques et à des rinceaux ou "arabesques", des thèmes plus figuratifs, fleurs et trophées. Certaines créations se voulant turques ou chinoises présentaient un aspect naïvement exotique. L'importance des étoffes et de la passementerie devenait telle qu'elles fournissaient des thèmes dans tous les domaines. Les matériaux se multipliaient. Tandis que la marqueterie Boulle revenait à la mode, on n'hésitait pas à exécuter des meubles en placage de nacre, en mosaïque de marbres ou presque tout en métal comme la table de Weisweiler [281]. L'acajou se répandait. En céramique, s'affirmaient de nouvelles techniques: porcelaine dure, faïence fine.

Les ensembles du Louvre, comme les vases du duc d'Aumont, le mobilier en laque de Bellevue, les meubles de Riesener pour Marie-Antoinette aux Tuileries, les sièges de Jacob et Sené destinés au château de Saint-Cloud, sont particulièrement représentatifs des recherches en cours à la veille de la Révolution.

Robert-Joseph AUGUSTE
1723-1805

279 Service du roi George III
d'Angleterre

Paris, 1776-1785
Argent fondu et ciselé
Acq. 1976. OA 10602-10624

R-J Auguste, dont l'atelier sera brillamment repris par son fils Henri, fournisseur de Napoléon, exécuta pour la cour de France, sous Louis XVI, nombre de pièces maintenant disparues, que l'ensemble du Louvre permet d'évoquer. Cette partie de service, portant le monogramme de George III d'Angleterre (1738-1820), comprend un échantillonnage des différents types d'objets en usage sur la table au XVIIIe siècle : pots-à-oille, cloches, plats, seaux à verre à bord crénelé, huiliers, moutardiers, chandeliers. La grâce des figures en ronde bosse (couples d'enfants sur les pots-à-oille, termes féminins et amours sur les chandeliers) compense la sévérité des motifs antiquisants.

Georges JACOB
1739-1814

280 Fauteuil du cabinet turc du
comte d'Artois au Temple

Paris, 1777
Noyer doré. H 0,94 m ; L 0,70 m ; P 0,76 m
Legs baronne Gourgaud, 1965. OA 9987

Sous Louis XVI, la mode des "cabinets turcs", évoquant un Orient imaginaire, dut beaucoup au frère du Roi, le comte d'Artois, futur Charles X (1757-1836). Il disposait à Paris du palais prieural du Temple où il fit aménager un "cabinet turc" par l'architecte Etienne-Louis Boullée dès 1776-1777. Les sièges, d'une grande fantaisie, qui sont l'un des premiers ensembles exécutés par Jacob

Louis XVI **Objets d'Art**

pour la famille royale, comprenaient deux "sul-
tanes" (divans), deux fauteuils, dont celui-ci, et
quatre chaises, qui étaient à l'origine peints en
blanc et couverts d'un lampas jaune, gris et
blanc. Les lignes audacieuses de ce mobilier préfi-
gurent celles des sièges de l'époque Empire.

Adam WEISWEILER
1744-1820

**281 Table à écrire de la reine
Marie-Antoinette**

Paris, 1784

Bâti de chêne, placage d'ébène, laque, nacre,
acier, bronze doré. H 0,82 m ; L 0,47 m ; P 0,44 m
Coll. de la Couronne. Versement du Mobilier
national, 1901. OA 5509

Le célèbre marchand mercier de la rue Saint-Honoré, Dominique Daguerre, livra en 1784 au Garde-Meuble cette table à écrire qui porte l'estampille de l'ébéniste Weisweiler, reçu maître en 1778. A l'extérieur, l'ébénisterie ne joue en fait qu'un rôle mineur sur ce meuble, déjà moderne par ses matériaux puisque les côtés sont en acier, et les pieds en bronze. Le dessus est formé par trois panneaux de laque, le panneau central pouvant s'élever pour former un pupitre. Mais l'art de Weisweiler apparaît dans l'entretoise, dont le dessin porte son style, et dans le décor raffiné des tiroirs, plaqués à l'intérieur d'une mosaïque de losanges. La table se trouvait en 1789 dans le cabinet intérieur de Marie-Antoinette au château de Saint-Cloud.

Charles OUIZILLE
1744-1830

282 **Cassolette de la reine Marie-Antoinette**

Paris, 1784-1785

Or, agate, jaspe sanguin, miniatures
H 0,275 m ; L 0,120 m ; P 0,092 m
Acq. 1982. OA 10907

La cassolette en agate repose sur un socle de plan carré en jaspe sanguin, orné de quatre miniatures imitant des camées, signées par le peintre Jacques-Joseph De Gault. La monture en or est due au bijoutier Ouizille, l'un des fournisseurs de la reine Marie-Antoinette.

Cette pièce d'une extraordinaire préciosité, qui témoigne du goût de la Reine pour les pierres dures, faisait partie de sa collection personnelle d'objets d'art, à Versailles. Lorsqu'elle eut quitté le château en octobre 1789, elle les confia au marchand mercier Dominique Daguerre qui les conserva jusqu'à la mort de la Reine.

Georges JACOB
1739-1814

**283 Fauteuil du Salon des Jeux
du château de Saint-Cloud**

Paris, 1787-1788

Noyer doré. H 1,01 m ; L 0,75 m ; P 0,64 m

La paire est conservée. Acq. 1948. OA 9449

Le duc d'Orléans vendit à Louis XVI en 1785 le
château de Saint-Cloud pour lequel de somptueux
meubles furent livrés dans les dernières années de
l'Ancien Régime. Jacob fournit le mobilier du
Salon des Jeux, maintenant dispersé, qui comprenait deux canapés, deux bergères, vingt-deux fauteuils dont seize "meublants, à la Reine" (c'est-à-
dire à dossier droit, comme celui-ci) et six "courants, en cabriolet" (à dossier incurvé), vingt-
quatre chaises, six voyeuses, quatre tabourets, un
écran et un paravent. L'ensemble était garni
d'une soie fournie par le fabricant lyonnais
Pernon, à décor de rosiers, dont le modèle a survécu, ce qui a permis de le faire tisser de nouveau pour les fauteuils du Louvre et de leur
rendre ainsi leur aspect d'origine.

Empire

Sous l'Empire (1804-1815), les industries de luxe bénéficient de la stabilité du régime, de la prospérité et surtout des encouragements prodigués par Napoléon, par le biais de commandes et d'achats, et par l'organisation des expositions des produits de l'industrie. Un style d'une homogénéité remarquable se développe dans tout l'Empire.

Les collections du Louvre rassemblent des meubles provenant des diverses résidences impériales. Ils sont tout à fait représentatifs du style imposant, un peu sévère, qui prévaut ; en bois doré ou en acajou, de lignes rigides, ils sont agrémentés de bronzes d'une extrême qualité. Beaucoup sont l'œuvre du fils de Georges Jacob, Jacob-Desmalter, qui pourvoit abondamment le mobilier impérial. Travaillant parfois en association avec lui, le bronzier Pierre-Philippe Thomire est également l'un des principaux fournisseurs de Napoléon Ier.

Renouant avec les traditions fastueuses et le cérémonial de cour d'Ancien Régime, l'Empereur commande de somptueux services de porcelaine ou d'orfèvrerie. Le Louvre présente un éventail caractéristique des productions de Biennais (1764-1843), orfèvre personnel de l'Empereur.

La manufacture de Sèvres, dans un double but de prestige et de promotion de l'industrie nationale, exécute des pièces destinées à l'usage de la Cour ou à des cadeaux officiels.

François-Honoré-Georges
JACOB-DESMALTER
1770-1841

284 **Armoire à bijoux
de l'impératrice Joséphine**

Paris, 1809

Bâti de chêne, placage d'if des Îles
et d'amarante, nacre, bronze doré

H 2,75 m ; L 2 m ; P 0,60 m

Dépôt du Musée national du château de
Fontainebleau, 1964. OA 10246

Jacob-Desmalter, principal fournisseur du Mobilier impérial, livre en 1809 sa plus précieuse commande, le serre-bijoux destiné à la grande chambre à coucher de l'impératrice Joséphine aux Tuileries (et bientôt utilisé par Marie-Louise). Ce meuble d'allure imposante, dessiné par l'architecte Charles Percier, est enrichi d'abondants ornements en bronze : au centre, la "Naissance de la Reine de la terre à qui les Amours et les Déesses s'empressent de venir apporter leurs offrandes" par P-Ph Thomire, d'après le sculpteur Chaudet. Le "grand écrin" dut être complété par Jacob-Desmalter, en 1812, par deux meubles plus petits de même style mais en bois indigènes.

Martin-Guillaume BIENNAIS
1764-1843

285 **Théière, boîte à thé, pot-à-lait
du service à thé de Napoléon Ier**

Paris, 1809-1810

Argent doré. Théière : H 0,18 m ; L 0,32 m

Boîte à thé : H 0,145 m ; L 0,155 m

Pot-à-lait : H 0,27 m ; ⌀ 0,11 m

Don de la Société des Amis du Louvre, 1952.
OA 9537 (2, 4, 5)

Peu après son mariage avec Marie-Louise d'Autriche, en 1810, Napoléon Ier commanda à son orfèvre Biennais un prestigieux service à thé de 28 pièces, dont la moitié est actuellement conservée au Musée du Louvre. Formes et décor (ce dernier fourni par l'architecte Percier) sont d'inspiration antique : forme dite "étrusque" de la théière, frises de palmettes et feuilles d'eau, figures ailées, reproduction de la fresque augustéenne, les "Noces aldobrandines", sur la boîte à thé. Le style est tout à fait représentatif de l'abondante production de Biennais, d'une homogénéité remarquable : forme ovoïde du pot-à-lait, larges bandeaux à motifs ciselés sur fond amati.

286 Vase fuseau de Madame Mère

Manufacture impériale de
porcelaine de Sèvres, 1811

Porcelaine dure et bronze doré
H 1,07 m ; L 0,36 m ; ⌀ 0,33 m
Don de Mme Maria Teresa Castro de Polo, 1986.
OA 11056

Le baptême du roi de Rome, le 10 juin 1811, fut l'occasion pour l'Empereur d'offrir un grand nombre de présents de porcelaine de Sèvres. Le spectaculaire vase fuseau du musée du Louvre fut destiné à Mme Mère, marraine du nouveau-né. Sur le précieux fond écaille se détache le portrait de l'Empereur franchissant le Mont-Saint-Bernard peint par J Georget, d'après le célèbre tableau de David.

Restauration

L'avènement de Louis XVIII (1815-1824) ne marque pas de réelle rupture dans le domaine des arts décoratifs. Le roi, économe, s'installe dans les appartements de Napoléon Iᵉʳ, se contentant de faire effacer les symboles impériaux. La cour est d'ailleurs assez austère, et seule la duchesse de Berry exerce un véritable mécénat.

Charles X (1824-1830) se montre plus exigeant ; ainsi il commande à Brion un lit de parade en bois doré et sculpté.

Cette époque est essentiellement représentée par des porcelaines et des bronzes, dans les collections du musée du Louvre. Le biscuit, dans la tradition du XVIIIᵉ siècle, permet de multiplier statues et bustes des membres de la famille royale. Sur les porcelaines de Sèvres ou de Paris, triomphent des décors peints conçus comme des tableaux miniatures.

Paul-Nicolas MENIÈRE *1745-1826*
Evrard BAPST *1771-1842*

287 Paire de bracelets de la duchesse d'Angoulême

Paris, 1816

Or, rubis, diamants. L 18 cm ; I 7,6 cm

Legs Claude Menier, 1974. OA 10576

Cette paire de bracelets fait partie d'une parure qui comprenait également un diadème, un collier, un peigne, des boucles d'oreilles, une ceinture et trois agrafes. Les rubis et diamants provenaient d'une première parure qui avait été exécutée en 1811 pour la maison Nitot pour l'impératrice Marie-Louise. A son avènement, Louis XVIII fit démonter et mettre au goût du jour les bijoux impériaux. Ainsi Menière remonta en 1816, sur des dessins de son gendre Evrard Bapst, les rubis et brillants de Marie-Louise à l'intention de la duchesse d'Angoulême. La duchesse de Berry et l'impératrice Eugénie portèrent aussi cet ensemble.

[288] Coffret de la tabatière du Roi

Manufacture royale de porcelaine de Sèvres, 1819

Porcelaine dure, argent doré

H 0,20 m ; L 0,35 m ; P. 0,25 m

Provient du musée des Souverains. MS 214

Ce coffret était destiné à contenir la tabatière de Louis XVIII ainsi qu'une collection de petites plaques de porcelaine ovales qu'on pouvait adapter sur le couvercle de cette dernière.

Le peintre Béranger est l'auteur du spectaculaire tableau en imitation de camée ornant la face supérieure. Le sujet représente, selon les termes du catalogues de l'exposition des produits des manufactures royales où le coffret fut exposé en 1820, "Cybèle (la terre), Vulcain (le feu), et Pluton (les métaux), offrant à la peinture les matières et les moyens propres à exercer son art sur la porcelaine, et à en rendre les produits inaltérables". Ce choix iconographique illustre les théories d'A Brongniart, le directeur de la Manufacture, qui voyait en la transposition sur porcelaine des tableaux à support de toile le moyen d'en fixer définitivement les couleurs.

Louis-Philippe

Sous Louis-Philippe (1830-1848), l'inspiration se diversifie et se renouvelle. C'est dans l'étude des styles antérieurs que les artistes trouvent leurs sources, ainsi naît tout un éventail de tendances : le néo-gothique, le néo-Renaissance, le néo-Louis XV. Cet éclectisme affecte toutes les techniques. Des ornemanistes tels que Chenavard ou Liénard, des sculpteurs tels que Feuchère, des orfèvres tels que Froment-Meurice sont à la tête de ce mouvement. La contribution des sculpteurs est particulièrement importante, renforçant le goût des figurines en ronde-bosse et des formes plastiques. Le retour au passé conduit à ressusciter certaines techniques un peu délaissées comme le nielle, l'émail ou le métal repoussé.

289 **Déjeuner chinois réticulé de la reine Marie-Amélie**

Manufacture royale de porcelaine de Sèvres, 1840

Porcelaine dure. H 0,295 m ; ⌀ 0,50 m

Don de M. Jean-Marie Rossi, 1987

OA 11098-11111

Le goût de l'exotisme, si caractéristique du règne de Louis-Philippe, est évident sur ce déjeuner qui est une libre interprétation des modèles chinois adaptés aux besoins occidentaux. Un des aspects les plus notables de cet emprunt à la Chine est la technique du réticulé consistant à doter la pièce d'une double paroi, la paroi externe étant découpée à jour.

Le premier déjeuner chinois réticulé complet, c'est-à-dire pourvu de son plateau, fut présenté à l'exposition des produits des manufactures royales de 1835. La reine Marie-Amélie sembla apprécier tout particulièrement ce type de déjeuner puisqu'elle s'en fit livrer à plusieurs reprises. L'exemplaire du musée du Louvre lui fut offert le 1er mars 1840.

François-Désiré
FROMENT-MEURICE
1802-1855

290 **Vase Feuchères**

Paris, 1843

Argent doré, malachite. H 0,60 m

Don de la baronne de Feuchères, 1891. OA 3253

En 1843, la Ville de Paris, dont Froment-Meurice a été nommé grand argentier, commande à ce dernier deux grands vases en argent doré ; celui-ci est destiné au général baron de Feuchères en remerciement de son généreux don aux hospices civils de Paris. Le vase, commande officielle, est encore d'esprit néo-classique, contrairement à la coupe des Vendanges présentée à la même exposition des produits de l'industrie, en 1844, ce qui témoigne de la diversité d'inspiration de Froment-Meurice. Deux figurines en argent fondu, finement ciselées, le génie de la Guerre et la Charité, servent d'anses, et un médaillon en malachite de Pradier avec le profil du baron orne la panse.

Louis-Philippe **Objets d'Art**

Sculptures

Introduction

Quand le Muséum ouvre, seuls les *Esclaves* [347] de Michel-Ange dans la Galerie d'Apollon, représentent la sculpture dite "moderne". Ce n'est qu'en 1824 que la Galerie d'Angoulême, au rez-de-chaussée de la cour carrée, expose des sculptures depuis la Renaissance jusqu'aux contemporains.

Ces collections sont héritières des palais royaux, de l'Académie de Peinture et de Sculpture et du musée des Monuments français, constitué sous la Révolution par Alexandre Lenoir. Des premiers, le Louvre a reçu des épaves du décor des parcs, dont celui de Marly, et des collections de bronze ; de la seconde, la belle série des morceaux de réception qui forme un panorama complet de l'évolution artistique de Louis XIV à la Révolution ; et du troisième, des statues, tombeaux surtout, sauvés lors de la tourmente révolutionnaire dans les églises et sur les places.

Petit à petit, les salles se garnissent. Au début du XIXe siècle, les commandes aux artistes fournissent le fonds néo-classique et romantique. Mais il faut attendre 1850 pour qu'entre au Louvre à titre onéreux la première statue médiévale, et 1876, la première œuvre italienne (porte du palais Stanga). C'est à cette époque (1871) que le département des Sculptures prend son autonomie par rapport aux Objets d'art. Alors que le musée du Luxembourg draîne la production contemporaine, le département des Sculptures, grâce à de belles donations, Campana, Davillier, Piot, Arconati-Visconti, Schlichting, Zoubaloff, accroît ses collections. S'y ajoute une politique active d'acquisition, et de mise en dépôt de la part d'institutions compréhensives, château de Versailles, Monuments historiques, Ecole des Beaux-Arts.

L'installation au Pavillon des Etats en 1932, permit une présentation des œuvres du Moyen-Âge au XVIIe siècle. Mais c'est seulement en 1969 et 1971 que la plus grande partie des collections (un millier d'objets) put être exposée, grâce à l'aménagement du Pavillon de Flore.

France romane

La présentation de la sculpture française débute par les divers ateliers de l'art roman. Ce vaste renouveau de la sculpture suit la renaissance de la culture, parallèle au développement du pouvoir royal, à la réorganisation féodale, à la ferveur religieuse qui suit la réforme grégorienne, à la multiplication des réseaux commerciaux et au grand mouvement des défrichements, des nouvelles fondations de villages et de l'organisation communale. La renaissance religieuse, animée par les nouvelles formes de monachisme, protégée par les pouvoirs manifeste dans la reconstruction et l'embellissement des grandes abbayes et des grands sanctuaires de pèlerinages, Conques, Autun, Vézelay, Toulouse, Saint-Gilles. De ces hauts lieux, l'influence des ateliers se reflète largement sur les prieurés et les paroisses.

La sculpture romane, essentiellement religieuse, s'applique surtout à l'architecture : les vastes tympans historiés accueillent le pèlerin ; les nefs et cloîtres s'ornent de chapiteaux et de reliefs. En revanche, rares sont les statues isolées ; de matériaux précieux ou de bois polychromes, elles ont rarement pu traverser les siècles.

Faute de pouvoir rivaliser avec les grands centres de l'art roman, le département des Sculptures offre un panorama rapide ; chapiteaux du Roussillon, de l'Ile-de-France (*Daniel entre les lions* **291**), du Poitou et de Bourgogne, relief rhodanien, pierre tombale, porte au tympan floral du prieuré d'Estragel. Trois sculptures en bois polychrome, la *Vierge en majesté* **293**, le *Christ Courajod* **292** et la *Tête du Christ* provenant de Lavaudieu sont de rares exemples de dévotion.

291 Daniel entre les lions

Paris, VIᵉ et fin du XIᵉ siècle

Chapiteau, marbre

H 0,50 m ; L 0,53 4m ; P 0,48 4m

Entré au Louvre en 1881. RF 457

Ce chapiteau résume une longue période de l'histoire parisienne. Au revers, on reconnaît les feuillages d'acanthes d'un chapiteau corinthien, taillé
pour la basilique des Saints-Apôtres, fondée par
Clovis et Clotilde après la victoire de Vouillé
(507). Après la destruction de cette église par les
Normands en 857, le chapiteau fut remployé dans
la nouvelle église dédiée à Saint-Geneviève, lors
de sa reconstruction, contemporaine de l'élaboration de l'art roman. La structure architectonique
du chapiteau est bien visible, renforcée par les
volutes qui forment les angles de la corbeille. La
composition, formée de la figure du prophète
Daniel, assis méditatif entre deux lions, obéit à
cette loi du cadre : la tête sous la rosette d'axe,
celles des lions sous les volutes. Le graphisme des
plis et des boucles des crinières coexiste avec une
mise en volume savante de la figure principale
qui se détache fortement du fond incurvé.

292 Christ de la Descente de croix

*Bourgogne, deuxième quart du
XIIᵉ siècle*

Statue, bois avec traces de dorure et de

polychromie. H 1,55 m ; L 1,68 m ; P 0,30 m

Don Louis Courajod, 1895. RF 1082

Les bois polychromes romans sont rares en
France. Mais par comparaison avec la Catalogne
et l'Italie, on peut déduire que ce Christ mort, au
bras droit décloué de la croix, faisait partie d'un
groupe de Descente de croix aux personnages
multiples.
Le style est caractéristique de l'art roman de
Bourgogne. Si le visage évoque le Christ-Juge du
tympan de Vézelay, les plis très graphiques sont

proches des sculptures de Saint-Lazare d'Autun. Remarquons la ceinture complexe, nouée au haut du *perizonium* (pagne), et le plissé aux traits minces s'enroulant en volutes parallèles pour former des demi-cercles sur les jambes, qui renforcent l'impression de volume et cernent le genou.

²⁹³ La Vierge et l'Enfant

Auvergne, seconde moitié du XIIe siècle

Statue-reliquaire, bois avec traces de polychromie. H 0,84 m ; L 0,27 m
Acq. 1894. RF 987

Le thème de la Vierge en majesté, assise sur un trône, tenant l'Enfant sur ses genoux, connaît le succès lorsque se développe l'art roman. Assimilée au trône du nouveau Salomon, elle est le trône de la sagesse divine *(Sedes Sapientae)*. Certains exemplaires étaient en matériaux précieux, telle celle, détruite depuis, de la cathédrale de Clermont. La plupart des Vierges en majesté conservées, en ronde bosse, sont en bois polychrome aux couleurs de la vie. Aux tympans des premiers portails gothiques, on trouve aussi ces images hiératiques à la position frontale. Le graphisme linéaire de l'art roman, exprimé dans la fin plissé des vêtements qui ondule en ondes concentriques, s'allie à la force ample des volumes simplifiés.

²⁹⁴ Tête de saint Pierre

Bourgogne, troisième quart du XIIe siècle

Pierre. H 0,21 m ; L 0,143 m ; P 0,185 m
Acq. 1923. RF 1783

Le sanctuaire de pèlerinage dédié à saint Lazare abritait à Autun un édicule architecturé largement décoré, dont les fragments subsistent au

musée d'Autun. A l'intérieur, une série de statues de pierre, plus petites que nature, représentaient, comme un théâtre vivant, la résurrection de Lazare par le Christ entouré des saints Pierre et André, et des saintes Marthe et Madeleine. Une inscription déclarait que la pierre du mausolée avait été taillée par le moine Martin sous l'épiscopat d'Etienne, probablement Etienne II (1170-1189). Mais il semble que plusieurs sculpteurs ont travaillé à cet ambitieux mausolée. La tête de saint Pierre et la célèbre statue en ronde-bosse de saint André (musée d'Autun) sont les rares exemples d'un art monumental d'esprit encore graphique, comme l'expriment les bouclettes parallèles de la coiffure dont toutes les mèches partent du même point. Ce style roman attardé s'apparente aux réalisations provençales et rhodaniennes.

295 **Retable de l'église de Carrières-Saint-Denis**

Ile-de-France, troisième quart du XIIᵉ siècle

Haut relief, pierre polychromée

H 0,85 m ; L 1,24 m ; P 0,190m

Acq. 1910. RF 1612

Le thème de la Vierge de majesté se retrouve au centre de ce retable, un des plus ancien décor d'autel conservé en France. La structure de l'œuvre, très architecturale, se compose de deux scènes de l'Evangile, l'Annonciation et le baptême du Christ, aux longues et fines silhouettes séparées de la figure centrale par des colonnettes ornées de chevrons. Alors que la base et les côtés offrent un enroulement de rinceaux peuplés de figures, la partie haute est formée d'un enchevêtrement d'architectures aux multiples baies en plein

cintre, comme on en trouve sur les chapiteaux romans et même au portail royal de Chartres. Le cadre s'adapte aux figures qu'il magnifie. Mais certains détails des scènes, l'eau du Jourdain ou les ailes de l'ange Gabriel, débordent sur l'encadrement. Le climat stylistique dans cette dépendance de l'abbaye de Saint-Denis est celui de l'Ile-de-France au moment du délicat passage du roman au gothique. Il reste encore très lié, en particulier dans l'étirement des formes et le graphisme des plis, aux formules de l'art roman.

France gothique

Alors que le midi reste plus longtemps fidèle à l'art roman, une forme nouvelle apparaît en Ile-de-France, à laquelle les puristes antiquisants du XVIIIe siècle donneront par dérision un qualificatif emprunté aux peuples "barbares", le gothique. Son éclosion va de pair avec le développement urbain, économique et politique (les communes), et avec le rôle croissant des Universités. Les nouveaux bâtisseurs de l'architecture, appliquent d'abord à Saint-Denis, puis dans les cathédrales d'Ile-de-France, la technique gothique de la croisée d'ogives associée à l'arc brisé. Mais, dans le domaine de la sculpture, la frontière est moins nette entre les formes romanes et la liberté plus naturaliste du gothique. Le *Retable de Carrières-Saint-Denis* **295** se place ainsi à la charnière des deux styles.

Le XIIIe siècle est l'âge d'or de l'équilibre. Ce moment privilégié, qui est celui des grands chantiers, Chartres, Reims, Amiens, Bourges, est indissociable de l'architecture. Le Louvre ne peut donc offrir que des reflets, arrachés à leur contexte, du style monumental classique : le *Roi Childebert* **297** ou *Sainte Geneviève*, provenant d'églises parisiennes.

Les collections sont riches en revanche de sculptures du XIVe siècle, cette époque de tous les contrastes, de la peste (de 1348), de la guerre (de Cent ans), mais aussi du développement du pouvoir royal, du mécénat princier et d'un premier humanisme. Deux styles contradictoires s'illustrent en sculpture : un sentiment naturaliste, à la source de l'art du portrait, qui débouchera sur la force démonstrative de l'art bourguignon renouvelé par la personnalité de Claus Sluter, et, au contraire, une recherche sophistiquée de graphisme et de stylisation.

Au début du XVe siècle, l'évolution stylistique se poursuit sans heurt marqué par les foyers que sont les apanages des ducs de Berry et de Bourgogne. Une nette inflexion apparaît au milieu du siècle, lorsque, la paix retrouvée après la longue guerre de Cent ans, les chantiers reprennent pour la reconstruction du royaume. La "détente" se manifeste alors dans les foyers nouveaux, le Languedoc, la Bourgogne et surtout la vallée de la Loire. La *Vierge de Longvé* [304], les statues de Chantelle, le *Saint Jean de Loché* [302], les réalisations de Michel Colombe témoignent de cet art ligérien, tantôt tendre, tantôt aigu, où le dernier gothique se colore d'un nouvel humanisme.

296 L'évangéliste saint Matthieu écrivant sous la dictée de l'ange

Chartres, deuxième quart du XIIIe siècle

Haut-relief, pierre. H 0,66 m ; L 0,50 m
Acq. 1905. RF 1388

Ce fragment faisait partie du jubé de la cathédrale de Chartres. Cette galerie qui séparait le chœur de la nef fut détruite en 1763. Du jubé, composé de plusieurs registres de reliefs narratifs, subsistent de grands reliefs, illustrant l'Enfance du Christ (trésor de la cathédrale de Chartres), et des petits reliefs du Jugement dernier auxquels se rattachait la figure de l'évangéliste Matthieu qui en avait été le narrateur. L'ampleur monumentale qui se développe alors aux portails des transepts de la cathédrale se reflète dans cette calme figure. Mais, enveloppée d'un drapé aux plis cassés qui la mettent fortement en volume, différent des petits plissés jusqu'alors à la mode, elle se rattache par ses plans fermes et aplanis aux sculptures de la façade occidentale de Notre-Dame de Paris.

²⁹⁷ Le roi Childebert

Ile-de-France, vers 1239-1244

Statue, pierre avec traces de polychromie.
H 1,91 m ; L 0,53 m ; P 0,55 m
Entré au Louvre en 1851. ML 93

La statue rétrospective du roi mérovingien
Childebert fut placée entre 1239 et 1244 au pilier
central du portail du réfectoire de l'abbaye
Saint-Germain-des-Prés, qui honorait ainsi le fondateur de l'abbaye primitive, alors dédiée à la
Sainte Croix et à saint Vincent. Image souriante,
elle est caractéristique d'un style classique très
monumental, aux drapés moelleux mais stricts, où
le naturalisme du détail, telle la ceinture orfévrée
qui prend bien la taille, va de pair avec une
frontalité animée du rythme des bras et d'un léger hanchement, qui fait pivoter le torse par rapport au plan des pieds.

²⁹⁸ La Vierge et l'Enfant

Ile-de-France, deuxième quart du
XIVe siècle

Statue, marbre. H 1,07 m ; L 0,28 m ; P 0,23 m
Don Arconati - Visconti, 1914. RF 1632

Au XIVe siècle, la dévotion mariale, conduit riches
donateurs ou simples laboureurs à offrir aux
églises des images de la Vierge-Mère. Extrêmement nombreuses, les statues de pierre ou de bois
polychrome, de marbre pour les plus riches, présentent des traits communs. Des constantes icono-
graphiques imposent à la Vierge la couronne
fleuronnée sur un voile qui encadre le visage, et
un grand manteau drapé qui remonte parfois en
tablier sur la robe. La recherche de préciosité dé-
termine un certain anti-naturalisme de l'attitude,
et les silhouettes se font hanchées, arquées, ondoyantes ; parallèlement le graphisme impose des
plissés complexes en cascades de volutes qui soulignent d'arabesques les chutes des drapés. L'au-

teur de cette statue, qui appartient à un groupe de Vierges conservées en Ile-de-France, dépasse la simple recherche de virtuosité pour insister sur l'intimité de l'amour maternel. Les regards de la Vierge et de l'Enfant, qui tient une pomme et un oiseau, se croisent en signe de tendre confiance.

Attribué à Evrard d'ORLÉANS
connu de 1292 à 1357

299 **Ange aux burettes**

Ile-de-France, vers 1340

Statuette d'applique, marbre
H 0,527 m ; L 0,14 m ; P 0,083 m
Don de la Société des Amis du Louvre, 1904.
RF 1438

Alors que se développe la statue de dévotion isolée, le retable d'autel sculpté connaît un réel succès. Il est constitué souvent de reliefs narratifs en marbre blanc, appliqués sur un fond de marbre noir. Le retable de la chapelle Saint-Paul et Sainte-Catherine, fondée en 1340 par la reine Jeanne d'Evreux dans l'abbaye royale de Maubuisson, formait l'un des ensembles les plus prestigieux. Il se composait, entre autres, d'une grande figuration de la Cène (actuellement à l'église des Carmes), et de celle, plus étroite, de la Communion de saint Denis, de figures de prophètes alignés en groupes, et de l'Ange aux burettes, portant le vin ; rappel de la signification eucharistique de l'ensemble.

Cette figure, attribuée à un sculpteur majeur de la cour royale, ne manifeste aucune stylisation, mais relève au contraire d'une esthétique calme et sereine qui insiste sur la monumentalité des volumes.

France gothique **Sculptures**

300 Réssurection d'une fillette de l'Isle-sur-Sorgue
Fragment du tombeau d'Elzear de Sabran

Comtat Venaissin, vers 1370-1373
Bas-relief, albâtre. H 0,34 m ; L 0,214 m ; P 0,10 m
Don Maurice Sulzbach, 1919. RF 1676

Elzear de Sabran, jeune noble provençal qui avait suivi la fortune des Angevins au royaume de Naples, avait fait vœu de chasteté et de prière. Tertiaire de l'ordre de saint François, il fut enseveli dans l'église des Cordeliers d'Apt. Des miracles advenus de son vivant, lors du cortège funèbre et sur son tombeau, amenèrent sa canonisation en 1371. Un somptueux ciborium, sur le modèle de celui de Saint-Jean de Latran, fut élevé pour accueillir les reliques. La décoration, composée de reliefs illustrant les miracles du saint, est actuellement dispersée. Le fragment du Louvre représentait une fillette noyée retrouvant la vie dans les bras de sa mère devant le cercueil du saint. On y reconnaît l'art avignonnais fécondé, grâce au séjour de la cour pontificale, par tous les courants stylistiques.

301 Charles V, roi de France

Ile-de-France, troisième tiers du XIVᵉ siècle
Statue, pierre. H 1,95 m ; L 0,71 m ; P 0,41 m
Entré au Louvre en 1904. RF 1377

Cette image du roi Charles V qui régna de 1364 à 1380, et son pendant la statue de la reine

Jeanne de Bourbon, ont longtemps été considérées comme provenant du portail de l'hospice parisien des Quinze-vingt ou encore de l'abbaye parisienne des Célestins, où elles auraient représenté le roi saint Louis et son épouse sous les traits des souverains régnants. On vient d'avancer l'hypothèse d'une provenance du palais du Louvre, agrandi et embelli par Charles V. Bien que les mains soient des restaurations, la figure du roi frappe par la forte présence du portrait, narquois et ferme, et la vigueur du drapé qui s'arrondit puis retombe en un large mouvement. Cette expression profondément humaine correspondant au développement de l'art du portrait au milieu du XIVe siècle.

302 Saint Jean au Calvaire

Vallée de la Loire, troisième quart du XVe siècle

Statue, bois. H 1,40 m ; L 0,46 m ; P 0,39 m

Acq. 1904. RF 1383

Les bras croisés, replié sur sa douleur, cette image de saint Jean, et son pendant, la *Vierge* (aujourd'hui au Metropolitan Museum de New York), prenaient place au pied d'un Christ en croix, dans un groupe de Calvaire. Souvent ces groupes se dressaient à l'entrée du chœur, sur une "poutre de gloire".

Cette œuvre, abritée au XIXe siècle dans la petite église de Loché en Touraine, est caractéristique de l'austère grandeur de l'art de la Vallée de la Loire. Les volumes purs du visage, qui rappellent le style de Jean Fouquet, le maître de Tours, et l'ampleur du vêtement aux plis cassés mettent en valeur une expression de sobre tristesse. Tout pittoresque est banni dans cette recherche d'intériorité, dont on connaît d'autres exemples dans l'art des sculpteurs sur bois de Touraine.

France gothique **Sculptures**

303 Tombeau de Philippe Pot
(† 1493)

Bourgogne, dernier quart du
XVᵉ siècle

Pierre peinte. H 1,80 m ; L 2,65 m

Provenant de l'abbatiale de Citeaux

Acq. 1889. RF 795

Le monument funéraire, que se fit faire le puissant seigneur de la Roche-Pot, Philippe, sénéchal
du duc de Bourgogne, puis chambellan du roi de
France après la mort de Charles le Téméraire et
son ralliement à Louis XI, a frappé les imagina-
tions. La qualité de la sculpture doit plus à la
composition de l'œuvre, insolite, monumentale et
expressive qu'au raffinement. Le chevalier gisant
est porté sur une dalle par huit "deuillants" enca-
puchonnés.

Ce cortège funéraire, qui évoque les processions
grandioses et spectaculaires des funérailles s'apparente aux figurines de pleurants des grands tombeaux de la fin du moyen-âge. Il s'en écarte par
la dimension, le refus de l'individualisation, et la

signification familiale, quasi dynastique, donnée par les blazons portés par les deuillants, représentant les huit quartiers de noblesse du défunt.

³⁰⁴ Vierge à l'Enfant

Bourbonnais, fin du XVᵉ siècle
Groupe, pierre avec traces de polychromie.
H 0,79 m ; L 0,59 m ; P 0,45 m
Acq. 1955. RF 2763

La "détente" du style gothique s'est surtout manifestée dans la Vallée de la Loire. En témoigne cette œuvre bourbonnaise, longtemps conservée dans la chapelle privée du hameau de Longvé, non loin de Bressolles. Le groupe figure l'Education de l'Enfant, qui joue sur les genoux de sa mère en tournant distraitement les pages du livre ouvert. La composition est dense, calmement pyramidale, animée de plis amples qui se cassent dans la zone basse en aplats profonds. Le visage de la Vierge a une expression délicatement absente : grand front bombé, regard alangui qui perce sous les paupières abaissées, bouche petite et charnue, joues pleines. Cette recherche d'une pureté simplifiée, mais dense et ample, s'accorde avec l'esthétique raffinée qui régnait à la cour des ducs de Bourbon à Moulins (le maître de Moulins, Jean de Chartres, Michel Colombe).

France Renaissance

L'abandon des formes gothiques fut progressive dans l'art français. Au contact de l'Italie de la Renaissance que la chevalerie française découvre avec enthousiasme lors des guerres d'Italie, le désir de nouveauté entraîne d'abord l'adoption d'un décor de type lombard, grotesques, candélabres, rinceaux et volutes. Cette "Première Renaissance", centrée sur les foyers royaux et aristocratiques de la vallée de la Loire ou encore du château normand de Gaillon, s'accompagne de l'implantation de sculpteurs italiens, tels les Juste, auteurs du tombeau de Louis XII à Saint-Denis. Les grands sculpteurs français, tels Michel Colombe, ou son neveu Guillaume Regnault, introduisent alors dans la "détente" du style gothique un sentiment nouveau de l'humanité et une volonté de clarté dans l'expression et la composition.

Sous François Ier, après les années douloureuses qui suivent la défaite de Pavie et la captivité de Madrid, le chantier de Fontainebleau, bruissant d'artistes italiens venus avec le Rosso et le Primatice, va donner son nom à l'école maniériste face aux sculpteurs italiens, tel Dominique Florentin, auteur du tombeau de Claude de Lorraine, ou tel Benvenuto Cellini qui exécute durant son bref séjour la *Nymphe de Fontainebleau* **348**, les Français prennent la relève : François Marchand, auteur des reliefs du jubé de Chartres ; Pierre Bontemps ; Jean Goujon va donner au relief une fluidité nouvelle, où l'intelligence de la ligne en spirale se drappe de plissés mouillés qui font ressortir les volumes ; Barthélémy Prieur ; Germain Pilon, qui adopte l'allongement du corps féminin caractéristique de l'art maniériste, et sait aussi introduire le réalisme du portrait et la force expressive d'un nouveau sentiment religieux, celui de la Réforme catholique.

Passées les années de luttes intestines, où seul Pilon réussit à maintenir son art, l'arrivée au pouvoir d'Henri IV marque le renouveau de l'art maniériste. Sous le nom de seconde école de Fontainebleau, un groupe de sculpteurs, Pierre

Biard, Pierre Francqueville et Mathieu Jacquet, vont revitaliser la turbulence maniériste.

Michel COLOMBE
Vers 1430 — après 1511

305 **Saint Georges combattant le dragon**

Tours, 1508-1509

Relief, marbre. H 1,75 m ; L 2,72 m

Provenant de la chapelle du château de Gaillon

Saisie révolutionnaire. MR 1645

Le vieil imagier gothique de Tours, Michel Colombe, qui avait servi la reine Anne de Bretagne au tombeau de ses parents dans la cathédrale de Nantes, reçut en 1508 commande d'un retable de marbre pour la chapelle haute du château de Gaillon, résidence de l'Archevêque de Rouen, Georges d'Amboise. Dans ce foyer de la première Renaissance française, ce ministre de Louis XII fit introduire par des ateliers français et italiens l'ornement lombard dans une architecture encore gothique. Michel Colombe transcrivit en volume une image picturale, celle du saint patron du cardinal, Georges, en chevalier contemporain, pourfendant le dragon qui terrorisait la ville de Trebizonde, et délivrant ainsi la princesse prisonnière. Ce premier grand relief à l'italienne, où le sculpteur maîtrise encore mal la perspective, la nature (quelques maigres bouquets d'arbres) et le fantastique (le dragon naïf), présente pourtant une volonté de clarté et d'unité de la composition qui annonce la Renaissance. L'encadrement, dû à des ornemanistes italiens, dirigés probablement par le florentin Jérôme Pacherot, est typique du décor à pilastres et grotesques importé d'Italie.

306 Louise de Savoie

Vallée de la Loire, début du XVIe siècle

Buste, terre cuite. H 0,47 m ; L 0,54 m ; P 0,23 m

Don des Amis du Louvre, 1949. RF 2658

Trouvé dans la niche d'un petit château de Touraine, La Péraudière, ce buste surprend. Il a la forme ample, coupé aux épaules des bustes italiens qui avaient été diffusés largement de la Toscane à la Lombardie dans la seconde moitié du XVe siècle, mais qui étaient inconnus en France. La comparaison avec une médaille a permis d'y reconnaître les traits de Louise de Savoie, mère du roi François Ier. Un souci réaliste accentue les traits du visage, fermes et puissants, comme ceux du buste trouvé en pendant, qui représente peut-être Duprat, plus tard chancelier de François Ier. La technique particulière, telle la facture de la coiffe, formée de feuilles de terre superposées, tenues par des épingles de laiton, l'iconographie et le réalisme constituent la singularité d'une œuvre forte, qui s'explique pourtant par la variété des influences qui agissent sur l'art de la Cour, fasciné par l'exemple italien et animé par des artistes gyrovagues.

Atelier de Guillaume
REGNAULT
Vers 1460-1532

307 Vierge à l'Enfant

Vallée de la Loire, premier tiers du XVIe siècle
Statue, marbre. H 1,83 m ; L 0,60 m
Provenant du château de Couasnon à Olivet, près d'Orléans. Acq. 1875. RF 202

Cette statue représente parfaitement la tranquille grandeur de l'art ligérien après la disparition de Michel Colombe. Les deux pieds chaussés de souliers à bout rond bien posés sur le sol, le drapé inscrit dans un rectangle, elle est équilibrée et monumentale. Une pointe de féminité contemporaine anime le vêtement au fichu retenu sur la poitrine par une broche monogrammée. L'exaltation de la grandeur sereine de la Vierge-mère s'accompagne d'une idéalisation des traits : visage ovale, nez droit, bouche petite, yeux en amande ourlés des paupières à bourrelets. La fierté orgueilleuse de la mère présentant un bel enfant rieur s'accompagne d'un sentiment de tendre mélancolie qui anticipe sur la Passion.

Jean GOUJON
Vers 1510 — vers 1565

308 Nymphe et génie

Paris, vers 1547-1549
Relief, pierre. H 0,73 m ; L 1,95 m ; P 0,13 m
Provenant de la fontaine des Innocents à Paris.
Entré au Louvre en 1818. MR 1738

Architecte et sculpteur, Jean Goujon introduit une conception nouvelle du bas-relief : ses figures s'adaptent au cadre et se suffisent à elles-mêmes ;

sans chercher à rivaliser avec la peinture, elles créent leur propre espace illusionniste dans la mince épaisseur de la pierre. A la façade du Louvre, au jubé de Saint-Germain-l'Auxerrois dont les fragments sont exposés au Louvre, à la fontaine des Innocents, dont une partie des reliefs ont été démontés et recomposés au XVIIIe siècle et l'autre abrités au Louvre, Goujon crée de souples et longues figures, inscrites dans des spirales élégantes. Son sens de l'idéal privilégie la ligne intellectuelle qui cerne les corps et les draperies fluides qui les soulignent.

³⁰⁹ Diane chasseresse

France, milieu du XVIe siècle
Groupe, marbre. H 2,11 ; L 2,58 m ; P 1,345 m
Provenant du château d'Anet. Saisie
révolutionnaire. Entré au Louvre en 1823.
MR 1581

Diane de Poitiers, maîtresse et conseillère du roi Henri II, avait fait élever dans la cour de son château d'Anet, construit par Philibert Delorme, une fontaine monumentale surmontée d'une figure de marbre de Diane enlaçant un grand cerf, entourée de ses chiens. Cette représentation, dans sa nudité même, n'est pas sans rappeler la *Nymphe de Fontainebleau* ₃₄₈ de Cellini, qui avait été insérée au portail du château d'Anet. Elle évoquait la favorite royale, sans en être un portrait.

Attribuée successivement à Jean Goujon, à Pierre Bontemps, à Benvenuto Cellini et à Germain Pilon, l'œuvre porte les marques de l'élégance altière et alambiquée de l'art de Fontainebleau. La chaste déesse, distante et caressante, s'offre aux regards avec une froide sensualité que l'on retrouve dans la *Tireuse d'épine* de Ponce Jacquiot.

Pierre BONTEMPS
Vers 1505-1568

³¹⁰ Charles de Maigny

Paris, vers 1557

Statue funéraire, pierre

H 1,45 m ; L 0,70 m ; P 0,42 m

Provenant de l'église des Célestins de Paris

Saisie révolutionnaire. Entré au Louvre en 1818

MR 1729

A la Renaissance, la figure traditionnelle du gisant va laisser place sur les tombeaux à des attitudes plus souples : le gisant accoudé ou le priant. Pierre Bontemps, auteur de la sculpture des monuments funéraires de François Ier, reçoit en 1557 la commande de l'effigie de Charles de Maigny, capitaine des gardes du Roi. Il doit le représenter assis, dans l'attitude du veilleur endormi dans son office, à la porte du roi. Le corps massif, affaissé sur son tabouret armorié, est mis en valeur par une fine ciselure des éléments décoratifs.

Germain PILON
Vers 1528-1590

311 Monument du cœur d'Henri II : Les trois Grâces

Paris, vers 1560-1566

Groupe, marbre. H 1,50 m ; L 0,755 m ; P 0,755 m

Provenant de l'église des Célestins de Paris.

Saisie révolutionnaire. Entré au Louvre en 1818.

MR 1591

Travaillant tantôt sur des thèmes antinaturalistes, tantôt auteur de portrait réalistes, Germain Pilon réunit les contradictions du style maniériste. Chargé par Catherine de Médicis de réaliser la sculpture des monuments funéraires du roi Henri II, mort accidentellement en 1559, il décore le tombeau du corps dans l'abbatiale de Saint-Denis avec de souples figures de Vertus. Au monument du cœur, destiné à l'église des Célestins, il est chargé de sculpter une ronde de trois Grâces, disposées sur un piédestal orné par Dominique Florentin. Transcrivant en volume une gravure de Marc-Antoine Raimondi d'après Raphaël, il fait d'un projet de cassolette un groupe de souples cariatides tenant sur la tête l'urne du cœur. Rejetant la ligne sepentine et l'exubérance du maniérisme, il en garde pourtant l'allongement des formes qu'il revêt de drapés froissés, parfois coulant en longues arabesques.

Barthélémy PRIEUR
1536-1611

312 Génie funéraire

Paris, 1583-1585

Statue, bronze. H 0,46 m ; L 1,07 m ; P 0,35 m

Provenant du tombeau de Christophe de Thou à l'église Saint-André-des-Arts. Saisie révolutionnaire. Entré au Louvre en 1824.

MR 1684

Le Protestant Barthélémy Prieur doit sa fortune à la protection des politiques, soucieux de réconciliation au cœur des guerres de religion. La famille du Connétable de Montmorency lui commande les deux monuments funéraires de ce familier d'Henri II, conservés au Louvre. Le parlementaire de Thou, pour sa part, lui fait exécuter le tombeau de son père et celui de sa première femme. Prieur juxtapose un buste réaliste et coloré, et deux génies maigres et tourmentés, inspirés des statues de Michel-Ange aux tombeaux des Médicis.

Germain PILON
Vers 1528-1590

313 Vierge de douleur

Paris, vers 1585

Statue, terre cuite polychrome

H 1,68 m ; L 1,19 m ; P 0,78 m

Provenant de la Sainte-Chapelle de Paris. Saisie révolutionnaire. Entré au Louvre en 1890.

RF 3147

L'autre versant de l'art de Pilon est un pathétique raffiné, angoissé et aigu, qui s'exprime dans les reliefs de la *Descente de croix*, de la chaire des Grands Augustins ou du tabernacle de Saint-Etienne-du-Mont. La *Vierge de douleur*, - qui n'est pas une Vierge de Pitié tenant le corps du Christ - inaugure une réflexion mystique sur le désespoir et la solitude qui correspond à une nouvelle spiritualité catholique. Modèle pour une statue de marbre, actuellement dans l'église parisienne Saint-Paul-Saint-Louis, elle était destinée à s'intégrer à un ensemble de statues, la *Résurrection* (au Louvre) et *Saint François* (église Saint-Jean-Saint-François), commandé par la reine

Catherine de Médicis pour la chapelle funéraire d'Henri II à Saint-Denis, dite la "rotonde des Valois".

Pierre BIARD
1559-1609

³¹⁴ La Renommée

Paris, 1597

Statue, bronze. H 1,34 m

Provenant de la chapelle du château de Cadillac

Saisie révolutionnaire. Entré au Louvre en 1834

LP 361

Le duc d'Epernon, gouverneur de Gascogne, avait enrichi son château de Cadillac et fait ériger dans la chapelle son mausolée funéraire à étages, sur le modèle des tombeaux royaux de Saint-Denis. Au sommet de cet édicule, se dressait la statue de la Renommée tenant d'une main la trompette de la mauvaise renommée et soufflant dans celle de la bonne. Cette iconographie devait être reprise sur certains grands tombeaux aristocratique de l'ab-baye de Westminster.

Exécutée après le contrat passé avec le sculpteur en 1597, c'est une figure maniériste en équilibre précaire, dressée sur une jambe comme le *Mercure* de Jean Bologne. L'art de la seconde école de Fontainebleau, moins raffiné que la pre-mière dans les effets de la coiffure, insiste sur la force tournoyante des volumes dans l'espace.

Plusieurs grands mouvements rythment la sculpture française entre 1600 et la mort de Louis XIV (1715). Un maniérisme attardé se poursuit sous Henri IV et Louis XIII qu'accompagne le solide réalisme des sculpteurs d'effigies funéraires. Un art nouveau apparaît vers 1640, dominé par quelques personnalités, Simon Guillain, Jacques Sarazin et les frères Anguier. Leur formation italienne, au moment où s'élabore le langage baroque, les amène à adopter des formes dynamiques et scénographiques. Mais le contact avec l'art antique les assagit. La recherche de l'idéal antique et le baroque tempéré donnent alors naissance à une sculpture française classique, équilibrée et intellectuelle.

L'art sous Louis XIV est d'abord dominé par l'administration tatillonne de Colbert (1665-1683) qui donne aux artistes royaux les moyens de leur art. L'organisation de l'Académie royale de peinture et sculpture, à la fois un lieu d'enseignement et de réflexion sur l'Art, la création de l'Académie de France à Rome, la hiérarchie des grands chantiers, du Louvre, de Versailles, des Invalides, de Marly, permettent de mettre en place une sculpture abondante, soumise aux canons des peintres de la cour.

Seul Puget, en Provence, échappe à l'ambiance de la Cour, et réussit à créer des œuvres fortes, qu'anime la passion.

Sous son influence, et celle des peintres coloristes, l'art officiel va s'infléchir dans un sens plus dynamique. C'est la naissance de l'art rocaille, version française du baroque, qui l'emporte vers 1700, en particulier dans le parc de Marly.

Pierre FRANCQUEVILLE
1548-1615
Francesco BORDONI
1580-1654

315 Esclave

Paris, 1614-1618
Statue, bronze. H 1,55 m ; L 0,66 m ; P 0,70 m
Provenant du monument équestre d'Henri IV au
Pont Neuf. Saisie révolutionnaire
Entré au Louvre en 1795. MR 1668

L'arrivée de Pierre Francqueville, célèbre jusqu'alors à Florence sous le non de Francavilla, et de son gendre Bordoni marqua l'intrusion du maniérisme toscan à la cour d'Henri IV. Sculpteur officiel du roi, il est naturellement appelé à collaborer au monument équestre d'Henri IV, érigé à la pointe de l'île de la Cité, sur le terre-plain du Pont Neuf. Si la statue elle-même, commandée par Marie de Médicis à Florence dès 1604, était l'œuvre de Pietro Tacca, l'autre élève de Jean Boulogne, les quatre esclaves posés aux angles du piédestal avaient été fondus par Bordoni en 1618 suivant les modèles réalisés par Francqueville avant sa mort (1615). Symboles des passions enchaînées, des nations soumises et des âges de la vie, ces captifs à l'attitude instable sont d'une intense nervosité. Le raffinement de la ciselure met en valeur les corps torturés et douloureux.

Jacques SARAZIN
1592-1660

316 La Prudence

Paris, Vers 1645
Relief, marbre. Médaillon H 1,02 m ; L 0,74 m
Monument du cœur de Louis XIII. Provenant de
l'église de Saint-Louis des Jésuites. Saisie
révolutionnaire. Entré au Louvre en 1881.
RF 607-610

Jacques Sarazin devait introduire en France les nouvelles conceptions de l'art italien, après un long séjour à Rome. Le Louvre offre un panorama de son œuvre, caractéristique d'un classicisme teinté de chaleur baroque. Depuis le groupe des *Enfants à la chèvre*, joyeux et ample, jusqu'à la statue en extase de Bérulle, fondateur de l'ordre de l'Oratoire, en passant par les statuettes et des reliefs de dévotion privée, *Saint Pierre* et la *Madeleine* de marbre, la *Vierge à l'Enfant* en terre cuite, la variété des matières et des formes permet une grande liberté de facture.

Le monument du cœur de Louis XIII ornait une arcade du chœur de l'église Saint-Louis des Jésuites, aujourd'hui Saint-Paul-Saint-Louis. A la clef pendaient deux anges de vermeil, fondus sous l'Empire pour réaliser la *Paix* de Chaudet. Sur les jambages, se détachaient sur un fond de marbre rouge, les épitaphes soutenues par des angelots en pleurs, et, dans des ovales, les Vertus cardinales à l'Antique.

François ANGUIER
1604-1669

317 La Force

Paris, Vers 1660-1663

Statue, marbre. H 1,48 m ; L 0,63 m ; P 0,52 m
Monument du cœur du duc de Longueville
Provenant de l'église des Célestins de Paris
Saisie révolutionnaire. Entré au Louvre en 1824
MR 1749

Les deux frères Anguier, François et Michel, s'étaient rendus à Rome pour étudier l'Antique ; ils y avaient collaboré avec l'Algarde, principal initiateur du classique romain. A leur retour, ils vont développer ce goût de la belle matière, le marbre ou le bronze, de l'équilibre serein, dans le respect d'une antiquité revue et corrigée pourtant par une recherche de souplesse subtile. Parmi les grands monuments funéraires d'Anguier conservés au Louvre, tels celui de JA de Thou et de J de Souvré, la "Pyramide" funéraire qui honorait le tombeau du cœur du duc Henri de Longueville, frappe par ses dimensions imposantes. Haut obélique sculpté des emblèmes des arts et du pouvoir, il était placé dans l'église des Célestins sur

France XVIIᵉ siècle **Sculptures**

un haut piédestal orné de reliefs narrant les victoires du duc auprès d'Henri IV. Quatre statues de vertus cardinales s'y accoudent. La Force, coiffée de la dépouille du lion de Némée et tenant la massue d'Hercule, est une robuste matrone cuirrassée, dont le hanchement sinueux est dû à un fort *contrapposto*.

Pierre PUGET
1620-1694

318 **Milon de Crotone**

Provence, 1670-1683

Groupe, marbre. H 2,70 m ; L 1,40 m ; P 0,98 m

Commande de Louis XIV. Parc de versailles.

MR 2075

Pierre Puget, marseillais, avait appris à Rome et surtout à Gênes la force dynamique de l'art baroque. Lorsqu'en 1670, le ministre Colbert lui confia la réalisation de trois grandes œuvres destinées à Versailles, *Milon de Crotone, Alexandre et Diogène, Persée et Andromède,* il chercha à exprimer le lyrisme et la fougue qui devaient changer la conception de la sculpture française. Parmi les trois grands marbres exposés au Louvre, la statue de *Milon,* déchiqueté par un lion alors que sa main est coincée dans un tronc d'arbre qu'il cherchait à ouvrir par le milieu, offre le paroxysme de l'angoisse. Le héros souffrant, vaincu par ses forces qui l'abandonnent, fit dire à la reine en 1683: "le pauvre homme comme il souffre!"

François GIRARDON
1628-1715

319 Louis XIV à cheval

Paris, 1685-1692

Statuette équestre, bronze
H 1,02 m ; L 0,97 m ; P 0,50 m

Coll. de la Couronne. Saisie révolutionnaire
Entré au Louvre en 1821. MR 3239

Des grands monuments équestres qui furent en l'honneur de Louis XIV dans les villes de France, Paris, Lyon, Dijon, Rennes, Montpellier, aucune figure royale n'a échappé à la destruction. Mais la célébrité de ces œuvres, exaltation du pouvoir royal, avait amené les sculpteurs à exécuter des réductions. Celle-ci, signée par Girardon, conserve le souvenir du gigantesque bronze fondu en une seule coulée par Jean-Balthazar Keller en 1692, sur le modèle de Girardon et sous la direction de l'architecte Robert de Cotte. Placée en 1699 au centre de la place Vendôme, le nouvel espace urbain voulu par Louvois à Paris, la statue équestre

devait manifester la puissance du souverain, représenté en empereur romain, selon un schéma
classique.

Jean ARNOULD ou REGNAUD
Connu en 1685-1687

320 **Les magnifiques bâtiments de
Versailles**

Paris, 1686

Médaillon, bronze. ⌀ 0,775 m

Provenant de la Place des Victoires

Acq. 1980. RF 3466

Chef de guerre gascon et courtisan versaillais, le
maréchal de La Feuillade entreprit en l'honneur
de Louis XIV une réalisation d'envergure : la création d'une place royale, la place des Victoires, au
cœur de Paris. L'architecture, due à Jules
Hardouin-Mansart, s'ornait au centre d'une statue
pédestre du roi, réalisée en bronze doré par le
sculpteur Desjardins. Le Louvre conserve les dé-
bris échappés aux destructions révolutionnaires :
les quatre reliefs et les deux médaillons du piédestal. En outre, on expose huit médaillons de
bronze, exécutés pour orner les lampadaires de la
place. L'ensemble illustre les événements glorieux du règne et la paix de Nimègue (1679) ; ici
la construction de Versailles ; représentée par une
souple nymphe allongée au premier plan, devant
le château et l'aqueduc. Le peintre Pierre
Mignard est l'auteur du dessin, mis en volume
par Arnould.

Antoine COYSEVOX
1640-1720

321 **Le grand Condé**

Paris, 1688

Buste, bronze. H 0,75 m ; L 0,70 m ; P 0,32 m

Coll. du prince de Conti. Saisie révolutionnaire

MR 3343

Le buste français, de marbre ou de bronze, exprime sous le règne de Louis XIV, à la fois la
profondeur psychologique du personnage représenté et l'importance de la fonction qu'il exerce.
Alors que Girardon garde des schémas tranquilles
et raisonnés, Coysevox, cherche la tension ner-
veuse et une certaine grandeur réaliste. Le buste
de Condé, le prince du sang, vainqueur de la bataille de Rocroy, présente une laideur énergique,
au profil de rapace, à la maigreur insolente,
qu'héroïse une cuirasse à l'antique, rehaussée de
griffons et d'épaulières à mufles de lion. Quoique
rétrospectif, ce portrait, destiné à l'hôtel de Conti,
s'apparente au buste de terre cuite que Coysevox
avait réalisé du vivant du Condé.

Antoine COYSEVOX
1640-1720

322 **La Renommée montée sur Pégase**

Paris, 1699-1702

Groupe, marbre. H 3,26 m ; L 2,91 m ; P 1,28 m

Commande de Louis XIV. Provenant de

l'abreuvoir de Marly. Entré au Louvre en 1986.

MR 1824

Le décor sculpté du parc de Marly a été la
grande entreprise de la fin du règne de
Louis XIV. Les groupes de marbre qui rythmaient
les cascades et les pièces d'eau et les statues qui

France XVIIᵉ siècle **Sculptures**

ornaient les bosquets ont été dispersées, d'abord sous la régence, après 1715, puis à la Révolution. Plus de vingt œuvres sont actuellement abritées au Louvre, d'autres sont encore au jardin des Tuileries. Les groupes monumentaux les plus célèbres sont la *Renommée* et *Mercure*, chacun chevauchant un cheval ailé. Ils dominèrent d'abord l'abreuvoir de Marly, furent portés ensuite sous la Régence à l'entrée des Tuileries, devant la place de la Concorde, et remplacés par des copies lors de leur entrée au Louvre. Le tour de force technique de ces gigantesques marbres monolithes a été réalisé en l'espace de deux ans par celui qui était alors le chef d'équipe de la statuaire de Marly. Typiques du discours officiel qui glorifie la Renommée du roi dans la paix retrouvée après la guerre, ces groupes dynamiques, saisis dans l'instantané, dressés sur un trophée d'armes, marquent une première inflexion baroque dans l'art de cour.

France XVIIIᵉ siècle

L'art rocaille, baroque et contrasté, connaît son apogée au début du règne de Louis XV. A l'Académie de Peinture et de sculpture, les morceaux de réception se font dramatiques et violents (Adam). A la Cour, les *Chevaux de Marly* 324 de Coustou représentent un dynamisme intense ; alors que le portrait ou la petite statuaire d'amateur sont charmants et séducteurs.

Une réaction, de retour à la nature et à l'antique, apparaît vers 1750. Bouchardon, Pigalle, parfois Falconet, renouent avec les thèmes classiques, en fait jamais oubliés. Mais ils doivent composer avec les goûts tantôt intellectuels, tantôt mondains des amateurs, dont le poids se fait de plus en plus sentir.

Un véritable style néoclassique s'impose vers 1770. Le culte des grands hommes apparaît avec la série des statues commandées par les Bâtiments du Roi, pour le futur Muséum. Houdon, Pajou, Clodion, Julien, recherchent la simplicité des volumes qu'animent souvent une sensualité profonde. Petite statuaire, collectionnée par les amateurs, et portraits, où s'expriment les sentiments et l'individualité en honneur chez les philosophes (Caffieri, Houdon) sont privilégiés.

Jean THIERRY
1669-1739

323 Léda et le cygne

Paris, 1717

Groupe, marbre. H 0,81

Coll. de l'Académie. Entré au Louvre en 1854

MR 2100

Lors de la présentation de Thierry à l'Académie, le peintre Coypel lui avait donné le sujet de son

morceau de réception qui fut remis en 1717.
Léda, reine de Sparte est aimée par Zeus qui la
rencontre au bord du fleuve sous la forme d'un
cygne. Ce thème, élégant et voluptueux, est traité
avec la souplesse caractéristique du style rocaille
par un sculpteur qui, par la suite, devait diffuser,
à la cour d'Espagne, l'esprit de Versailles animé
d'un nouveau souffle baroque.

Guillaume 1ᵉʳ COUSTOU
1677-1746

324 **Cheval retenu par un palefrenier**
dit **cheval de Marly**

Paris, 1739-1745

Groupe, marbre. H 3,55 m ; L 2,84 m ; P 1,15 m

Commande de Louis XV. Provenant de l'abreuvoir
de Marly. Entré au Louvre en 1984. MR 1803

Les chevaux ailés de Coysevox **322** avaient quitté
l'abreuvoir du château de Marly lors de la
Régence (1719). Louis XV, vingt ans plus tard, décida de garnir les piédestaux vides de groupes
commandés au neveu de Coysevox, Guillaume
Coustou. Abandonnant les contraintes de l'iconographie officielle, les Bâtiment du Roi font réaliser des chevaux sauvages, cabrés, retenus par des
hommes nus, dont le visage, ou le chapeau à
plume, évoquent les parties du monde. Hommage
à la nature difficilement domptée, réminiscence
aussi des Dioscures antiques, chevaux et palefre-
niers offrent une image de la vigueur, de l'effort
et du combat confiant de l'homme et de l'animal.
Cette force dynamique, voulue par le sculpteur
qui décrit "les crins du col hérissés" ou la queue
"flottante et légère", anime des groupes encore
baroques, déjà naturalistes, car sculptés d'après
des modèles vivants. Leur célébrité, qui leur vau-
dra leur placement, sur l'ordre du peintre David,
à l'entrée des Champs Elysées en 1795, ne s'est
jamais démentie.

Edme BOUCHARDON
1698-1762

25 **L'amour qui se fait un arc
dans la massue d'Hercule**

Paris, 1739-1750

Statue, marbre. H 1,73 m ; L 0,75 m ; P 0,75 m

Commande de Louis XV. Entré au Louvre

avant 1824. MR 1761

Défenseur de l'art classique face au baroque,
Bouchardon est un inlassable dessinateur qui
trouve son inspiration dans l'art antique et dans
l'observation du corps humain. Moulage du corps
et études dessinées préparatoires donnèrent naissance à cette statue de marbre dont la genèse fut
longue : l'esquisse fut présentée au Salon de 1739
et le marbre sculpté de 1747 à 1750.
Une longue spirale anime le corps de l'adolescent
narquois qui a dérobé les armes de Mars et
d'Hercule et se taille un arc dans la massue.
Pourtant la cour de Versailles fut choquée par le
naturel de ce corps trop réel.

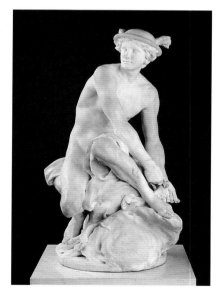

Jean-Baptiste PIGALLE
1714-1785

326 **Mercure rattachant ses
talonnières**

Paris, 1744

Statuette, marbre. H 0,59 m ; L 0,35 m ; P 0,30 m

Coll. de l'Académie. Entré au Louvre

vers 1848-1850. MR 1957

Œuvre de jeunesse de celui qui allait devenir la
personnalité marquante de la sculpture sous

Louis XV, Le *Mercure* est l'aboutissement d'un long travail. L'esquisse en avait peut-être été faite à Lyon en 1739, lorsque Pigalle revient de Rome où il s'était formé à l'Académie de France. Le modèle et son pendant, *Vénus confiant un message*, sont exposés au Salon de 1742. L'exécution en marbre de ce morceau sera demandé au sculpteur par les académiciens, pour la réception de Pigalle dans la compagnie en 1744. Mais plus que l'aspect officiel de l'œuvre plus tard encore transcite en un grand marbre offert par le roi à Frédéric II de Prusse, c'est la liberté de l'attitude tournoyante qui frappe. Les souvenirs cultivés qui ont guidé Pigalle, le *Torse du Belvédère* ou une composition de Jordaens, sont réélaborés avec un sentiment vrai de l'anatomie et un mouvement subtil et léger.

Étienne-Maurice FALCONET
1716-1791

327 La Baigneuse

Paris, 1757

Statuette, marbre. H 0,82 m ; L 0,26 m ; P 0,28 m
Coll. de Mme Du Barry. Saisie révolutionnaire
MR 1846

Protégé de Mme de Pompadour, Falconet était tiraillé entr le désir de réaliser une sculpture ambitieuse et morale, et les exigences d'une cour sensible à l'élégance décorative. Cette nymphe qui tend son pied vers l'eau où elle va se baigner, est une composition raffinée. Le corps féminin, gracile et allongé, aux épaules tombantes, à la poitrine menue est une constante de l'art de Falconet, qui introduit pourtant dans le visage ingénu aux yeux baissés, une imperceptible retenue, évitant ainsi toute vulgarité. Cette œuvre, exposée au Salon de 1757, définit ainsi le style d'un sculpteur qui sera largement diffucé par les biscuits de Sèvres.

Jean-Antoine HOUDON
1741-1828

328 **Louise Brongniart,
âgée de cinq ans**

Paris, 1777

Buste, terre cuite. H 0,35 m ; L 0,242 m ; P 0,24 m
Acq. 1898. RF 1197

Houdon est surtout célèbre pour ses portraits : bustes de marbre officiels, telle *Madame Victoire*, de terre cuite plus intimes, de plâtre et de bronze, mais aussi grandes statues de marbre, telle celle de Washington ou bien de Voltaire. Portraitiste des hommes de lettre et philosophes (Voltaire, Rousseau, Diderot, Buffon), il est aussi celui de l'aristocratie et des premiers héros de l'indépendance américaine (Franklin, Washington). Mais c'est en étudiant le visage de ses familiers qu'il capte les expressions vivantes et tendres. Le Louvre offre avec les bustes de *Madame Houdon*, de ses filles, Sabine, Anne-Ange et Claudine, et des enfants de l'architecte Brongniart, des exemples d'une sculpture réaliste, pleine de fraîcheur juvénile.

Pierre JULIEN
1732-1804

329 **Gladiateur mourant**

Paris, 1779

Statuette, marbre. H 0,607 m ; L 0,485 m ;
P 0,42 m
Coll. de l'Académie. Entré au Louvre en 1855
MR 2006

Le morceau de réception à l'Académie, chef-d'œuvre de marbre que doit rendre l'artiste pour accéder aux séances de la compagnie, était au XVIIIe siècle une sculpture dramatique. Après les œuvres dynamiques et baroques des Adam ou des Slodtz, Julien, qui est déjà un homme mûr, offre un morceau résolument néoclassique. Il avait copié de nombreuses statues antiques, et son œuvre est une réinterprétation, de composition très ramassée, du *gladiateur mourant* du Capitole. La mort, silencieuse et héroïque, est celle d'un stoïcien. L'exaltation de la vertu et le serein équilibre de l'œuvre sont les composantes de ce nouveau sentiment classique.

Détail

Claude MICHEL dit CLODION
1738-1814

**330 Nymphes au bain
avec Léda et le Cygne**

Paris, vers 1782

Relief, pierre. H 1,03 m ; L 3,23 m ; P 0,27 m

Provenant de l'Hôtel de Besenval à Paris

Acq. 1986. RF 4103

Les amateurs du XVIIIe siècle qui appréciaient de Clodion l'inspiration légère et le modelé alerte en firent le grand décorateur néoclassique. On connaît de lui nombre terre cuites exubérantes et quelques marbres austères. Les reliefs et les vases qui ornaient la salle de bain de Monsieur de Besenval, général des gardes suisses - homme de cour plus qu'homme de guerre -, sont les vestiges d'un important décor néoclassique imaginé par l'architecte Brongniart. Clodion a su donner une atmosphère poétique à des scènes plaisantes de baigneuses effarouchées. La vivacité du modelé des corps et le traitement rapide et tranché des feuillages renouent avec l'art hellénistique alors redécouvert.

Jean-Jacques CAFFIERI
1725-1792

331 **Le chanoine
Alexandre-Gui Pingré,**
astronome (1711-1796)

Paris, 1788

Buste, terre cuite. H 0,675 m ; L 0,515 m ;
P 0,346 m

Provenant de l'Observatoire de Paris

Entré au Louvre en 1909. RF 1496

Rival de Houdon dans l'art du portrait, Caffieri
sut tirer de la physionomie du chanoine Pingré
une impression de spirituelle jovialité, tout en décrivant sans complaisance les joues pendantes, le
nez gros et court, les lèvres épaisses et gour-
mandes et le double menton. Pourtant il s'agissait
de représenter un célèbre astronome, chanoine de
Sainte-Geneviève et franc-maçon, dans une œuvre
tout à fait officielle qui fut exposée au Salon de
1789.

Jean-Antoine HOUDON
1741-1828

332 **Diane chasseresse**

Paris, 1790

Statue, bronze. H 2,055 m ; L 0,795 m ; P 0,935 m

Acq. 1829. CC 204

Les études de Houdon en France d'abord, puis à
l'Académie de France à Rome, le conduisent à
privilégier l'exemple de l'Antiquité et le respect
de l'anatomie du corps humain. Sa *Diane*, dont le
modèle en plâtre remonte à 1776, le marbre à
1780, et cette fonte en bronze réalisée par l'artiste
lui-même à 1790, est une synthèse entre l'élégance

linéaire des volumes, un naturalisme certain (les
détails de la nudité ont été jugés choquants) et
une volonté de souplesse et d'équilibre qui renoue
avec le maniérisme dans une autre simplicité.

Augustin Pajou
1730-1809

333 Psyché abandonnée

Paris, 1790

Statue, marbre. H 1,77 m ; L 0,86 m ; P 0,86 m

Commande de Louis XVI. Entré au Louvre

en 1829. MR Sup 62

Sculpteur officiel de la fin du règne de XV, puis
de Louis XVI, qui devait se maintenir sous la
Révolution, Augustin Pajou aborda tous les
genres, portraits, décor architectural et grande
statuaire. Il avait reçu commande des Bâtiments
du Roi en 1783 de cette *Psyché* destinée à faire
pendant à l'*Amour* **325** de Bouchardon. Le plâtre
original, présenté au Salon de 1785, s'attira un
succès de scandale pour la nudité intégrale d'une
beauté naturelle et sensuelle, bien éloignée de
l'idéal classique. Mais le travail du marbre, réalisé
sous la Révolution, met l'accent sur le décor néo-
classique des accessoires.

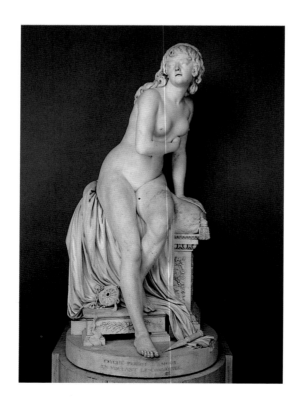

France première moitié du XIXe siècle

Le style néoclassique domine l'art officiel sous Napoléon. La *Paix* d'argent par Chaudet ou la statue de *Napoléon* par Ramey illustrent une grande rigueur monumentale, austère et forte. Mais les portraits et les esquisses de Chinard, l'*Amour* **335** de Chaudet, laissent place à une souplesse plus légère.

Cette tradition classique se perpétue sous la Restauration avec Pradier, Bosio, Jaley, Le Moyne Saint-Paul. Mais ils ont su composer avec la révolution romantique. Pradier, que Victor Hugo compare à Phidias, fait jaillir la passion dans son groupe de satyre, comme Raoul Duseigneur dans son *Roland furieux* **339**. L'animalier Barye poursuit inlassablement une image de la nature, sauvage et altière. Deux personnalités surtout incarnent les contradictions de cette époque, tiraillée entre le naturel et l'Antique, les sentiments et la démonstration : Rude, l'éclectique auteur de la *Marseillaise* de l'arc de triomphe, et David d'Angers, chantre des grands hommes et des grandes causes.

Joseph CHINARD
1756-1813

334 Jeune harpiste
Esquisse, terre crue
H 0,28 m ; L 0,25 m ; P 0,12 m
Acq. 1910. RF 1503

Le sculpteur lyonnais Chinard fut surtout célèbre pour ses portraits, bustes et médaillons de personnalités révolutionnaires, puis impériales, tels les bustes de Madame de Verninac en marbre et de jeune femme en terre cuite qui sont exposés au Louvre. Mais il fut aussi un remarquable modeleur, et une vitrine présente maquettes et esquisses d'une grande liberté d'exécution. Certaines, tel le monument à Desaix, sont des commandes officielles, d'autres, comme celle-ci, des recherches d'élégance sentimentale, plus spontanées.

Antoine-Denis CHAUDET
1763-1810

335 L'Amour

Paris, 1802-1817

Statue, marbre. H 0,805 m ; L 0,44 m ; P 0,64 m

Coll. de la Couronne. Entré au Louvre
avant 1851. LL 56

Le renouveau néoclassique trouve son aboutissement dans l'exaltation de l'héroïsme et des vertus
républicaines, puis impériales, et parallèlement
dans une détente gracieuse. Chaudet illustre le
premier sentiment dans la *Paix* d'argent, le buste
de Napoléon et le groupe d'*Œdipe et Phorbas*.
Plus gracieux, en revanche, l'*Amour* qui tient un
papillon par les ailes. Tourmente-t-il une âme,
comme le laisse penser les reliefs de la plinthe
qui illustrent les peines et les plaisirs de
l'Amour ? La référence philosophique est pleine
de signification. Cependant le sculpteur, auteur
du modèle en 1802, mais qui mourra avant
l'achèvement du marbre, cherche surtout à faire
jouer subtilement les lignes de force d'un corps
juvénile.

François-Joseph BOSIO
1768-1845

336 Henri IV enfant

Paris, 1822-1824

Statue, argent. H 1,25 m ; L 0,46 m ; P 0,40 m

Commande de Charles X. CC 37

Le sculpteur monégasque Bosio, après avoir été
au service de Napoléon, obtint de Louis XVIII le
titre de "premier Sculpteur du Roi", lors de

l'inauguration du quadrige en bronze qui surmonte l'arc du Carrousel. Sculpteur officiel, dont on voit à Paris le *Louis XIV équestre* de la place des Victoires, et la *Nymphe Salmacis* au Louvre, il fut chargé de cette statue rétrospective du jeune Henri IV. Dans le climat historique de l'ère troubadour, il participe à la propagande dynastique de la Restauration monarchique à la recherche de son glorieux passé. Par la suite, les statues d'enfants célèbres deviendront un genre, au charme ingénu, mais plein de sens.

Après exposition du modèle en plâtre au Salon en 1822, la statue fut reproduire en de nombreux exemplaires en marbre ou en bronze. Mais la fonte en argent massif par l'orfèvre Odiot, ciselée par Soyer, est l'exemplaire le plus prestigieux, destiné au roi.

James PRADIER
1790-1852

337 Les Trois Grâces

Paris, 1831

Groupe, marbre. H 1,72 m ; L 1,02 m

Commande de l'Etat, 1831. LP 5

Sculpteur d'origine genevoise, Pradier sut s'insérer dans le milieu parisien : aux commandes officielles de la Restauration (monument du duc de Berry) succèdent celle de Louis-Philippe. C'est alors qu'il participe aux grandes réalisations politiques de la Monarchie de juillet : le décor de l'Assemblée, de l'arc de triomphe de l'Etoile, de la place de la Concorde, du tombeau de Napoléon, des galeries historiques du Musée de Versailles. Son art prend pour base un classicisme tantôt austère, tantôt teinté de sensualité, comme dans ce groupe des *Grâces*. Exposée au Salon de 1831, cette réminiscence du groupe antique des *Grâces Borghèse* et du tableau de Raphaël, se colore d'une langueur et d'une tendresse que, plus tard, Pradier, sous l'impulsion du romantisme, poussera vers une sensualité plus passionnée, dont témoigne le groupe du *Satyre et de la Bacchante*.

François RUDE
1784-1855

338 **Jeune pêcheur napolitain jouant avec une tortue**

Paris, 1831-1833

Statue, marbre. H 0,82 m ; L 0,88 m ; P 0,48 m

Coll. de la Couronne. LP 63

Le dijonnais Rude, auteur de la célèbre *Marseillaise*, donne ici une image d'une scène de genre où le style classique est bouleversé par un sentiment nouveau de liberté. Un jeune pêcheur napolitain, reconnaissable à son bonnet, à son filet et au scapulaire autour du cou, s'amuse à retenir une tortue avec un jonc. Il est nu, comme les héros des histoires mythologiques chères aux néoclassiques. Mais la recherche du naturel chez ce sculpteur, amoureux de la vie, le conduit à privilégier le mouvement, et surtout la joie de l'expression, sur le visage qu'éclaire un rire franc sur des dents bien visibles. Le sujet, étudié en Italie dès 1829, transcrit en plâtre en 1831 et en marbre en 1833, inaugure un goût romantique pour les sujets populaires italiens, qu'illustrera Carpeaux.

Jean-Bernard, dit Jehan
DUSEIGNEUR
1808-1866

339 Roland furieux

Paris, 1831-1867

Statue, bronze. H 1,30 m ; L 1,40 m

Jardin du Luxembourg. Entré au Louvre en 1900

RF 2993

Manifeste romantique au Salon de 1831, le *Roland furieux* fut transcrit en bronze en 1867. Le sculpteur, admirateur de Victor Hugo, voulait par l'expression de révolte du héros de l'Arioste, entravé et cherchant à briser ses liens, rompre avec le formaliste à l'antique du néo-classicisme.

Théophile Gautier, qui encensait "Roland le paladin qui l'écume à la bouche sous un sourcil froncé roule un œil fauve et louche", exprime bien ce refus de l'académie et cette recherche de lyrisme, voire de passion.

France première moitié du XIXᵉ siècle **Sculptures**

Antoine-Louis BARYE
1796-1875

340 Lion au Serpent

Paris, 1832-1835

Groupe, bronze. H 1,35 m ; L 1,78 m ; P 0,96 m

Commande de Louis-Philippe. Provenant du
Jardin des Tuileries. Entré au Louvre en 1911

LP 1184. RF 1516

Passionné de sculpture animalière et professeur de dessin zoologique au Muséum, Barye, visiteur assidu au Jardin des Plantes, étudiait, dessinait, parfois disséquait et moulait les animaux sauvages. Puis, réalisait à partir de ces études, statues et statuettes, tantôt d'une calme vérité, tantôt avec une fougue toute romantique. Amateur de félins, de rapaces, de serpents, il regarde les durs combats de la nature. Partant de l'analyse précise des muscles sous le pelage, il fait ressortir l'expression féroce d'un roi des animaux, vainqueur de ses ennemis, en hommage au roi Louis-Philippe arrivé au pouvoir en juillet 1830, lors de la conjonction astrologique du lion et de l'hydre.

Pierre-Jean DAVID D'ANGERS
1788-1856

341 **L'enfant à la grappe**

1837-1845

Statue, marbre. H 1,31 m ; L 0,55 m ; Pr 0,485 m
Coll. Robert David d'Angers. Legs Jean Gigoux,
1896. RF 1118

L'origine de la scène est autobiographique : lors
d'une promenade, le jeune fils du sculpteur, Robert, voulant cueillir une grappe de raisins, avait
de peu échappé à une vipère, grâce à l'interven-
tion de son père. En souvenir de cette émotion ;
David d'Angers, qui aime tirer des leçons philo-
sophiques et morales, l'interpréta comme le symbole de l'enfance insouciante de l'avenir qui le
menace. Pourtant le serpent, qui figure encore en
1837 sur le modèle de plâtre du Musée d'Angers,
n'apparaît pas. David recherche la vérité tendre
d'un corps enfantin potelé, au ventre encore gon-
flé, à la chevelure épaisse. Œuvre d'une émotion
rare chez celui qui fut le spécialiste des grandes
causes et le portraitiste le plus inspiré de son
temps, dont on admire au Louvre le buste de
Lamartine et de nombreux médaillons.

France première moitié du XIXe *siècle* **Sculptures**

Italie

L'art préroman, illustré par l'*Ambon de Pomposa*, et roman est rare dans les salles du Louvre. Mais pour le XIIIᵉ siècle on peut, avec quelques œuvres pisanes *(Vierge de l'Annonciation)*, florentines (statues monumentales du dôme de Florence), napolitaines *(Vertus Cardinales* provenant d'un tombeau) appréhender l'art où se concilient les survivances antiques, graphisme roman et naturalisme gothique. Au XIVᵉ siècle, l'*Annonciation* de bois pisane exprime déjà une ampleur monumentale.

L'art du quattrocento, celui de l'équilibre humaniste, a été particulièrement collectionné dans ses accents florentins les plus idéalisés, que représentent la *Belle Florentine* ou le *Scipion Rattier*, œuvres les plus connues au XIXᵉ siècle, dont le succès est maintenant dépassé par les grands rénovateurs florentins, Donatello, Verrochio, qui sont représentés par des œuvres significatives ainsi que Mino da Fiesolo, Agostino da Duccio, Desiderio da Settignano et Della Robbia. Mais l'acidité tantôt frippée (Mantegazza), tantôt orfévrée (Amadeo, GC Romano) de l'art lombard, l'angoisse ferraraise *(Christ mort)*, la force siennoise (Della Quercia, F di Giorgio Martini), ou la langueur mystérieuse (*buste féminin* de Laurana), ne sont pas oubliés.

Le XVIᵉ siècle est pour le public celui de Michel-Ange ; *(Esclaves* **347***).* Mais l'art du portrait, vénitien surtout avec Vittoria, le renouveau antiquisant du Nord (Mosca) s'accompagne de la naissance du maniérisme, ce mouvement né du grand genre de Michel-Ange, qui va créer l'antinaturalisme intellectuel, où spirales et allongements des formes marquent l'angoisse d'une époque troublée (Cellini, Pierino da Vinci, *Mercure* de Jean Bologne).

En revanche, le Louvre est resté réfractaire jusqu'à une date récente au Baroque italien. Trois pièces de Bernin, et de son fils le rénovateur de la sculpture monumentale, étaient déjà en France du vivant du sculpteur *(Richelieu, Urbain VIII, petit Christ)*, et la collection s'est peu agrandie par la suite de quelques esquisses seulement. Quant

au baroque du XVIIIe siècle, il n'a été recherché
qu'à une date récente (Mazzuoli, Corradini).
C'est avec deux chefs-d'œuvre de Canova, mani-
festes néoclassiques, que se clôt la collection italienne.

342 Descente de Croix

*Ombrie ou Latium milieu
du XIIIe siècle*
Groupe, bois polychrome (peuplier, noyer, saule)
Christ : H 1,83 m ; L 1,23 m ; P 0,43 m
Acq. 1968. RF 2966-2969

Le thème de la Descente de Croix fut illustré en
France [292], en Espagne et en Italie par un certain
nombre de groupes figurant le Christ descendu
de la Croix par Nicodème et Joseph d'Arimathie,
et pleuré par la Vierge (qui manque ici) et saint
Jean. Apparentée au groupe de la cathédrale de
Tivoli, l'œuvre présente encore, dans le pagne
(perizonium) du Christ, des plis géométriques et
stylisés de tradition romane. Mais la présence corporelle des personnages et l'équilibre des volumes
annoncent un esprit plus naturaliste.

Attribué à Jacopo
DELLA QUERCIA
Vers 1371-1374-1438

343 **Vierge à l'Enfant**

Bologne? vers 1430-1435?
Statue, bois polychrome. H 1,78 m
Acq. 1896. RF 1112

Le Siennois Jacopo Della Quercia devait par son
souffle apporter à la sculpture une expressivité
grandiose. Maître du relief à la Fonte Gaja de
Sienne et au portail de San Petronio de Bologne,
il cherche moins l'individualité que l'ampleur.
Resté extérieur aux conflits du gothique et de la
Renaissance qui naît, il poursuit sa recherche for-
melle, loin de tout sentimentaliste, de tout décor
inutile : la *Vierge* du Louvre, proche de celle du
tympan de San Petronio a une densité plastique
et un équilibre compact, animé de drapeties ondoyantes, qui s'accorde à l'expression mélancolique.

Donato di Nicoló Bardi dit
DONATELLO
1386-1466

344 **Vierge à L'Enfant**

Florence? vers 1440
Relief, terre cuite polychrome. H 1,02 m ;
L 0,74 m ; P 0,12 m
Acq. 1880. RF 353

La personnalité de Donatello résume à elle seule
toutes les redécouvertes et l'inventivité de la
Renaissance ; ampleur monumentale de la statuaire y compris équestre, expression du portrait,
profondeur de la perspective dans le relief, force
incisive de la ciselure du bronze. Les Vierges à
l'Enfant en relief de Donatello donnent souvent
une image tragique, où le sentiment prémonitoire

de la Passion l'emporte sur la tendresse. Ici les deux profils de la Vierge au long cou et de l'Enfant qui s'en détourne se détachent sur un fond de draperie, qui donne, en jouant avec le siège du premier plan, l'illusion de la profondeur.

MINO DE FIESOLE

345 Dietisalvi Neroni

Florence, 1464

Buste, marbre. H 0,57 m ; L 0,52 m ; P 0,345 m

Spécialiste du grand monument funéraire, (le Louvre conserve un fragment de celui de Paul II du Vatican), mais aussi du tabernacle florentin, Mino est resté célèbre par ses bustes. Celui de l'humaniste florentin, Dietisalvi Neroni, conseiller de Pierre de Médicis, renoue avec le portrait à la romaine. Vêtu d'une sorte de toge aux plis anguleux, retenue sur l'épaule par un nœud, il tourne légèrement la tête d'un mouvement impérieux. Les traits marqués par l'âge - il a 60 ans - le front bas, et le cou penché du modèle indiquent clairement le souci de vérité d'un art sans concessions.

Agostino d'Antonio di DUCCIO
1418-1481

346 La Vierge à l'Enfant entourée d'anges

Florence, troisième quart du XVᵉ siècle

Relief, marbre. H 0,81 m ; L 0,77 m

Acq. 1903. RF 1392

Désigné souvent sous le nom de *Madone d'Auvillers*, du nom du village de l'Oise où il était

Italie **Sculptures**

conservé au XIXe siècle, ce relief porte encore les armoiries et l'anneau diamanté qui désignaient Pierre de Médicis (1416-1469) comme le propriétaire primitif. On y reconnaît le style d'Agostino, l'auteur des reliefs du Temple Malatesta de Rimini ; le graphisme alambiqué des plis et des cheveux, l'élégance linéaire des volumes, les visages sybillins aux paupières alourdies, le rythme subtil qui fait alterner la grande mandorle lisse et les drapés orfèvrés, constituent une recherche intellectuelle de l'idéal formel.

Michelangiolo Buonarroti dit
MICHEL-ANGE
1475-1564

347 Esclaves

Rome, 1513-1515
Statues inachevées, marbre. H 2,09 m
Provenant des châteaux d'Ecouen et de
Richelieu. Saisie révolutionnaire. Entré au Louvre
en 1794. MR 1589

Michel-Ange est probablement, par la force de son génie, le sculpteur le plus célèbre, et les deux *Esclaves* du Louvre, les statues les plus connues du département des Sculptures. Leur odyssée résume un grand combat de Michel-Ange : conçus pour le premier projet du monument funéraire colossal de Jule II (1505) et entrepris pour le second (1513), ils seront écartés par la suite quand après la mort du pape, par souci d'économie, la conception du tombeau changea. Jules II, qui avait rêvé d'un mausolée isolée à Saint-Pierre de Rome, n'eut droit qu'à une arcade monumentale à Saint-Pierre-aux-liens, qui abrite pourtant le célèbre *Moïse*, contemporain des *Esclaves*. Donnés par Michel-Ange à l'exilé florentin Roberto Strozzi, qui en fit hommage au roi de France, les *Esclaves* gagnent la France du vivant du sculpteur et sont placés successivement dans les châteaux du connétable de Montmorency à Ecouen et de Richelieu.

Qu'ils représentent les provinces soumises, les arts réduits en esclavage par la mort du pape, ou plus simplement qu'ils participent au triomphe éternel du pontife, ou symbolisent les passions asservies, ou bien, à la mode platonicienne, l'âme humaine enchaînée par les pesanteurs du corps humain, les *Esclaves*, comme les quatre autres de l'Académie de Florence, réalisés plus tard, vers 1531-1532, n'ont jamais été terminés. L'inachevé, thème récurrent chez Michel-Ange, que nécessitaient autant les incertitudes d'une carrière que l'insatisfaction d'une inlassable quête d'absolu, est pourtant accepté par le maître comme une œuvre en soi : il juge les *Esclaves* dignes d'un don. Peut-être parce que les traces d'outils qui marquent le marbre (pics et pointes, rapes, gradines, trépan) attestent du combat contre la matière qu'est la sculpture.

Benevenuto CELLINI
1500-1571

348 **La nymphe de Fontainebleau**

Paris, 1542-1543
Haut-relief, bronze. H 2,05 m ; L 4,09 m
Provenant du château d'Anet. Saisie
révolutionnaire. Entré au Louvre en 1797.
MR 1706

Italie **Sculptures**

L'orfèvre Cellini s'était installé en 1540 à la cour de François Ier, où il exécuta la célèbre salière du Musée de Vienne. Désireux de se lancer dans la statuaire monumentale, il élabora pour la porte dorée du château de Fontainebleau, un gigantesque tympan de bronze, soutenu par deux satyres et accosté de deux écoinçons ornés de victoires. Le bronze, fondu dans l'atelier parisien de l'orfèvre et reparé par des sculpteurs français, dont Pierre Bontemps, fut placé au portail du château d'Anet, demeure de Diane de Poitiers, la favorite d'Henri II.

Bien qu'exécutée d'après nature, la capricieuse Catherine, puis la sauvageonne Jeanne, la figure féminine allongée est caractéristique de l'antinaturalisme décoratif qui adapte la forme au cadre et à l'idéal. Le corps nu de la nymphe des eaux de Fontainebleau détache son épiderme lisse et sa ligne subtile sur un fond agité d'animaux sauvages, chiens et faons qui viennent boire à la source, et surtout grand cerf, évocateur de la forêt.

Pierino de VINCI
Vers 1531-1554

349 **Jeune fleuve**

Pise, vers 1548

Groupe, marbre. H 1,35 m ; L 0,48 m

Legs Schlichting, 1915. RF 1623

Ce jeune fleuve qui tient un vase d'où coule l'eau, soutenu par trois enfants, était destiné au collectionneur Luca Martini qui le donna à la duchesse de Toscane, Eléonore de Tolède, laquelle l'offrit à son frère qui le plaça dans son jardin napolitain. Œuvre d'un sculpteur marqué par le destin, selon Vasari, d'une vie brève et d'une parenté avec le célèbre Léonard, elle est significative d'une personnalité qui se cherche, entre les réminiscences classiques et la fascination de Michel-Ange. Avec une virtuosité raffinée et un plaisir teinté de mélancolie, il traduit la souplesse d'un corps juvénile. Poésie hédoniste, cette œuvre participe par son rythme et ses courbes, au mouvement qui va donner naissance au maniérisme.

Gian Lorenzo BERNINI,
dit LE BERNIN
1598-1680

350 **Ange portant la couronne
d'épines**

Rome, vers 1667

Esquisse, terre cuite. H 33 cm ; L 13 cm ; P 19 cm

Acq. 1934. RF 2312

La personnalité du Bernin domine le triomphe
du baroque romain. Metteur en scène des fastes
pontificaux, il insuffle toujours à ses réalisations
une force dynamique, et réussit la synthèse ambitieuse de tous les arts, architecture, peinture et
sculpture. Chargé en 1667 de décorer le Pont
Saint-Ange, qui enjambe le Tibre face à l'ancien
mausolée d'Hadrien, il imagine une voie triomphale que rythment de colossales statues d'anges
tenant les instruments de la Passion. L'esquisse de
l'ange tenant la couronne d'épines révèle toute la
vivacité d'un modelage rapide, expressif et tourmenté. Pour exprimer la douleur, Bernin a façonné une spirale de draperies ondoyantes comme
des flammes, qui conduit le regard vers le visage
expressif, mais schématisé de l'ange. Par la suite,
Bernin lui-même devait sculpter les grands
marbres figurant cet ange et celui qui porte le *titulus INRI*, jugés si excellents qu'on les abrita
dans l'église Sant'Andrea delle Fratte. En revanche, les statues placées sur le pont furent exécutées d'après ses modèles par des élèves.

Italie **Sculptures**

Antonio CANOVA
1757-1822

351 **L'Amour et Psyché**

Rome, 1793

Groupe, marbre. H 1,55 m ; L 1,68 m ; P 1,01 m

Provenant du château de Villier. Entré au Louvre

avant 1824. MR 1777

Rénovateur de l'art classique en Italie, Canova,
formé à Venise et innovateur à Rome, domine
par sa personnalité l'art européen. Maître du

marbre, il est le sculpteur des grands tombeaux,
de Napoléon à l'antique, des dieux romains hé-
roïques et des nymphes légères. Le groupe de
l'Amour qui fait renaître Psyché endormie à jamais par les exhalaisons d'un parfum magique,
est autant qu'un hymne à l'amour, le rappel de
la légende de Psyché, l'âme immortelle du mythe
platonicien. Sans sacrifier à l'Académie, Canova
construit une pyramide de corps enlacés, animée
du jeu délicat des membres qui ondulent dans la
lumière. La transparence du marbre blanc ajoute
à la poésie d'un groupe, longuement médité (le
modèle remonte à 1787), et par la suite réédité
par Canova lui-même pour le prince Youssoupoff.

Pays germaniques

A l'exception du beau *Christ en croix* bavarois du
XIIe siècle, les collections de sculptures germaniques du Louvre appartiennent essentiellement
aux XVe et XVIe siècles et témoignent de l'évolution stylistique depuis le style gothique internatio-
nal jusqu'à la Renaissance.

Au début du XVe siècle, règnent le "Beau Style"
(*Weicher Stil*) moelleux et raffiné, dont la *Vierge à
l'Enfant* de Salzbourg est un exemple, et dans le
même temps des tendances plus acerbes, où la
mystique rhénane exprime par des plis anguleux
et graphiques l'angoisse de la fin du Moyen-Age.
Le mystérieux "Maître du retable de Rimini",
dont on rapproche l'activité d'une grande *Vierge
de Pitié* d'albâtre, représente ce subtil mélange de
délicatesse et d'âpreté.

Le renouvellement stylistique prend le nom de
gothique tardif (*Spätgotik*) où se mêlent des tendances réalistes et au contraire un goût pour le
lyrisme des formes, qui se gonflent et se cassent
au gré d'une imagination virtuose. Le Louvre
offre un panorama des diverses régions de ce
style : le Rhin supérieur *(Vierge d'Issenheim* **352***)* ;
L'Autriche d'où provient le *Diacre* attribué au
Maître du retable de Kefermarkt ; la Franconie
dominée par la personnalité de Riemenschneider ;
la Souabe enfin, d'où viennent le *Christ en prière*
au Mont des Oliviers, le *groupe de prélats* de l'atelier de Daniel Mauch et la célèbre *Madeleine* **354**
de Gregor Erhart.

352 Vierge à l'Enfant

Rhin supérieur, fin du XVe siècle

Statue, bois de tilleul

H 1,72 m ; L 0,76 m ; P 0,495 m

Acq. 1924. RF 1833

Provenant peut-être du célèbre Couvent des Antonites d'Issenheim près de Colmar, cette grande sculpture est une des œuvres les plus célèbres du "gothique tardif" (*spätgotik*) germanique. Grâce au tilleul, matériau tendre, les sculpteurs de ce style, dynamique et parfois mystique, peuvent y déployer leur virtuosité technique dans les amples drapés, aux angles aigus, aux creux profonds, qui parfois s'envolent — ici sur la jambe droite — en arabesques, et vont se casser en bas — ici sur le croissant de lune qui fair référence à la Femme de l'Apocalypse -. Le silhouette arquée et sinueuse de la Vierge, enveloppée de son ample manteau, complexe et raffiné, se retrouve dans un groupe d'œuvres, situées dans la mouvance des ateliers de Bâle, entre Fribourg-en-Brisgau et Fribourg en Suisse.

Tilman RIEMENSCHNEIDER
Vers 1460-1531

353 Vierge de l'Annonciation

Wurzbourg, fin du XVe siècle

Statue, marbre avec rehauts de polychromie

H 0,53 m ; L 0,40 m ; P 0,19 m

Acq. 1904. RF 1384

Le grand maître de Wurzbourg est Riemenschneider. Artiste et homme public, il occupe dans la ville une place de premier plan, a un atelier remarquablement fourni de compagnons et d'apprentis et rayonne largement en Franconie. La Vierge, qui provient de l'église Saint-Pierre d'Erfurt en Thuringe, est typique de l'art lyrique et sensible de celui qui marque l'apogée du gothique tardif de l'Allemagne du Sud. On y reconnaît l'expression douce, d'une idéalisation délicate, la stature gracile adoptée pour les figures féminines, le goût du raffinement que rehausse la finesse des doigts, la légèreté des ondulations de la chevelure, la souple opulence des drapés cassés qui magnifient une silhouette de toute jeune fille.

Gregor ERHART
† *1540*

354 Sainte Marie-Madeleine

Augsbourg, début du XVIe siècle

Statue, bois de tilleul polychrome

H 1,77 m ; L 0,44 m ; P 0,43 m

Acq. 1902. RF 1338

Cette statue, autrefois surnommée "la belle Allemande", représente la Madeleine repentante, ascète vêtue de ses seuls cheveux, qui fut enlevée au ciel par les anges. Le thème de l'Assomption de la pécheresse rachetée a été particulièrement en honneur au XVe siècle en Italie et en Allemagne, et Dürer par la gravure aida à le populariser. Erhart s'est probablement inspiré d'un exemplaire gravé.

Gregor Erhart introduit sa recherche de vérité charnelle dans un climat encore marqué par la sophistication graphique que montrent les longues mèches de cheveux, et dans un type féminin assez conforme à l'idéal gothique, rond et serein. Le corps, animé d'un léger *contrapposto*, pivote et tournoie. La sainte qui s'abandonne, après avoir renoncé au monde, est décrite pourtant avec une grâce, qui est peut-être le fruit des contacts avec la Renaissance.

Attribué à Dietrich SCHRO
Connu de 1545 à 1568

355 **Othon-Henri,**
comte et électeur palatin
(1502-1559)

Mayence, vers 1556

Statuette, albâtre

H 0,155 m ; L 0,155 m ; P 0,16 m

Don Sauvageot, 1856. OA 204

Cette image précieuse du collectionneur et mécène Othon-Henri donne pourtant une impression
de puissance. On y reconnaît le caractère de celui
qui construisit l'aile Renaissance du château de
Heidelbert et y créa la Bibliothèque palatine.

Pays-Bas

Un art gothique aux facettes opposées, tantôt anecdotique et pittoresque dans les retables qui forment la production la mieux connue et la plus représentée, tantôt au contraire fort et anguleux dans les statues isolées, domine aux Pays-Bas. Les pièces provenant des Pays-Bas méridionaux des XVᵉ et XVIᵉ siècles, souvent munies d'un poinçon, sont numériquement les plus importantes, avec des productions de Bruxelles, marquées d'un maillet, d'Anvers, marquées d'une main, et de Malines, marquées de trois pals. Mais parallèlement, quelques œuvres permettent d'évoquer les Pays-Bas du Nord, avec la *Vierge et l'Enfant* attribuée à Jan Nude, le relief de la *Nativité* et l'imposant *Saint Léonard* attribué au maître d'Elsloo. Une Renaissance plus décorative, succède, illustrée par le relief du *Calvaire* de Willem Van den Broek, ou la dalle funéraire de Jean de Coronmeus.

Le maniérisme du Nord est représenté seulement par le groupe tournoyant de A De Vries [358] mais l'intrusion du Baroque, dû aux voyages des sculptures en Italie, Duquesnoy, Delcour, Quellien, est bien représenté par les bustes amples des *Witsen* et par une suite de petites esquisses de terre cuite.

[356] Vierge de Calvaire

Brabant, fin du XVᵉ siècle
Statue, bois de chêne
H 1,63 m ; L 0,57 m ; P 0,38 m
Provenant probablement du jubé de la collégiale
Sainte-Gertrude de Nivelles.
Acq. 1890. RF 822

Le Calvaire de bois, composé d'un Christ en croix au pied de laquelle se tiennent la Vierge et saint Jean surmonte fréquemment les poutres de gloire ou les jubés, à l'entrée du chœur des églises. Ici la Vierge, le visage en larmes, ombragé par un voile frangé, froisse tristement un mouchoir de la main droite. Cette image de la douleur est comparable à l'expression tragique, mais sobre, des retables peints des primitifs flamands. Ce pathétique ample est renforcé par l'attitude, statique, et le drapé profond, dont les plis se cassent en angles aigus, mais sans aucun effet gratuit ou décoratif : la cohérence est complète entre l'expression, les volumes et les formes.

357 Retable de la Passion (détail)

Anvers, début du XVI⁰ siècle

Bois polychromé et doré

H 2,03 m ; L 2,145 m ; P 0,265 m

Provenant de l'église de Coligny (Marne)

Acq. 1922. RF 1769

A la fin du XV⁰ et au XVI⁰ siècle, les retables sculptés sont produits en abondance à Anvers, où les ateliers marquent au fer leur réalisation d'une main coupée, pour attester leur qualité. Exportés à l'étranger, ils se composaient de petits compartiments juxtaposés, enserrés dans une caisse munie de volets peints, ici disparus. La Crucifixion centrale, entourée de représentation de six sacrements, surmonte l'Adoration des bergers et celle des Mages. Les compartiments latéraux présentent le Portement de Croix et la Descente de Croix, qui surmontaient aux archivoltes d'autres épisodes de la Passion. La composition, volontairement chargée, aux personnages d'échelle différente, ainsi que la recherche d'élégance décorative dans les vêtements ou encore l'attachement aux formules architecturales du gothique flamboyant, sont caractéristiques des effets pittoresques et riches de l'art anversois.

Adrien DE VRIES
1546-1626

[358] **Mercure et Psyché**

Prague, 1593
Groupe, bronze. H 2,15 m ; L 0,92 m ; P 0,72 m
Coll. de la Couronne. Entré au Louvre vers 1877.
MR 3270

La cour de l'empereur Rodolphe II à Prague connut à la fin du XVIe siècle et au début du XVIIIe, une création artistique enfiévrée par les plus célèbres représentants du maniérisme européen. Le Hollandais Adrien De Vries, formé à Florence auprès de Jean Bologne, réalise pour le château de Prague deux groupes en pendant, *Psyché portée par les Amours* et celui-ci, *Psyché portée par Mercure sur l'Olympe* où elle va s'unir à l'Amour. Emportés en butin par les troupes suédoises en 1648, le premier est actuellement à Stockholm, et le second, offert en cadeau diplomatique alla, après être passé dans des collections ministérielles, orner les parcs royaux de Versailles, puis de Marly.
La grande spirale maniériste anime le groupe tournoyant qui doit sa ligne serpentine et son sens de l'espace aux créations de Jean Bologne.

Pays-Bas **Sculptures**

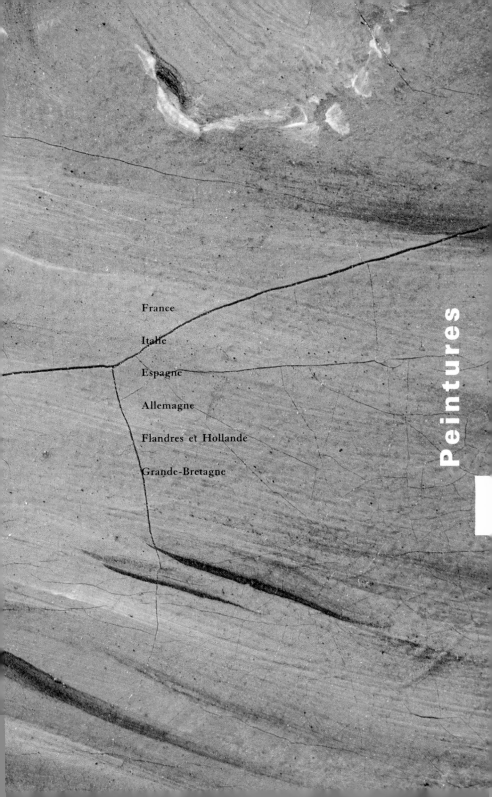

France

Italie

Espagne

Allemagne

Flandres et Hollande

Grande-Bretagne

Peintures

Introduction

Le Musée du Louvre conserve dans ses murs plus de 6000 peintures européennes, exécutées entre la fin du XIIIe siècle et le milieu du XIXe siècle. Malgré la prépondérance de l'école française - presque les deux-tiers - et d'importantes lacunes dans les écoles étrangères, le Louvre se distingue par le caractère résolument encyclopédique de ses collections. Ce parti est suivi dès que naît en France autour de 1750 l'idée d'offrir à la vue de la Nation entière les tableaux de la Couronne, jusque là dispersés dans les résidences royales ou relégués dans les dépôts. Sous le règne de Louis XVI, le Directeur des Bâtiments, le comte d'Angiviller, prépare longuement l'installation du Muséum dans la Grande Galerie du Louvre et complète les collections royales, où dominent par tradition les écoles française, italienne et flamande - trois écoles que lient l'histoire et la géographie -, par l'acquisition d'œuvres en majorité hollandaises. L'école espagnole, presque absente, s'enrichit de son premier fleuron, le *Jeune mendiant* 436 de Murillo. Quelques chefs-d'œuvre de l'école allemande, entrés dans les collections royales au XVIIe siècle, complètent ce panorama européen. Il appartiendra à la Révolution de concrétiser le projet de Louis XVI et d'ouvrir le musée au public, en 1793. L'arrivée massive de tableaux nouveaux, due aux saisies nationales ou aux prises de guerre de la Convention et de l'Empire, ne fait que renforcer la diversité de la collection. La plupart des œuvres réquisitionnées à l'étranger seront rendues et les collections nationales réparties entre les musées de la France. Mais le Louvre gardera de cette aventure unique son ambition à refléter toutes les cultures artistiques de l'Europe, tout en étant le conservatoire exhaustif de la peinture française. L'évolution du goût, l'engouement durable des amateurs pour l'hispanisme puis pour l'art primitif et la peinture anglaise, le développement de la discipline de l'histoire de l'art enfin, ne cesseront d'affirmer le caractère universel du département des Peintures, organisé dès 1794, par souci de clarté pour le visiteur, en écoles nationales.

Musée par excellence de l'école française, le Louvre ne s'est pourtant intéressé aux origines de l'art national que tardivement. La peinture française de chevalet, depuis son apparition au XIVe siècle jusqu'au début du XVIIe siècle, est une redécouverte moderne, excepté le *Portrait de François 1er* de Jean Clouet, dans les collections royales depuis sa création. Il faudra attendre le milieu du XIXe siècle pour voir s'étoffer ce qui constitue aujourd'hui le plus bel ensemble d'œuvres des Primitifs français et de l'École de Fontainebleau.

La prédominance de l'école française commence vraiment avec Louis XIV. Le collectionnisme du monarque ne fut pas un mythe. C'est le Roi-Soleil qui, à rebours de son père, mécène parcimonieux, crée la collection royale. Avec une esthétique déclarée : le classicisme. Et trois artistes favoris : Poussin, Claude Gellée, Le Brun. De Poussin, référence absolue de l'Académie, qui régente désormais la vie artistique, le souverain a perçu la grandeur : il acquiert trente-et-un des trente-huit Poussin du Louvre. Et pas moins de dix Claude Gellée. Et tout Le Brun, ou presque. La monarchie recueillant les fonds d'atelier de ses Premiers Peintres, celui de Le Brun (puis celui de Mignard) lui échut à la mort de l'artiste. Si l'on ajoute des maîtres modernes, Perrier, Bourdon, Stella, on voit bien ce que doit à Louis XIV la mémoire du classicisme français. Le complément viendra de Louis XVI. C'est sous son règne que le tendre Le Sueur entre dans les collections royales, avec ses deux grands cycles (Chartreuse de Paris, Hôtel Lambert), où se trame l'atticisme parisien, délicat et suave, dès le milieu du XVIIe siècle. Les saisies révolutionnaires, qui font entrer au Muséum la plupart des Champaigne, parachèvent cet ensemble classique. Le Louvre est, à sa création, pourvu d'une collection inégalable, qui ne s'enrichit plus que par accident. Mais il y a un autre XVIIe siècle : les peintres de la réalité. On le redécouvre sous le second Empire, à la suite de La Caze, qui aimait Le Nain, dont il fait au Louvre un don pionnier. De Le Nain à La Tour, en passant par la nature morte, l'historiographie a tracé le chemin complexe. Une série d'œuvres qu'a ponctuée en 1988 le *Saint Thomas* acquis par une souscription nationale, illustrent désormais au Louvre, du caravagisme clair au nocturne, les divers registres de La Tour, peintre mythique exhumé par les historiens d'art.

Au contraire de ses contemporains, Louis XV ne fut guère collectionneur. Il n'y a à Versailles pas un Watteau, pas un Fragonard. Les commandes du marquis de Marigny, de Chardin à Vernet (les Ports de France), la commande de tableaux d'histoire pour les Gobelins ou le décor des résidences royales (Boucher, Carle Vanloo) ne suffisent guère à compenser l'étrange indifférence du monarque. Les achats de la marquise de Pompadour, grand ordonnateur du goût rocaille, sont privés, et seront dispersés à la mort de son héritier en vente publique, comme ceux des plus actifs mécènes du temps. En fait la collection du XVIIIe siècle, pourtant riche des œuvres de l'ancienne Académie (le *Pèlerinage à l'Ile de Cythère* **379** de Watteau, *la Raie* **382** de Chardin), ne s'impose au Louvre que grâce au don providentiel du plus grand collectionneur français, La Caze. Avec son legs en 1869 entrent au Louvre la plupart des maîtres du rococo, au premier rang desquels l'admirable série des huit tableaux de Watteau, dont le *Pierrot* **380**, treize Chardin et neuf Fragonard.

Le règne de Louis XVI, qui n'aimait guère l'art de son temps, est marqué par les ambitieuses commandes du comte d'Angiviller qui tente de ranimer la peinture d'histoire. Le Louvre possède encore les plus notables des grandes compositions du Salon, à commencer par le *Serment des Horaces* **387** et le *Brutus* de David.

Brièvement interrompue par la Révolution, cette politique de commandes reprend sous l'Empire. En témoignent les grandes machines de la Légende Napoléonienne, des *Pestiférés de Jaffa* **389** de Gros au *Sacre de Napoléon 1er* **391**, qui rendent aujourd'hui les salles du Louvre uniques pour la compréhension de l'époque.

La Restauration crée en 1818 le musée du Luxembourg, premier musée d'art contemporain, où sont réunis avant de rejoindre le Louvre la plupart des grands tableaux classiques (Girodet, Guérin, Gérard, Prud'hon), dûment achetés par Vivant Denon et le comte de Forbin jusqu'en 1830. Le *Radeau de la Méduse* [393] de Géricault est acquis non sans difficulté en 1825 par les musées français, preuve que ceux-ci sont capables, au moins jusqu'au milieu du siècle, de suivre les nouvelles tendances et d'accueillir les peintres les plus audacieux, Delacroix en tête. Il appartiendra aux contemporains de compléter cette série de tableaux historiques par l'achat de portraits.

Trois grandes donations du début du siècle permettront de compenser les insuffisances d'une politique d'achat de plus en plus accaparée par la peinture académique et qui dédaigne Courbet, Millet et Daumier : Thomy Thiéry (1902) avec l'Ecole de Barbizon, Moreau-Nélaton (1927) avec ses Corot, Chauchard (1909) avec l'*Angélus* de Millet. L'*Atelier* de Courbet ne sera acquis qu'en 1920 par une souscription publique. Mais ces deux derniers tableaux appartiennent désormais au musée d'Orsay où sont exposées, sauf exception, les œuvres des artistes nés après 1820.

359 **Portrait de Jean II le Bon**
(1319-1364), roi de France
depuis 1350

Vers 1350

Bois. H 0,60 m ; L 0,445 m

Dépôt du Cabinet des Estampes de la
Bibliothèque Nationale, 1925. RF 2490

Le deuxième roi de la maison des Valois a connu
un règne difficile, marqué par la défaite de
Poitiers et la captivité à Londres, la révolte
d'Etienne Marcel et la Jacquerie. Son portrait
(vers 1350) tient une place particulière dans l'histoire de la peinture de chevalet : considéré comme
l'un des plus anciens tableaux de l'école française,
il est aussi en Europe le premier exemple conservé d'un portrait individuel de profil, reflétant
peut-être un prototype perdu des grands maîtres
siennois travaillant en Avignon, Simone Martini
ou Matteo Giovannetti.

Henri BELLECHOSE
*Peintre du duc de Bourgogne de
1415 à 1440/1444*

360 **Retable de saint Denis**

1416

Transposé de bois sur toile. H 1,62 m ; L 2,11 m

Provenant de la Chartreuse de Champmol

Don Frédéric Reiset, 1863. MI 674

De part et d'autre de la Trinité, saint Denis,
l'apôtre des Gaules, reçoit la dernière communion
de la main du Christ et s'apprête à subir le mar-
tyre de la décapitation après celui de ses deux
acolytes Rustique et Eleuthère. Le tableau a été
peint pour la Chartreuse de Champmol en 1415-

1416 par le dernier représentant de la florisssante école "franco-flamande" qui s'épanouit entre 1380 et 1420 à la cour des ducs de Bourgogne à Dijon. Sur un fond d'or éclatant, les scènes combinent le réalisme et la gracieuse stylisation du gothique international.

Jean FOUQUET
Vers 1420-1477/1481

361 **Portrait de Charles VII**
(1403-1461), roi de France depuis 1422

Vers 1445-1450
Bois. H 0,86 m ; L 0,71 m
Acq. 1838. INV 9106

L'inscription portée sur le cadre original du tableau rappelle que Charles VII, "le très victorieux roy de France", libéra la France de l'occupation anglaise. Le portrait compte parmi les toutes premières œuvres conservées de Jean Fouquet, le grand peintre du XVᵉ siècle français, qui inaugure avec cette effigie grandeur nature, présentée à mi-corps et presque de face, un nouveau type de portrait officiel. Encore gothique par son cadrage serré, le tableau rompt définitivement avec cette tradition par l'ampleur nouvelle donnée au buste du souverain.

France **Peintures**

Enguerrand QUARTON
*Originaire du diocèse de Laon.
Connu en Provence de 1444 à
1466*

362 Pietà de Villeneuve-lès-Avignon

Vers 1455

Bois. H 1,63 m ; L 2,185 m

Don de la Société des Amis du Louvre, 1905.

RF 1569

Ce tableau dont on ignorait tout, sauf sa provenance de Villeneuve-lès-Avignon, a été rattaché au plus illustre représentant de l'école provençale du XVe siècle, auteur du non moins célèbre *Couronnement de la Vierge* (Villeneuve-lès-Avignon, Musée). Autour du corps raidi du Christ, le donateur en prière et le groupe formé par saint Jean, la Vierge et la Madeleine rejoignent dans leur austère monumentalité la tradition de la sculpture française, traduite ici par Quarton en des formes sévères, fortement découpées et modelées par la lumière, qui sont propres à l'école d'Avignon.

Jean HEY, dit le MAITRE DE MOULINS
Travaillant entre 1480 et 1500 pour la famille de Bourbon et la cour de France

363 **Portrait présumé de Madeleine de Bourgogne, dame de Laage, présentée par sainte Madeleine**

Vers 1490

Bois. H 0,56 m ; L 0,40 m

Acq. 1904. RF 1521

Seul vestige d'un triptyque ou d'un diptyque perdu, ce panneau représente sainte Madeleine et une donatrice portant en broche le "briquet", insigne de la maison de Bourgogne. Il pourrait s'agir de Madeleine de Bourgogne, fille bâtarde de Philippe le Bon, installée après son mariage à la cour des ducs de Bourbon à Moulins. C'est là qu'aurait pu la peindre le grand peintre français de la fin du XVe siècle, qui doit son surnom de "Maître de Moulins" au triptyque de la cathédrale de cette ville, et que l'on identifie aujourd'hui avec le peintre d'origine flamande Jean Hey.

364 **Diane chasseresse**

Ecole de Fontainebleau
Milieu du XVIe siècle

Toile. H 1,91 m ; L 1,32 m

Acq. 1840. INV 445

D'auteur inconnu, la *Diane chasseresse* est l'archétype de l'idéal bellifontain qui s'épanouit en France au XVIe siècle sous l'influence des maîtres italiens appelés par François Ier au château de Fontainebleau à partir de 1530 (Rosso, Primatice). On y a vu parfois un portrait métaphorique de Diane de Poitiers (1499-1566), maîtresse d'Henri II, au moment de la période faste de la construction du château d'Anet (vers 1550). Il témoigne de la prédilection pour le nu mythologique, où s'affirment la primauté du dessin et le goût maniériste pour l'étirement des corps et les poses contournées.

France **Peintures**

François CLOUET
† *1572*

365 **Portrait de Pierre Quthe**
(1519-après 1588), apothicaire

1562

Bois. H 0,91 m ; L 0,70 m

Don de la Société des Amis du Louvre, 1908.

RF 1719

François Clouet peint son ami Pierre Quthe en
1562, à l'âge de 43 ans, comme l'indique l'inscription latine qui compte parmi les rares signatures
connues de l'artiste. Clouet privilégie l'étude psychologique de l'homme, sans manquer d'évoquer
la position sociale du modèle en plaçant à ses côtés un herbier, allusion au jardin médicinal que
l'apothicaire possédait à Paris. La sobre élégance
de la pose dénote la connaissance des maniéristes
italiens, le dosage de la lumière et un métier mé-
ticuleux, celui des maîtres flamands : c'est au
confluent de ces influences que Clouet, à la suite
de son père Jean Clouet, élabore les composantes
nouvelles du portrait français.

XVIIᵉ siècle

Valentin de Boulogne, dit
LE VALENTIN
1594-1632

366 **Un concert**

Vers 1628-1630 ?

Toile. H 1,75 m ; L 2,16 m

Coll. de Louis xv. INV 8252

Ce tableau emprunte à Caravage, dont l'artiste
français fut à Rome l'un des plus fidèles suiveurs,
le thème du concert et la formule du clair-obscur.
Mais le réalisme cru du maître est interprété avec
plus de gravité et d'élégance, dans une gamme
chromatique plus raffinée.

Lubin BAUGIN
Vers 1612-1663

367 Le dessert de gaufrettes

Vers 1630-1635
Bois. H 0,41 m ; L 0,52 m
Acq. 1954. RF 1954-23

Quatre natures mortes signées du nom de *Baugin*, dont deux au Louvre, forment l'essentiel de la production répertoriée du meilleur peintre de nature morte français du XVIIᵉ siècle, que l'on identifie désormais au peintre religieux Lubin Baugin. De l'art flamand, l'artiste ne retient que le thème. Le dépouillement et l'ordonnance géométrique de la composition procèdent en revanche d'un langage d'une austère sobriété propre à tout un courant de l'art français sous Louis XIII, que l'on a parfois mis en relation avec la spiritualité protestante ou janséniste.

Simon VOUET
1590-1649

368 Figure allégorique
dite **La Richesse**

Vers 1640
Toile. H 1,70 m ; L 1,24 m
Coll. de Louis XIII. INV 8500

C'est pour l'un des châteaux royaux, peut-être le Château-Neuf de Saint-Germain-en-Laye, dont proviennent *La Charité* et *La Vertu* que Vouet peignit cette allégorie savante dont le thème, en rapport avec la tentation et le refus des biens terrestres, a été résumé sous le titre traditionnel de *La Richesse*. Avec ses formes généreuses, l'arabesque subtile des draperies et son coloris éclatant, ce tableau représente l'aboutissement d'un art lyrique et décoratif que Vouet, abandonnant le caravagisme appris à Rome, développe et impose à l'école française dès son rappel à Paris par Louis XIII en 1627.

France **Peintures**

Georges de LA TOUR
1593-1652

369 Saint Joseph charpentier

Vers 1640

Toile. H 1,37 m ; L 1,02 m

Donation Percy Moore Turner, 1948. RF 1948-27

Il appartient aux peintres provinciaux d'avoir perpétué en
France jusqu'au milieu du
XVIIe siècle le langage du caravagisme. Le peintre de Lunéville, nommé peintre
ordinaire de Louis XIII en 1639, en donne une interprétation personnelle et faussement archaïque
dans une série de "nuits" à thèmes religieux où
sa ferveur mystique s'exprime par le moyen d'un
luminisme simplificateur. Dans ce tableau aux
formes ramassées, la flamme de la bougie magnifie une scène puissamment rustique où saint
Joseph livre à l'Enfant-Jésus son expérience humaine avec le regard douloureusement prémonitoire du supplice de la Croix.

Louis (ou Antoine?) LE NAIN
Vers 1600/1610-1648

370 Famille de paysans dans un
intérieur

Toile. H 1,13 m ; L 1,59 m

Acquis sur le legs Arthur Pernolet, 1915. RF 2081

On n'a pas encore identifié lequel des trois frères
Le Nain (Louis ou Antoine?) est l'auteur d'une
série de tableaux à thème paysan qui se distinguent, par leur qualité exceptionnelle et leur
gravité, de tout ce que l'art occidental a produit
en ce genre. La rigueur orthogonale de la composition, le chromatisme sourd et l'austère dignité
des personnages, fixés dans le statisme attentif de

la pose, donnent à cette scène rustique, la plus grande de la série, le caractère universel d'une page classique. Le vin et le pain sont mis en évidence, comme s'ils étaient chargés d'une valeur symbolique.

Nicolas POUSSIN
1594-1665

371 L'enlèvement des Sabines

Vers 1637-1638

Toile. H 1,59 m ; L 2,06 m

Peint pour le cardinal Omodei. Coll de Louis XIV.

INV 7290

Etabli à Rome en 1624, qu'il ne quittera que pour un séjour à Paris en 1640-1642, Poussin se pose en maître de l'Idéal classique, fondé sur l'érudition antique, littéraire et plastique. Il privilégie, pour un cercle fervent d'amateurs (ici le cardinal Omodei), des compositions rigoureuses au format de la peinture de chevalet. Le tableau illustre le mode *phrygien,* ce mode d'expression "véhément, furieux, très sévère" qui sied, selon Poussin, aux "sujets de guerres épouvantables". On y voit à gauche Romulus, fondateur de Rome, orchestrant à l'occasion d'une fête l'enlèvement des femmes Sabines afin de marier ses nouveaux concitoyens.

Claude GELLÉE, dit
LE LORRAIN
Vers 1602-1682

372 **Le débarquement de Cléopâtre
à Tarse**

1642

Toile. H 1,19 m ; L 1,68 m

Coll. de Louis XIV. INV 4716

Dans une architecture imaginaire qui évoque les
fastes de l'antiquité, Cléopâtre débarque à Tarse
pour séduire Marc-Antoine et le soumettre aux
intérêts égyptiens (41 avant JC). La portée morale
du tableau est explicitée par l'existence d'un pendant sur le thème de *David sacré roi par Samuel*
(Louvre) qui oppose à l'ambition d'une reine la
destinée d'un humble garçon couronné roi. L'histoire ancienne n'est pourtant pour le paysagiste
lorrain établi à Rome qu'un prétexte à animer
l'un de ces ports de mer ensoleillés, synthèse parfaite entre l'idéal classique des Bolonais et le luminisme des Néerlandais italianisants.

Eustache LE SUEUR
1616-1655

373 **Clio, Euterpe et Thalie**

Vers 1652

Bois. H 1,30 m ; L 1,30 m

Peint pour l'hôtel Lambert à Paris

Coll. de Louis XVI. INV 8057

Il n'est guère possible d'avoir une idée juste de la
peinture du XVIIᵉ siècle sans évoquer les grands
ensembles disparus qui ornaient les hôtels parisiens nouvellement construits. Bien que démantelé
en 1776, le décor peint par Le Sueur pour
l'Hôtel Lambert dans l'île Saint-Louis en constitue l'un des plus complets vestiges (13 tableaux au
Louvre). Ce panneau, où sont réunies les Muses
de l'Histoire, de la Musique et de la Comédie,

formait avec quatre autres un Concert des neuf
Muses placé dans l'alcôve de la chambre de la
présidente Lambert de Thorigny.

Nicolas POUSSIN
1594-1665

374 L'été ou **Ruth et Booz**

Vers 1660-1664

Toile. H 1,18 m ; L 1,60 m

Peint pour le duc de Richelieu

Coll. de Louis xiv. **INV 7304**

L'Eté appartient à la série des *Quatre Saisons*
peintes pour le duc de Richelieu entre 1660 et
1664. Elles marquent l'aboutissement du paysage
historique. Le thème des Saisons se combine avec
le récit biblique pour symboliser les âges de la
vie, ou résumer les grandes étapes de l'histoire du
monde. La moisson de l'été, où se rencontrent
Booz et Ruth, évoquerait ainsi l'union de Jésus
avec l'Eglise, donc l'ère du Christianisme. Mais le
message que Poussin nous livre au seuil de la
mort est d'abord l'éternelle méditation sur les
rapports de l'homme avec la nature, ici nourri-
cière, là hostile *(Le Déluge)*.

Philippe de CHAMPAIGNE
1602-1674

375 Ex-voto de 1662

1662

Toile. H 1,65 m ; L 2,29 m

Donné par l'auteur à l'abbaye de Port-Royal à
Paris. Saisie révolutionnaire. INV 1138

L'*Ex-Voto* fut peint en action de grâce pour la guérison miraculeuse de la propre fille de l'artiste, Catherine, religieuse au couvent janséniste de Port-Royal à Paris. Tombée gravement malade, celle-ci recouvra la santé à la suite d'une neuvaine faite par la communauté. Champaigne a représenté le moment où la Mère Agnès Arnauld, abbesse de Port-Royal, priant avec la malade, a la révélation de la guérison prochaine. De l'abondante production religieuse livrée par le peintre bruxellois depuis son installation à Paris en 1621, ce double portrait se distingue par l'austère grandeur de la vision, servie par un impeccable métier flamand.

Charles LE BRUN
1619-1690

376 Entrée d'Alexandre dans Babylone

1661-1665

Toile. H 4,50 m ; L 7,07 m

Coll. de Louis XIV. INV 2898

Achevée dès 1665, c'est la première des quatre immenses toiles peintes sur le thème de l'histoire d'Alexandre entre 1661 et 1673 par le principal ordonnateur des Arts sous Louis XIV. Alexandre, debout sur un char traîné par un éléphant, fait une entrée triomphale dans une Babylone fastueuse, à l'image de son mythe (l'épisode se situe en 331 avant JC). Habile allusion à la gloire militaire et aux vertus du monarque, la série des quatre toiles, qui ne trouva pas de destination précise, est pour Le Brun, bien avant la Galerie des Glaces à Versailles, le prétexte à épancher

cette veine épique dont il est en France le plus
brillant représentant.

XVIIIe siècle

Hyacinthe RIGAUD
1659-1743

377 Portrait de Louis XIV
(1638-1715), roi de France
depuis 1643

1701
Toile. H 2,77 m ; L 1,94 m
Coll. de Louis XIV. INV 7492

Commandé pour être offert à Philippe V, petit-fils
de Louis XIV et roi d'Espagne depuis 1700, le
portrait du Roi-Soleil sembla si beau à la Cour
de Versailles qu'il ne quitta jamais la France.
Déjà riche d'une clientèle princière, Rigaud avait
trouvé le langage plein de pompe et de majesté
qui convenait à l'effigie du monarque devenu le
symbole du pouvoir absolu. Âgé de soixante-trois
ans, Louis XIV est représenté en costume d'apparat
avec les instruments de son sacre : le manteau
fleurdelisé doublé d'hermine, les bas et les souliers blancs, l'épée « Joyeuse » et la couronne ;
mais le sceptre et la main de justice sont ceux
d'Henri IV. La tête, peinte d'après nature, est incrustée dans la toile qui porte les habits et les accessoires composés en atelier.

France **Peintures**

Nicolas de LARGILLIERRE
1656-1746

378 Portrait de famille

Toile. H 1,49 m ; L 2,00 m

Legs du Dr Louis La Caze, 1869. MI 1085

La victoire des "Rubénistes", partisans de la couleur, sur les "Poussinistes", défenseurs du dessin, clôt autour de 1700 une querelle de presque trente années. Etabli à Paris en 1682, Largillière devient, comme Charles de la Fosse, l'interprète des théories coloristes de Roger de Piles. Dans cette œuvre de la maturité, les teintes mordorées du paysage, l'accord des tons, les reflets des étoffes affirment la dette du portraitiste à l'égard du Titien et de Van Dyck. Cette influence délibérée s'accompagne d'une conception nouvelle du portrait, moins hiératique, plus souple dans la pose, mieux intégré à l'environnement : autant de qualités qui définissent l'art Régence.

Jean-Antoine WATTEAU
1684-1721

379 Pèlerinage à l'île de Cythère

1717

Toile. H 1,29 m ; L 1,94 m

Coll. de l'Académie. INV 8525

La peinture de genre se trouve réhabilitée lorsque l'Académie reçoit Watteau parmi ses membres en 1717 sur présentation de ce tableau, si nouveau par son thème qu'on invente le terme de "fête galante" pour le désigner. Inspiré du théâtre, le sujet évoque l'amour, celui que les amants en costume de fête - dont certains revêtus d'une "pèlerine" - viennent quérir à l'île de Cythère auprès de la statue de Vénus, déesse du lieu. Dans un paysage évanescent, qui doit beaucoup aux Vénitiens, l'allégorie se mêle à la ronde des couples pour créer un univers de rêve, version

moderne, et moins docte, du monde élégiaque du
Titien.

Jean-Antoine WATTEAU
1684-1721

380 **Pierrot,** dit autrefois **Gilles**

Vers 1718-1719

Toile. H 1,84 m ; L1,49 m

Legs du Dr Louis La Caze, 1869. MI 1121

Ce Gilles est un Pierrot. C'est l'une des rares cer-
titudes qu'on ait sur un tableau célèbre, qui demeure énigmatique. Watteau l'a peut-être peint
comme enseigne pour le café que tenait l'ancien
acteur Belloni, qui s'était illustré dans le rôle de
Pierrot. On ne sait à qui, comédien ou ami,
Watteau a emprunté les traits de son personnage.
Debout, les bras ballants, l'air niais, mais songeur,

ce Pierrot très lunaire se détache sur fond d'arbo-rescences italiennes, aussi monumental qu'il est insolite. Au pied du tertre qui évoque la scène d'un théâtre de foire, quatre figures à mi-corps - le Docteur sur son âne, Léandre, Isabelle et le Capitaine - ajoutent à l'étrangeté d'une compos-tion où le théâtre devient poésie.

François LEMOYNE
1688-1737

381 Hercule et Omphale

1724

Toile. H 1,84 m ; L 1,49 m

Legs du Dr Louis La Caze, 1869. MI 1086

Lemoyne est le plus important des peintres d'histoire qui œuvrent pen-dant la jeunesse de Louis XV.
Comme son contemporain Watteau, il mourra jeune, après l'ambitieuse décoration du plafond d'Hercule à Versailles, qui lui vaut le titre de Premier Peintre du Roi en 1736. Sa connaissance de la peinture vénitienne, complétée par un voyage en Italie en 1723, où il peint *Hercule et Omphale*, l'oriente vers une palette claire et une facture onctueuse propres à exalter le nu féminin, devenu par son exemple le thème favori de la gé-nération de Boucher et de Carle Vanloo.

Jean-Siméon CHARDIN
1699-1779

382 La raie

Avant 1728

Toile. H 1,14 m ; L 1,46 m

Coll. de l'Académie. INV 3197

Malgré une hiérarchie des genres rigide, où la nature morte occupe le dernier rang, Chardin s'acquiert dès sa jeunesse une réputation de grand artiste, détenteur de cette "magie" du faire qui

enthousiasmera tant Diderot. L'Académie est prompte à la reconnaître lorsqu'en 1728, contre la coutume, elle agrée et reçoit Chardin le même jour parce que *La Raie*, retenue comme morceau de réception avec *Le Buffet*, surpasse en qualité les plus beaux exemples flamands (Jan Fyt). Magnifique morceau de peinture, l'œuvre évoque déjà, la sobriété en moins, la rigoureuse construction des petites natures mortes de la maturité *(La tabagie, La brioche, Le gobelet d'argent).*

François BOUCHER
1703-1770

383 Le déjeuner

1739

Toile. H 0,815 m ; L 0,655 m

Legs du Dr Achille Malécot, 1895. RF 926

Le peintre des mythologies galantes a, durant une courte période, de 1739 à 1746, étendu son répertoire à la représentation de scènes de genre influencées par les maîtres hollandais du XVIIe siècle et plus directement par Jean-François de Troy. Le tableau décrit en détail, et avec un style éclatant de fraîcheur et de grâce, l'intimité d'une famille parisienne - qui évoque celle du peintre, alors père de deux jeunes enfants - sacrifiant à la mode nouvelle du café. C'est tout un art de vivre, moins grave que celui de Chardin, que le peintre du bonheur s'attache à nous restituer.

France **Peintures**

Jean-Baptiste PERRONNEAU
1715-1783

384 **Portrait de Madame de Sorquainville**

1749

Toile. H 1,01 m ; L 0,81 m

Don D David-Weill, 1937. RF 1937-8

L'élégance du costume, la préciosité du modèle évoquent l'art de Nattier. On ne retient toutefois que la finesse psychologique qui émane de ce portrait, fort représentatif d'un courant qui se développe en France au milieu du XVIIIᵉ siècle avec Maurice Quentin de la Tour et Perronneau et qui cherche à cerner le caractère du modèle plutôt qu'à l'embellir. L'artiste emprunte à son médium habituel, le pastel, les teintes crayeuses et l'aspect vibratile de la matière, posée en couches très minces, laissant certains détails à la limite de l'inachèvement.

Jean-Honoré FRAGONARD
1732-1806

385 **Les baigneuses**

Toile. H 0,64 m ; L 0,80 m

Legs du Dr Louis La Caze, 1869. MI 1055

La représentation de la nudité féminine est une préoccupation constante des peintres du rococo français. Contrairement à son maître Boucher, Fragonard ne recourt à aucun prétexte mythologique pour peindre, après son retour d'Italie en 1761, cette assemblée de jeunes beautés grasses et blondes comme des figures de Rubens. Les corps se mêlent aux draperies et à une nature foisonnante, dans le tourbillon d'une pâte généreuse et rapide qui donne au tableau terminé le dynamisme d'une esquisse, qualité essentielle de l'artiste le moins conventionnel de son temps.

Jean-Baptiste GREUZE
1725-1805

386 Le fils puni

1778
Toile. H 1,30 m ; L 1,63 m
Acq. 1820. INV 5039

Le tableau forme avec son pendant, *La malédiction paternelle,* les deux volets d'un drame familial peint par Greuze en 1777 et 1778. On assiste ici au retour du fils, se lamentant sur la mort du père qu'il a provoquée par son départ à l'armée. Toutes les ressources de la grande peinture d'histoire, celle de Poussin en particulier, sont mises par l'artiste au service d'un genre nouveau qui conjugue la modernité du costume et le goût du pathétique : le moralisme effusif, patriarcal et faussement rustique de Greuze définit un art bourgeois où triomphent les idéaux des Lumières.

Louis DAVID
1748-1825

387 Le serment des Horaces

1784

Toile. H 3,30 m ; L 4,25 m

Commande de Louis XVI. **INV 3692**

Les trois frères Horaces, choisis par Rome pour
défier les Curiaces, champions de la ville d'Albe,
jurent de vaincre ou de mourir et reçoivent de
leur père les armes du combat. Comme Corneille
dans sa tragédie *Horace*, David oppose à la réso-
lution stoïque des guerriers, que soulignent une
rigoureuse géométrie et un coloris sonore, les
souples lignes qui traduisent la douleur des
femmes. Avec ce tableau, exécuté à Rome en
1784 et exposé l'année suivante à Paris, David
s'imposera désormais à toute l'Europe comme le
chef incontesté de l'école néo-classique.

Hubert ROBERT
1733-1808

388 **Le pont du Gard**

1787

Toile. H 2,42 m ; L 2,42 m

Commande de Louis XVI. INV 7650

La passion archéologique du XVIIIe siècle se
double d'un souci patrimonial nouveau quand la
Direction des Bâtiments commande à Robert,
pour les appartements de Louis XVI à
Fontainebleau, quatre toiles décoratives sur le
thème des antiquités de la France. Le célèbre
aqueduc d'Agrippa, construit en 19 avant JC pour
conduire l'eau du Gard jusqu'à Nîmes, y figure
en bonne place. Emule de Pannini et de Piranèse,
l'inlassable peintre de ruines, dont le succès ne se
dément pas depuis son retour de Rome en 1765,
sait capter le pittoresque du site sans sacrifier
l'harmonie colorée et le dynamisme puissant de sa
mise en page.

XIXe siècle

Antoine-Jean GROS
1771-1835

389 **Bonaparte visitant les pestiférés
de Jaffa** (11 mars 1799)

1804

Toile. H 5,23 m ; L 7,15 m

Commandé en 1804. INV 5064

Précédant les immenses toiles que Gros consacre-
ra à l'épopée napoléonienne, le tableau exalte le
courage et l'humanité du général Bonaparte pendant la campagne de Syrie, visitant les malades

au mépris de la contagion. A la nouveauté du thème - l'héroïsme n'est plus antique mais contemporain -, l'élève de David répond par l'invention d'un style qui recèle, dès 1804, toutes les composantes de la peinture romantique: le naturalisme puissant des corps, le langage coloriste, la curiosité ethnographique pour l'Orient.

Pierre-Paul PRUD'HON
1758-1823

390 **Portrait de l'impératrice Joséphine** (1763-1814)

1805
Toile. H 2,44 m ; L 1,79 m
Coll. de Napoléon III. Entré au Louvre en 1879
RF 270

Peintre florissant sous l'Empire, favori de Joséphine puis de Marie-Louise, Prud'hon aime noyer ses figures dans une atmosphère vaporeuse, à la manière de Léonard de Vinci et du Corrège : ceci ajoute au charme mélancolique de ses portraits, présentés volontiers en plein air, à la mode anglaise. Née à la Martinique, veuve du général de Beauharnais, Joséphine Tascher de la Pagerie épouse Bonaparte en 1796. N'ayant pu donner d'héritier à l'Empereur, elle sera répudiée en 1809. Prud'hon la représente dans le parc de son château de la Malmaison en 1805, un an après le sacre.

Louis DAVID
1748-1825

391 **Sacre de l'empereur Napoléon I**er
(2 décembre 1804)

1806-1807
Toile. H 6,21 m ; L 9,79 m
Commandé par Napoléon Ier. INV 3699

Devenu Premier Peintre de l'Empereur en décembre 1804, David est chargé de commémorer

les fêtes récentes du couronnement en quatre immenses toiles, dont deux seulement seront exécutées (la *Distribution des Aigles* est à Versailles).
La cérémonie se déroule à Notre-Dame de Paris.
Plutôt que le sacre de l'Empereur, David représente l'épisode qui lui succède, où Napoléon couronne Joséphine, tandis que le pape Pie VII lui
donne la bénédiction. L'action tient une place relativement mineure dans une composition conçue
d'abord comme le plus colossal des portraits col-
lectifs (plus de cent figures).

Anne-Louis GIRODET de
ROUSSY-TRIOSON
1767-1824

392 **Atala au tombeau**

1808

Toile. H 2,07 m ; L 2,67 m
Acq. 1819. INV 4958

L'indien Chactas aidé du père Aubry ensevelit
Atala, jeune chrétienne promise à la religion qui

s'empoisonne pour ne pas succomber à l'amour. Le génie étrange de Girodet, adepte des lumières caverneuses et des formes spectrales, s'accorde parfaitement à celui de Chateaubriand, auteur du roman d'*Atala* publié en 1801 au retour d'Amérique: même émotion recueillie, même intuition d'une nature sauvage et bénéfique, qui font de l'un et l'autre les meilleurs interprètes du sentiment pré-romantique.

Théodore GÉRICAULT
1791-1824

393 Le radeau de la Méduse

1819
Toile. H 4,91 m ; L 7,16 m
Acq. 1824. INV 488

Géricault fut frappé par le drame des 149 naufragés de la frégate "La Méduse", abandonnés pendant douze jours sur un radeau au large des côtes du Sénégal. Le tableau relate le désespoir qui saisit les 15 rescapés le 17 juillet 1816, lorsque s'éloigne l'*Argus*, le navire qui, finalement, les sauvera. Pour la première fois un artiste traite à cette échelle un sujet moderne pris dans les faits divers. La noirceur du thème, à laquelle répond celle du coloris, et le réalisme macabre des moribonds, font de cette grande page épique controversée au Salon de 1819 le premier manifeste du romantisme.

Eugène DELACROIX
1798-1863

394 Scènes des massacres de Scio

1824

Toile. H 4,19 m ; L 3,54 m

Acq. 1824. INV 3823

Pour la liberté de la Grèce, opprimée par les Turcs, les romantiques, Byron en tête, se sont enflammés. C'est au Salon de 1824 que le jeune Delacroix, dont la *Barque de Dante* a fait sensation au Salon précédent, expose cet épisode cruel de la Guerre d'Indépendance grecque : la répression féroce du soulèvement de l'Ile de Scio en 1822. Le tableau, qui divise âprement la critique, est un manifeste du romantisme, où la couleur faste et le costume exotique importent moins que la modernité du sujet, avec ses corollaires politiques (l'affranchissement des peuples), ou esthétiques (la liberté de la forme).

Eugène DELACROIX
1798-1863

395 **La Liberté guidant le peuple**
(28 juillet 1830)

1830

Toile. H 2,60 m ; L 3,25 m

Acq. 1831. RF 129

Aux trois journées de juillet 1830, dites les *Trois Glorieuses*, qui liquident l'autocratie désuète de Charles X en installant la monarchie parlementaire de Louis-Philippe, Delacroix ne prit aucune part. Mais, romantique et libéral, il s'empressa de célébrer la journée du 28 juillet, où le peuple de Paris s'insurgea dans le vain espoir de rétablir la République. L'allégorie de la Liberté brandit le drapeau tricolore à l'assaut des barricades, encombrées de cadavres, un jeune combattant à son flanc généreux. Le réalisme se mêle à l'épopée. L'œuvre, honnie des conservateurs, fut achetée par Louis-Philippe au Salon de 1831, pour être bientôt dérobée aux yeux d'un public qu'elle risquait d'ameuter.

Jean-Auguste-Dominique
INGRES
1780-1867

396 **Portrait de Louis-François Bertin** (1766-1841)

1832

Toile. H 1,16 m ; L 0,95 m

Acq. 1897. RF 1071

Fondateur du *Journal des Débats*, "Monsieur Bertin" est devenu, grâce à Ingres, l'image-type de cette bourgeoisie triomphante de 1830 soutenue par sa gazette. Le secret du tableau réside dans cette pose magistrale et bonhomme qu'Ingres chercha longtemps avant de trouver, alors que son hôte était en conversation avec un ami : "Venez poser demain, me dit-il, votre portrait est fait". Achevée en moins d'un mois, cette effigie saisissante de vérité et d'une facture méticuleuse valut à l'auteur au salon de 1833 les moqueries du public, mais aussi l'éloge de Baudelaire qui voyait en Ingres "le seul homme en France" qui fit "vraiment des portraits".

France **Peintures**

Théodore CHASSÉRIAU
1819-1856

397 Esther se parant pour être
présentée au roi Assuérus,
dit **La toilette d'Esther**

1841

Toile. H 0,455 m ; L 0,355 m

Legs du baron Arthur Chassériau, 1934. RF 3900

L'élève précoce d'Ingres n'a que 22 ans et déjà
l'expérience de cinq Salons et d'un voyage en
Italie lorsqu'il peint la *Toilette d'Esther*. Réitérant
l'expérience de la *Suzanne au bain* (Louvre) qui le
fit remarquer en 1839, Chassériau puise dans
l'Ancien Testament le prétexte à l'évocation d'un
Orient sensuel et coloré. Empruntant à Ingres le
canon linéaire et le hiératisme de ses figures, à
Delacroix les couleurs vibrantes du second plan, il
réussit une subtile synthèse qu'il teinte d'un
charme propre, dû en partie à la langueur nostal-
gique de ses modèles.

Jean-Auguste-Dominique
INGRES
1780-1867

398 Le bain turc

1862

Toile sur bois. H 1,10 m ; L 1,10 m

Don de la Société des Amis du Louvre, avec le
concours de Maurice Fenaille, 1911. RF 1934

Cette composition achevée à l'âge de 82 ans
conclut les recherches **477** entreprises par Ingres

depuis 1807 dans ses Baigneuses, thème associant la nudité féminine à l'exotisme ottoman. La description du harem a pu lui être inspirée par la lecture des *Lettres de lady Montagüe* (1764) qu'il copia quarante ans plus tôt. La ligne serpentine des corps, la répétition obsédante d'un même modèle enrichissent d'une note d'abstraction la sensualité qui se dégage de cette assemblée de chairs lascives, pur produit du rêve d'un Orient érotique et parfumé que perpétuait depuis un siècle l'imagination occidentale.

Camille COROT
1796-1875

399 L'église de Marissel,
près de Beauvais

1866

Toile. H 0,55 m ; L 0,42 m

Donation Etienne Moreau-Nélaton, 1906

RF 1642

Familier du Beauvaisis, où l'accueille son ami Badin, peintre qu'il a connu en Italie, Corot représente le village de Marissel, au bord du Thérain, avec son église fortifiée, au sommet d'une butte, qui subsiste encore. Dans ce tableau, peint sur le motif en neuf séances matinales, au printemps 1866, l'artiste a cherché à combiner l'effet de perspective (la trouée des arbres) avec l'effet de lumière (les miroitements de l'eau) : le paysage doit beaucoup à la tradition hollandaise. Le succès de l'artiste ne se dément pas : le tableau, qu'il expose au Salon de 1867, convoité par la reine Victoria, lui est acheté 4 000 francs, prix substantiel, par un tailleur nommé Richard.

Italie

Honnis du classicisme, les Primitifs - c'est-à-dire les maîtres antérieurs à Léonard et Raphaël - ne ressuscitent qu'à la fin du XVIIIe siècle. Ils sont une création, paradoxale, du néo-classicisme. C'est ainsi que l'on voit sous l'Empire Vivant Denon, directeur des musées, se rendre en Italie pour y réquisitionner, de Cimabue à Fra Angelico, toute une série de retables, qui demeurent au Louvre après 1815. Mais la vogue des Primitifs date en France de l'acquisition par Napoléon III de la collection Campana. C'est ainsi qu'une centaine de tableaux - le reste constitue aujourd'hui le Musée du Petit Palais à Avignon - fit son entrée au Louvre où l'on trouve entre autres la *Bataille* [407] d'Uccello et la *Pietà* [410] de Cosme Tura. Elle fut le noyau de la collection du Louvre, enrichi d'acquisitions régulières qui va du *Saint Sébastien* de Mantegna au *Portrait de Malatesta* [406] par Piero della Francesca.

La Renaissance italienne, trésor du Louvre, doit tout ou presque à ses deux monarques :

François Ier et Louis XIV. Le premier, mécène, protecteur de Léonard de Vinci, édile de Fontainebleau, réunit dans une même collection les œuvres les plus célèbres de son temps : la *Joconde* [414] et la *Vierge aux rochers* [412] de Léonard, la *Grande Sainte Famille* de Raphaël, la *Charité* [419] d'Andrea del Sarto, etc.

Louis XIV a eu l'intelligence d'acquérir des collections toutes faites, celles du cardinal Mazarin, celle du banquier Jabach où figuraient Corrège, Raphaël, Titien, Jules Romain. L'essentiel de la Renaissance est ainsi représenté au Louvre lors de sa création en 1793.

De l'immense butin accumulé par les armées napoléoniennes, le musée ne garda que peu d'œuvres, mais d'importance, telles les *Noces de Cana* [423] de Véronèse. Les saisies révolutionnaires font rentrer le cabinet d'Isabelle d'Este, en provenance du château de Richelieu.

Cette admirable collection accuse ses origines. Le maniérisme, et notamment le maniérisme tardif, y est peu représenté, rançon d'une époque où la Renaissance même devait témoigner d'un certain classicisme.

Epris de peinture noble, Louis XIV s'intéresse autant aux grands italiens qu'aux grands français de son siècle. En achetant les tableaux de Mazarin et de Jabach, qui provenaient de la collection de Charles Ier d'Angleterre, et des ducs de Mantoue, il fit entrer dans les collections royales Caravage et l'école bolonaise, dont la vogue ne se démentira plus. L'activité du prince fut parachevée un siècle plus tard par celle du ministre d'Angiviller qui acheta sous Louis XVI pour le futur musée toute une série d'œuvres complémentaires.

Les romantiques ayant promu le mythe de Venise, le XIXe siècle s'est intéressé surtout à l'école vénitienne du XVIIIe siècle. Mais la peinture italienne du XVIIIe siècle reste pauvre au Louvre, malgré un ensemble important de toiles de Pannini et l'entrée par saisie révolutionnaire de l'admirable suite des *Fêtes vénitiennes* [430] de Guardi. Depuis la dernière guerre, la collection s'est étoffée et compte désormais, à côté de quelques toiles des

Tiepolo, des œuvres de Piazzetta, Pellegrini, Sebastiano Ricci, Pietro Longhi, Canaletto et Crespi.

XIIIe-XVe siècles

Cenni di Pepo, dit CIMABUE
Vers 1240-après 1302

400 La Vierge et l'Enfant
en majesté
entourés de six anges

Vers 1270?

Bois. H 4,27 m ; L 2,80 m

Eglise San Francesco de Pise

Entré au Louvre en 1813. INV 254

Empruntée à l'iconographie byzantine, la *Vierge de Majesté*, trônant de face sur un fond d'or, est l'un des thèmes majeurs des maîtres toscans qui, entre la fin du XIIIe siècle et le début du XIVe siècle, vont élaborer le nouveau langage pictural de l'Occident. Le premier d'entre eux, Cimabue, peint vers 1270 (?), pour l'église San Francesco à Pise, sa *pala* monumentale, qui précéderait donc celles de Cimabue lui-même, Duccio et Giotto conservées aux Offices à Florence. Au graphisme formaliste des Byzantins, Cimabue substitue, dans les chairs et les draperies, une douce modulation des volumes.

GIOTTO di Bondone
Vers 1267-1337

401 **Saint François d'Assise recevant les stigmates**

Bois. H 3,13 m ; L 1,63 m

Eglise San Francesco à Pise. Entré au Louvre en 1813. INV 309.

Italie **Peintures**

Le retable illustre quatre épisodes de la vie du saint fondateur de l'ordre mendiant des Franciscains (1182-1226). Les compositions reprennent, avec des variantes, les fresques exécutées vers 1290 (?) par le jeune Giotto dans la basilique supérieure d'Assise. Signé sur la bordure inférieure du cadre, le tableau du Louvre est un élément déterminant dans l'attribution, jadis contestée, du cycle d'Assise au maître florentin, le premier en Occident à avoir su donner un espace cohérent et une consistance plastique au monde figuré.

Simone MARTINI
Vers 1284-†1344

402 Le Portement de Croix

Bois. H 0,30 m ; L 0,20 m

Acq. 1834. INV 670 bis

Le Portement de Croix est l'un des six éléments figurés d'un polyptyque portatif aujourd'hui démantelé (autres panneaux conservés à Anvers et
Berlin-Dalhem). Il aurait été peint par Simone
Martini peu de temps avant 1336, date supposée
de l'arrivée du maître siennois à la cour pontificale d'Avignon. L'entassement et l'agitation des
personnages apportent une note dramatique à la
scène, où dominent toutefois le caractère narratif,
la préciosité des coloris et des ors poinçonnés, le
graphisme élégant qui caractérisent l'art du plus
brillant représentant de la peinture gothique en
Italie.

Guido di Pietro, dit
FRA ANGELICO
Connu depuis 1417-†1455

403 Le Couronnement de la Vierge

Avant 1435

Bois. H 2,09 m ; L 2,06 m

Eglise San Domenico à Fiesole. Entré au Louvre
en 1812. INV 314

Chef d'œuvre de sérénité pieuse et d'harmonie
colorée, le *Couronnement de la Vierge* a été peint
pour l'église du couvent dominicain de Fiesole.
La prédelle représente le *Christ au tombeau* et six
épisodes de la vie de saint Dominique, fondateur
de l'ordre auquel appartenait l'Angelico. De savants jeux de perspective et l'habile intégration
des figures dans l'espace montrent que l'artiste,
malgré une sensibilité encore médiévale, a été
l'un des premiers à profiter des découvertes ar-

chitectoniques de Brunelleschi et de Masaccio, initiateurs de la Renaissance florentine.

Antonio Puccio, dit Pisanello
Avant 1395-†1455 ?

404 Portrait de Ginevra d'Este

Vers 1436-1438 ?
Bois. H 0,43 m ; L 0,30 m
Acq. 1893. RF 766

Le modèle, qui porte au corsage un brin de ge-
nevrier et, sur sa robe, l'emblème de la famille
d'Este - un vase à deux anses - est identifié avec
la princesse Ginevra d'Este, première épouse de

Sigismondo Malatesta, qui la fit empoisonner en 1440. Exécuté vers 1436-1438 (?), ce tableau est en Italie l'un des premiers exemples conservés d'un portrait de profil indépendant, type favori de Pisanello tant en peinture qu'en médaille. Le visage à peine modelé forme avec les détails de la toilette un réseau subtil d'arabesques, dont la préciosité, typique du "style gothique international", est relevée par le fond de branchage fleuri.

Stefano di Giovanni, dit
SASSETTA
1392?-1450

405 La Vierge et l'Enfant entourés de six anges ; Saint Antoine de Padoue Saint Jean l'Evangéliste

Vers 1437-1444
Bois. H 2,07 m ; L 1,18 m - H 1,95 m ; L0,57 m - H 1,95 m ; L 0,57 m

Eglise San Francesco à Borgo San Sepolcro. Acq. 1956. RF 1956-11

Les trois panneaux appartiennent à la face principale d'un immense polyptyque aujourd'hui dispersé, le plus ambitieux de son siècle, exécuté pour le maître-autel de l'église San Francesco à Borgo San Sepolcro. Deux éléments de la prédelle, illustrant la légende du bienheureux Ranieri Rasini, mort dans cette ville de Toscane en 1304, sont également conservés au Louvre. L'utilisation du fond d'or fait preuve d'une certaine fidélité à la tradition du Moyen-Age, typique de l'art siennois du XVᵉ siècle, que Sassetta, son plus brillant représentant, conjugue avec un mysticisme d'une infinie tendresse.

PIERO DELLA FRANCESCA
Vers 1422-†1492

406 **Portrait de Sigismond Malatesta**
(1417-1468)

Vers 1450

Bois. H 0,44 m ; L 0,34 m

Acq. 1978. RF 1978-1

Ce portrait du célèbre condottiere et mécène de Rimini précède sans doute de peu la fresque du *Tempio Malatestanio*, datée de 1451, où Piero le représente avec le même profil, mais en pied et agenouillé auprès de son saint patron Sigismond. La formule du portrait en buste et de profil, comprise ici dans son sens le plus strict, est empruntée à la tradition du portrait de cour gothique. Piero l'enrichit de deux nouveautés : la puissance volumétrique du buste et l'animation des carnations, apprises l'une des Toscans, l'autre des Flamands, et réunies pour la première fois dans un portrait italien.

Paolo di Dono, dit UCCELLO
1397-1475

407 **La bataille de San Romano :**
La contre-attaque de Micheletto da Cotignola

Vers 1455

Bois. H 1,82 m ; L 3,17 m

Coll. Campana. Entré en 1863. MI 469

La victoire de San Romano, remportée par les Florentins sur les Siennois en 1432, est le thème des trois panneaux peints par Uccello pour le pa-

Italie **Peintures**

lais de Côme de Médicis à Florence (autres épisodes de la bataille aux Offices et à Londres). Le rythme des lances et des pas suggère le lent ébranlement de l'armée, décrite en une masse compacte, où l'artiste multiplie les raccourcis virtuoses. Cet exercice de pure géométrie est avivé par la luxuriance des costumes, preuve que, s'il radicalise les recherches théoriques de la Renaissance florentine, Uccello ne renie pas tout à fait le formalisme précieux de la tradition gothique.

Andrea MANTEGNA
1431-1506

408 Le Calvaire

Vers 1456-1459
Bois. H 0,76 m ; L 0,96 m
Eglise San Zeno à Vérone. Entré au Louvre
en 1798. INV 368

A Padoue, où il s'est formé, Mantegna découvre à la fois l'antiquité et la perspective, introduite par Donatello et Uccello. Avant de quitter la ville pour la cour de Mantoue en 1459, il livre ses premiers chefs d'œuvre, dont le rétable de l'église San Zeno à Vérone. *La Crucifixion* forme l'élément central de la prédelle, démantelée au début du XIXe siècle (panneaux latéraux au musée de Tours). Cette vision tragique et minérale du Golgotha révèle une maîtrise virtuose de l'espace et une méticuleuse attention au détail archéologique, fondements du classicisme audacieux de Mantegna.

ANTONELLO DA MESSINA
Connu à Messine en 1456-†1479

409 **Portrait d'homme,**
dit **Le Condottiere**

1475
Bois. H 0,36 m ; L 0,30 m
Acq. 1865. MI 693

Dans une Italie méridionale ouverte aux courants flamands, Antonello va réaliser une fusion originale entre la technique fluide de Van Eyck et la théorie des Toscans et de Piero della Francesca. La synthèse est déjà accomplie lorsqu'il quitte la Sicile pour un bref séjour à Venise en 1475-1476, voyage décisif par l'influence qu'il exerce sur les peintres vénitiens. Parmi les chefs-d'œuvre qu'il y produit, on compte quelques portraits, dont *Le Condottiere*, daté sur le *cartellino* de l'année 1475, où la minutieuse objectivité flamande s'allie à une sobre monumentalité.

Cosme TURA
Connu à Ferrare de 1431 à 1495

410 **La Pietà**

Vers 1480
Bois. H 1,32 m ; L 2,68m
Eglise San Giorgio fuori le Mura à Ferrare
Coll. Campana. Entré en 1863. MI 485

Fondateur de l'école de Ferrare, Tura se tourne vers la florissante école de Padoue pour créer, à partir des exemples de Mantegna, un style étrange qui mêle la monumentalité à un gra-

Italie **Peintures**

phisme crispé, la rigueur géométrique à l'expres-
sionnisme le plus acerbe, emprunté peut-être aux
œuvres de Rogier van der Weyden. La doulou-
reuse *Pietà* constituait à l'origine la lunette supérieure de l'une des œuvres majeures de Tura, le
polyptyque peint pour la famille Roverella dans
l'église San Giorgio fuori le Mura à Ferrare (dé-
membré, la partie centrale à Londres).

Alessandro Filipepi, dit
BOTTICELLI
Vers 1445-†1510

**411 Vénus et les Grâces offrant
des présents à une jeune fille**

Vers 1483
Fresque. H 2,11 m ; L 2,83 m
Villa Lemmi. Acq. 1882. RF 321

La fresque, et son pendant, proviennent d'une
villa des environs de Florence, la villa Lemmi,
qui a peut-être appartenu à la famille
Tornabuoni, amie des Médicis. On les date généralement vers 1483, entre les deux grands tableaux profanes des Offices, le *Printemps* et la
Naissance de Vénus. Le monde terrestre, représenté
par la jeune fille, contraste par sa simplicité avec
les cadences fluides des beautés célestes, porteuses

de cet idéal classique que Botticelli, en accord avec l'humanisme raffiné de Laurent le Magnifique, exprime au moyen de rythmes linéaires complexes et de coloris tendres.

Leonardo di ser Piero da Vinci dit Léonard de Vinci
1452-1519

412 **La Vierge aux Rochers**

1483-1486
Toile cintrée. H 1,99 m ; L 1,22 m
Coll. de François Iᵉʳ. INV 777

Génie universel pratiquant les arts comme les sciences, Léonard mène une carrière itinérante entre Florence, Milan et Rome, avant de suivre François Iᵉʳ à Amboise en 1517. Premier en date des chefs d'œuvre réalisés à la cour des Sforza, la *Vierge aux rochers*, destinée à l'église San Francesco Grande à Milan, puis retirée par suite d'un litige financier avec les commanditaires (une seconde version est à Londres), est noyée dans un doux *sfumato*, révèlant une nouvelle approche du modelé et de l'espace, fondés non plus sur la seule géométrie, mais sur la dégradation des tons par l'atmosphère.

Italie **Peintures**

Domenico di Tomaso Bigordi, dit Ghirlandajo
1449-1494

413 **La Visitation entre Marie-Jacobie et Marie-Salomé**

1491
Bois. H 1,72 m ; L 1,65 m
Eglise Santa Maria Maddalena dei Pazzi
Entré au Louvre en 1812. INV 297

Contemporain de Botticelli, Ghirlandajo anime le

principal atelier florentin de la fin du XVe siècle. Parmi ses œuvres majeures, on compte celles qu'il réalisa pour la famille Tornabuoni : le cycle de la *Vie de la Vierge* dans le chœur de Santa Maria Novella et, de peu postérieure, la *pala* du Louvre commandée par Lorenzo Tornabuoni pour sa chapelle de l'église de Cestello à Florence (Santa Maria Maddalena dei Pazzi) et achevée, selon Vasari, par les deux frères de l'artiste. Les figures, qui allient monumentalité et grâce linéaire, se détachent sur une architecture classique ouverte sur la ville de Rome.

XVIe siècle

Leonardo di ser Piero da Vinci,
dit LÉONARD DE VINCI
1452-1519

414 **Portrait de Monna Lisa**
(1479- avant 1550),
dite **La Joconde**

1503-1506
Bois. H 0,77 m : L 0,53 m
Coll. de François Ier. INV 779

Si l'identification de Vasari est exacte, le portrait que Léonard emporta en France et qui fut acquis par François Ier représenterait Monna Lisa, épouse depuis 1495 de Francesco di Bartolomeo di Zanoli del Giocondo. Le nom de ce notable florentin serait donc à l'origine de l'appellation du célèbre tableau. Mais *giocónda* désigne aussi en italien la femme joyeuse, la femme agréable. Le portrait, dont l'influence fut durable sur la peinture italienne, prend valeur de type idéal. Le sourire qui donne vie à la Joconde est présent sur de nombreux modèles de Léonard. On a conclu parfois à une longue maturation de l'œuvre, commencée à Florence en 1503-1506 et achevée au cours des pérégrinations de Léonard à Milan ou à Rome.

Raffaello Santi, dit RAPHAEL
1483-1520

415 **La Vierge à l'Enfant avec le
petit saint Jean-Baptiste
dite La Belle Jardinière**

1507
Bois cintré. H 1,22 m ; L 0,80 m
Coll. de Louis XIV. INV 602

Cette *Vierge à l'Enfant*, qui doit son nom au site
campagnard qui l'environne, est l'une des plus célèbres *Madones* de la période florentine de
Raphaël (1504-1508). Séjour capital où le jeune
artiste d'Urbino délaisse la manière du Pérugin
au profit d'un classicisme infléchi par l'étude de
Léonard, Michel-Ange et Fra Bartolomeo.
L'œuvre, par son léger *sfumato* et son schéma pyramidal, reflète particulièrement l'influence de
Léonard, qui ne quitte Florence qu'en 1506, un
an donc avant la date du tableau. La ligne reste
pourtant prépondérante et il s'en dégage une sérénité bien différente de l'inquiétante complexité
de Léonard.

Leonardo di ser Piero da Vinci
dit LÉONARD DE VINCI
1452-1519

416 La Vierge, l'Enfant Jésus et
sainte Anne

Vers 1510

Bois. H 1,68 m ; L 1,30 m

Coll. de Louis XIII, INV 776

Bien qu'assez rare, le thème de la Vierge assise
dans le giron de sainte Anne remonte au

Moyen-Age. L'exécution du tableau à Milan, vers 1510, est le résultat d'une longue méditation dont témoignent dessins et cartons (le seul carton conservé est à Londres). L'artiste n'achèvera jamais complètement son panneau et le gardera auprès de lui jusqu'à sa mort. Peint d'une matière fine et transparente, qui laisse apparaître en certains endroits l'esquisse sous-jacente, il constitue l'aboutissement des recherches sur la perspective aérienne codifiée par Léonard dans l'ébauche du *Traité de la peinture*.

Vittore CARPACCIO
Vers 1450/1454-†1525/1526

417 **La prédication de saint Etienne à Jérusalem**

Toile. H 1,48 m ; L 1,94 m
Acq. par voie d'échange avec la Brera à Milan
en 1812. INV 181

Carpaccio est le plus brillant représentant du style narratif qui se développe sur les murs des *Scuole* de Venise à partir de la deuxième moitié du XVe siècle. Après le cycle monumental de *l'Histoire de sainte Ursule* (Accademia) et ceux, toujours en place, de la Scuola di San Giorgio degli Schiavoni, il peint entre 1511 et 1520, pour la Scuola dei Lanieri à San Stefano, les six *Scènes de la vie de saint Etienne* (Louvre, Brera, Stuttgart, Berlin-Dahlem). C'est pour Carpaccio le prétexte à décrire une Jérusalem éclatante de lumière, où l'idéal classique s'enrichit du mythe et des costumes de l'Orient.

Raffaello Santi, dit RAPHAEL
1483-1520

418 **Portrait de Balthazar Castiglione** (1478-1529)

Vers 1514-1515
Toile. H 0,82 m ; L 0,67 m
Coll. de Louis XIV. INV 611

Le mécénat pontifical, qui a su attirer à Rome de longue date tout ce que l'Italie compte en maîtres fameux depuis Giotto, culmine avec l'élection au Saint-Siège de Jules II et de Léon X, qui retiennent auprès d'eux Bramante, Michel-Ange et Raphaël (1508-1520). Vaillant soldat et fin lettré, Balthazar Castiglione est le parangon du gentilhomme de la Renaissance. Son *Traité du Courtisan*, publié en 1528, reflète un idéal de perfection esthétique et spirituelle bien proche de celui que Raphaël atteint en peinture. Ce portrait, qui allie la magnificence du costume et la profondeur psychologique, est le plus beau témoignage de l'amitié qui lie les deux hommes.

Andrea d'Agnolo di Francesco, dit ANDREA DEL SARTO
1486-1530

419 **La Charité**

1518
Toile. H 1,85 m ; L 1,37 m
Coll. de François Ier. INV 712

Andrea del Sarto donne au classicisme florentin son ultime éclat, juste avant l'épanouissement du Maniérisme. Appelé en France par François Ier en

Italie **Peintures**

1518, il y restera moins d'une année. *La Charité* est le seul tableau dont on ait la certitude qu'il a été peint en France. Il expose, dans un schéma pyramidal parfait et d'une ampleur considérable, la vertu théologale de la Charité entourée de ses attributs devenus traditionnels - les trois enfants -, et d'une symbolique complexe d'objets (le vase ardent), de fleurs et de fruits (la grenade ouverte, les noisettes, etc.).

Antonio Allegri, dit
LE CORRÈGE
1489 (?)-1534

420 **Vénus, Satyre et Cupidon**

Vers 1525

Toile. H 1,88 m ; L 1,25 m

Coll. de Louis XIV. INV 42

Né à Correggio, près de Parme, c'est dans cette dernière ville, où il s'installe en 1518, que le peintre va développer sur les coupoles des églises un parti illusionniste nouveau, où la science de la perspective s'enrichit des effets de l'atmosphère lumineuse. Dans *Le Sommeil de Vénus*, peint pour les Gonzague à Mantoue, peut-être en pendant à *l'Éducation de l'Amour* (Londres), Corrège enrobe les corps d'une même lumière douce qui, combinée à la mollesse des formes et à la fluidité du pinceau, exalte la sensualité raffinée de cette Vénus offerte, symbole de l'Amour charnel, dont la véritable postérité est à chercher dans les mythologies voluptueuses du XVIIIe siècle.

Tiziano Vecellio, dit LE TITIEN
1488/1489-1576

421 La mise au tombeau

Vers 1525

Toile. H 1,48 m ; L 2,12 m

Coll. de Louis XIV. INV 749

Si le nom de Venise évoque en peinture le triomphe du colorisme, c'est à Titien qu'on le doit. Après une première période influencée par Giorgione, à laquelle appartient le *Concert champêtre* (Louvre), il atteint à la plénitude dans une série de toiles où la rigueur classique se combine aux effets d'une "alchimie chromatique" bientôt dominante. Dans la *Mise au tombeau,* peinte pour les Gonzague de Mantoue, Titien, qui emprunte sa composition à Raphaël, intensifie le drame par la lumière crépusculaire qui imprime les corps de tonalités chaudes tandis que le cadavre livide du Christ sort à peine de l'ombre.

Giovanni Battista di Jacopo, dit ROSSO FIORENTINO
1496-1540

422 Pietà

Vers 1530-1535

Toile. H 1,27 m ; L 1,63 m

Peint pour le connétable Anne de Montmorency ;

chapelle du château d'Ecouen. Saisie

révolutionnaire. INV 594

Rosso Fiorentino, qui doit son surnom à sa chevelure rousse et à ses origines florentines, est appelé en 1530 par François Ier sur le chantier du château de Fontainebleau. Des nombreux décors peints par celui qui fut, avec Primatice à ses côtés, le chef de l'Ecole de Fontainebleau, seules subsistent les fresques de la Galerie de François Ier. Commandé par le connétable Anne de Montmorency dont il porte les armes, le tableau se distingue des inventions ornementales du

Italie **Peintures**

maître maniériste par l'âpre vision du drame, résumé dans le geste pathétique de la Vierge défaillant au seuil du tombeau du Christ.

Paolo Caliari, dit VERONESE
1528-1588

423 Les Noces de Cana

1562-1563

Toile. H 6,66 m ; L 9,90 m

San Giorgio Maggiore à Venise

Entré au Louvre en 1798. INV 142

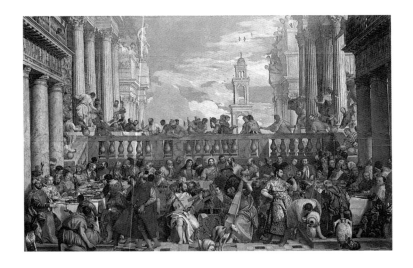

Appelé à Venise en 1553, le peintre de Vérone ne cessera d'y exercer son talent insurpassé de décorateur, apte à brosser d'immenses toiles où s'allient l'autorité scénographique, la somptuosité des costumes modernes et l'éclatante luminosité du coloris. Les *Noces de Cana* ornaient le réfectoire construit par Palladio pour les Bénédictins de l'île de San Giorgio Maggiore. L'épisode sacré est transposé, avec une liberté iconographique souveraine, dans le cadre fastueux d'une noce vénitienne. Si l'on en croit la tradition, Véronèse aurait représenté, sous les traits des musiciens, les maîtres de Venise : Titien, Jacopo Bassano, Tintoret, et lui-même, vêtu de blanc.

Jacopo Robusti, dit
LE TINTORET
1518-1594

424 **Le Paradis**

Toile. H 1,43 m ; L 3,62 m

Entré au Louvre en 1798. INV 570

Après l'incendie qui ravagea en 1577 la salle du
Grand Conseil au Palais des Doges à Venise, un
concours fut ouvert pour orner la paroi du fond
d'un gigantesque *Paradis*. Véronèse et Bassano,
vainqueurs de la compétition, n'ayant pu exécuter
la commande, Tintoret en fut chargé à la mort
de Véronèse en 1588. Mieux que la composition
définitive réalisée avec la collaboration de l'atelier,
l'esquisse témoigne de la fougue visionnaire d'un
artiste arrivé au sommet de son art dans le cycle
contemporain de la Scuola di San Rocco. Avec sa
touche vibrante, la convulsion des corps, le rythme circulaire des nuées traversées d'ombres, elle
recèle l'inquiétude propre au Maniérisme.

Federico BAROCCI, dit
LE BAROCHE
Vers 1535-†1612

425 **La Circoncision**

1590

Toile. H 3,56 m ; L 2,51 m

Entré au Louvre en 1798. MI 315

Daté de 1590, mais préparé longuement par une
série de dessins et d'esquisses, le tableau ornait
l'autel majeur de l'église de la Confrérie du Nom

Italie **Peintures**

de Jésus à Pesaro. La nature morte et les deux belles silhouettes du berger et de l'officiant conduisent l'œil jusqu'à la scène, légèrement en retrait dans un espace profond construit selon un schéma perspectif typique du maniérisme tardif. C'est à ce même langage que se réfèrent encore les corps fuselés, les couleurs stridentes des draperies et ces carnations fondues où se mêlent roses et bleus.

Annibale Carracci, dit
Annibal CARRACHE
1560-1609

426 **L'apparition de la Vierge à saint Luc et à sainte Catherine**

1592
Toile cintrée. H 4,01 m ; L 2,26 m
Entré au Louvre en 1797. INV 196

Peint pour la cathédrale de Reggio Emilia, le tableau date de la période d'activité du peintre à Bologne, trois années avant qu'il ne parte à Rome poser les bases du classicisme. Il témoigne des préoccupations du jeune Annibale, fondateur avec Louis et Augustin Carrache d'une Académie privée à Bologne : ressourcer l'art à partir de l'étude conjointe de la nature et des grands maîtres de la Renaissance. Synthèse de l'art du Corrège et du Titien, cette *pala* monumentale à deux registres a toute l'éloquence un peu solennelle de la Contre-Réforme triomphante.

XVIIe siècle

Michelangelo Merisi, dit
LE CARAVAGE
Vers 1571-†1610

427 **La mort de la Vierge**

1605-1606
Toile. H 3,69 m ; L 2,45 m
Coll. de Louis XIV. INV 54

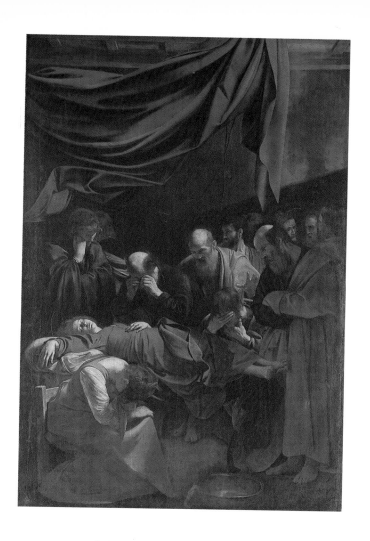

Peint pour l'église Santa Maria della Scala à Rome, le tableau fut refusé pour les raisons mêmes qui font du Caravage le grand rénovateur de la peinture religieuse : l'introduction du quotidien le plus humble dans la représentation sacrée. Le clergé, choqué par le réalisme peu orthodoxe de la Vierge, ne comprit pas de quel frappant message d'humanité était porteur ce cadavre de jeune femme aux jambes gonflées. Dans la pénombre d'un espace dépouillé, magnifié par la grande tenture rouge, un rayon de lumière sculpte les corps, selon la formule du clair-obscur expressif inventé par Caravage.

Guido RENI
1573-1642

428 **Déjanire enlevée par
le centaure Nessus**

1620-1621

Toile. H 2,39 m ; L 1,93 m

Coll. de Louis XIV. INV 537

Après douze années de succès à Rome, où il approfondit sa connaissance de Raphaël et de la statuaire antique, Reni s'établit définitivement à Bologne en 1614. Son classicisme puissant et élégant s'épanouit dans les quatre toiles sur l'histoire d'Hercule qu'il peint entre 1617 et 1621 pour orner la villa Favorita construite par le duc Ferdinand Gonzague près de Mantoue. L'action, où Hercule ne tient que la place mineure d'un époux prêt à se venger du rapt de Déjanire, est focalisée sur le couple du premier plan, exaltation splendide des corps enchâssés dans le rythme souple des draperies et des gestes.

XVIIIe siècle

Giovanni Paolo PANNINI
1691-1765

429 **Galerie de vues de la Rome
antique**

1758

Toile. H 2,31 m ; L 3,03 m

Legs de la princesse Edmond de Polignac, 1944.
RF 1944-21

Le tableau, qui a pour pendant une *Galerie de vues de la Rome moderne,* représente un "musée imaginaire" des principaux vestiges de la Rome antique. Les monuments d'architecture sont évoqués sous la forme d'une galerie de tableaux, sorte de répertoire de la production de Pannini, l'inlassable védutiste romain. Fascinante par ses combinaisons perspectives et son caractère cumulatif, la toile symbolise bien la fièvre archéologique qui saisit l'Europe au milieu du XVIIIe siècle à la suite de la découverte des villes enfouies d'Herculanum et de Pompéi.

Francesco GUARDI
1712-1793

430 Le départ du Bucentaure
vers le Lido de Venise,
le jour de l'Ascension

Toile. H 0,66 m ; L 1,01 m

Saisie révolutionnaire. INV 20009

Le tableau appartient à une série de douze tableaux (dont deux à Grenoble et Bruxelles) illustrant les fêtes offertes à Venise en l'honneur de l'élection du doge Alviso IV Mocenigo en 1763. Peintes une dizaine d'années après les cérémonies, les toiles sont inspirées des compositions gravées d'après Antonio Canaletto, autre maître de la *Veduta* à Venise. On assiste ici au départ de la galère du Bucentaure vers le Lido, où le Doge célébrait chaque année, à l'Ascension, le mariage de Venise avec l'Adriatique. C'est pour Guardi le prétexte à brosser, de sa touche vibrante, d'une sensibilité toute moderne à l'atmosphère, une cité lumineuse et fébrile vivant entre ciel et eau.

Italie **Peintures**

Espagne

A l'exception du *Jeune mendiant* **436** de Murillo acquis sous Louis XVI, le Louvre, à sa création, ignorait à peu près l'école espagnole. Tout change avec le romantisme, qui met l'Espagne à la mode. Mais déjà les guerres napoléoniennes ont favorisé les collections prédatrices : Joseph Bonaparte, le Maréchal Soult, ont sur place saisi les tableaux des églises et des couvents. Et le Musée Napoléon s'est accru d'un butin, que l'Espagne récupère à la chute de l'Empire. Mais c'est Louis-Philippe qui sera le grand prosélyte de la peintuure espagnole : sa collection, qui comporte des centaines d'œuvres de tous les maîtres, dûment achetées en Espagne par son émissaire, le baron Taylor, est exposée au Louvre de 1838 à 1848. La Galerie espagnole de Louis-Philippe, où Manet découvre Vélasquez et Goya, aura sur l'art français une influence profonde.

Mais vendue aux enchères à Londres en 1853, elle fut dispersée à jamais : le Louvre n'en recueillera, beaucoup plus tard, que le *Christ en croix* **433** du Greco. Au même moment était démembrée la collection Soult, dont le Louvre ne put sauver que les chefs-d'œuvre résiduels, ceux de Murillo (la *Cuisine des anges*, la *Naissance de la Vierge*) et Zurbaran (les deux épisodes de la vie de *Saint Bonaventure* **434**, *Sainte Apolline*). Ce sont les collectionneurs qui compléteront alors la représentation du Siècle d'or au Louvre : l'exemple le plus célèbre est celui de La Caze donnant au musée le *Pied-bot* **435** de Ribera. Et ce sont les conservateurs qui s'avisent d'acquérir la série de portraits de Goya, qu'ont ponctuée par la suite un don (la *Marquise de la Solana* **437**) et une dation (la *Marquise de Santa Cruz*), également prestigieux. Cette politique d'acquisition prend au tournant du siècle un tour pionnier, en incluant dans ses choix les maîtres primitifs qui, de Martorell **431** à Huguet **432**, forment ainsi un ensemble rare hors d'Espagne.

Le Louvre possède aujourd'hui une collection espagnole qui est limitée, mais représentative. On peut y admirer les artisans gothiques de

Catalogne ou de Castille, travaillés d'influences italiennes et flamandes, le maniérisme étrange du Greco où s'expriment les aspirations mystiques de la Contre-Réforme, les plus grands noms du Siècle d'or, et Goya portraitiste, au faîte de son art, où la couleur même se fait psychologie.

Bernardo MARTORELL
Connu à partir de 1427-† 1452

431 **Jugement de saint Georges**

Vers 1430

Bois. H 1,07 m ; L 0,53 m

Don de la Société des Amis du Louvre, 1904.

RF 1570

Foyer de prédilection du style gothique international dans la péninsule ibérique, la Catalogne compte avec Martorell l'artiste espagnol le plus original de son temps. Chef d'œuvre de la première période du peintre, le retable de saint Georges (quatre panneaux au Louvre, le panneau central à Chicago) marque la progression de l'artiste vers un certain réalisme dans la narration. En témoigne la scène du jugement, qui, conforme à la *Légende Dorée* de Jacques de Voragine, montre le président Dacien rendant devant un aréopage attentif la sentence de mort du saint, condamné pour sa foi militante à être traîné par toute la ville, puis décapité.

Espagne **Peintures**

Jaime HUGUET
Vers 1415-†1492

432 **La Flagellation du Christ**

Vers 1450-1455

Bois. H 0,92 m ; L 1,56 m

Chapelle Saint-Marc de la cathédrale de
Barcelone. Acq. 1967 avec la participation de
la Société des Amis du Louvre. RF 1967-6

Proche des expériences qui se font jour dans le
bassin méditerranéen, en Italie et en Provence,
Huguet, le successeur de Martorell à Barcelone,
infléchit l'art gothique catalan vers la recherche
de l'unité spatiale et de la monumentalité. Ancien
devant d'autel offert à la cathédrale de Barcelone
par la corporation des cordonniers (dont le cadre
porte l'emblème : les brodequins), le tableau présente la *Flagellation du Christ* dans un espace fondé sur une rigoureuse géométrie. Des arcades
s'ouvrent sur un paysage lumineux, qui remplace
le traditionnel fond d'or du Moyen-Age.

Domenicos Theotocopoulos, dit
LE GRECO
1541-1614

433 **Le Christ en croix adoré par
deux donateurs**

Vers 1585-1590

Toile. H 2,60 m ; L 1,71 m

Eglise des religieuses Hiéronymites de la Reina
à Tolède. Galerie espagnole de Louis-Philippe.
Acq. 1908. RF 1713

Crétois d'origine, d'où son surnom, le Greco a
apporté à Tolède, où il s'installe en 1577, un lan-

410

gage visionnaire formé en Italie auprès des maîtres du Maniérisme. Le *Christ en croix* du Louvre est l'un des plus beaux et des plus anciens exemples connus d'un thème récurrent dans son œuvre. Contemporain de l'*Enterrement du comte d'Orgaz* (Tolède), le tableau appartient à la période faste du maître. Son style tourmenté - ciel d'orage, étirement et torsion des corps, visages extatiques - est ici tempéré par la rigoureuse symétrie de la composition, un coloris austère et la qualité plastique du corps du Christ.

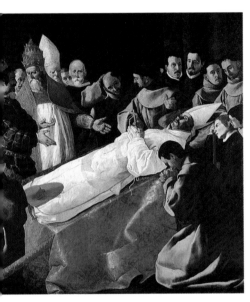

Francisco de ZURBARAN
1598-1664

**434 L'exposition du corps
de saint Bonaventure**

1629

Toile. H 2,45 m ; L 2,20 m
Eglise du Collège Saint-Bonaventure à Séville.
Acq. 1858 des héritiers du maréchal Soult.
MI 205

Espagne **Peintures**

Zurbaran livre en 1629, quelques années après son installation à Séville, quatre toiles (deux sont au Louvre) complétant le cycle de saint Bonaventure par Herrera l'Ancien. Rénovateur moral de l'ordre Franciscain, le saint mourut en 1274 au Concile de Lyon, dont il fut l'âme, prêchant la croisade et l'unité de l'Eglise. Le pape Grégoire X, le roi d'Aragon, des moines franciscains pleurent le prélat. La ferveur de l'atmosphère, la simplicité de la composition, traversée par la blancheur éclatante du gisant, font de Zurbaran, dès sa jeunesse, l'interprète privilégié de la spiritualité monastique du Siècle d'or.

Jusepe de RIBERA
1591-1652

435 **Le Pied-bot**

1642

Toile. H 1,64 m ; L 0,93 m

Legs du Dr Louis La Caze, 1869. MI 893

Avec sa béquille, tenue comme une arme dérisoire, son billet qui réclame la charité ("Donnez-
moi l'aumône pour l'amour de Dieu"), en suggé-
rant qu'il est muet, son pied difforme et sa
bouche édentée, ce jeune mendiant singe le port
martial d'un hidalgo : revers cruel du *Siècle d'Or*.
Le réalisme de Ribera est au service de la satire
sociale. En 1642, le peintre atteint à la maturité
de son art. Il s'affranchit des ténèbres caravagesques
où il est passé maître depuis son établissement
précoce à Naples (1616), dont il est devenu l'artiste officiel, protégé des vice-rois
espagnols. Et cette peinture claire, mêlée d'influences flamandes, scrute les faciès grimaçants de
la cour des miracles avec une implacable acuité.

Bartolomé Esteban MURILLO
1618-1682

436 **Le jeune mendiant**

Vers 1650

Toile. H 1,34 m ; L 1,00 m

Coll. de Louis XVI. INV 933

Avec ce garçon qui s'épouille, représenté grandeur nature, Murillo a laissé, en marge d'une
abondante production religieuse, l'une des plus
saisissantes visions de l'enfance. D'inspiration ca-
ravagesque, le tableau décrit sans complaisance un
jeune Sévillan, les pieds sales, les vêtements lo-

queteux, dans un local d'une rustique nudité.
Mais le tour de force réside dans l'effet du rayon
solaire, imprimé dans la matière picturale avec un
souci de naturalisme qui retiendra l'attention des
peintres français du XIXᵉ siècle en quête de nouveauté, comme Manet.

Francisco José de
GOYA y LUCIENTES
1746-1828

437 **Portrait de la comtesse del
Carpio, marquise de la Solana**
(1757-1795)

Toile. H 1,81 m ; L 1,22 m

Donation Carlos de Beistegui, 1942

Entré en 1953. RF 1942-23

Peintre du roi, protégé des Grands, Goya est, depuis les années 1780, le portraitiste en vogue de

la société madrilène. Amie de la duchesse d'Albe, autre modèle célèbre du peintre, "la Solana" est une aristocrate charitable et lettrée, qui écrit des pièces de théâtre, et s'éteint précocement en 1795, à l'âge de trente-huit ans. Goya la peint sur le mode éprouvé de ses effigies mondaines: en pied, sur fond de paysage, dans un costume noble aux harmonies subtiles, dont le nœud rose est le seul luxe. L'élégance de la facture n'empêche pas la profondeur de la psychologie: le visage est d'une singulière gravité. Maladie du modèle ou projection de l'artiste? On situe le tableau après la grande crise de 1792-1793, qui le rendit sourd.

Allemagne

L'importance de la collection est indiscutable, malgré le nombre relativement restreint d'œuvres qui la composent.

Le XVe siècle est dominé par un ensemble assez exceptionnel, hors les musées allemands, de tableaux de l'Ecole de Cologne (Maîtres de la Sainte Parenté [438], de Saint-Séverin, du retable de saint Barthélemy [439], de la légende de sainte Ursule). Le point fort demeure néanmoins la grande Renaissance, avec l'*Autoportrait* [440] de Dürer, plusieurs Cranach et Bruyn et surtout les cinq portraits de Hans Holbein le Jeune: Erasme ; Warham, l'archevêque de Canterbury ; Kratzer, l'astronome de Henri VIII [442] ; Anne de Clèves, la quatrième épouse du monarque ; Sir Henry Wyatt, conseiller à la cour d'Angleterre. L'origine des Holbein est prestigieuse puisqu'ils furent acquis en bloc par Louis XIV, en 1671, au banquier et collectionneur colonais Eberhardt Jabach. A côté de ces trois grands noms, d'autres témoignent de la richesse artistique de l'Allemagne au XVIᵉ siècle, tels Hans Baldung Grien, Hans Sebald Beham (tableau acquis par Louis XIV aux héritiers de Mazarin), Mathias Gerung, Ulrich Apt, Hans Maler, Wolf Huber. Pour les périodes suivantes, les œuvres sont plus dispersées mais non moins significatives : natures mortes du XVIIᵉ siècle (Binoit, Flegel [443], Gottfried von Wedig), portraits, tableaux mythologiques et religieux du XVIIIᵉ siècle (Denner, Seibold, Dietrich, Platzer, Maulpertsch, Graff), néo-classicisme (Angelica Kauffmann, Anton Krafft), époque Biedermeier (portrait de femme par Waldmüller) et romantisme (Friedrich [444]).

MAÎTRE DE LA SAINTE PARENTÉ
Actif à Cologne de 1470/80 à 1515

[438] Retable des Sept Joies de Marie

Vers 1480

Bois. H 1,27 m ; L 1,82 m

Couvent des Macchabées de Cologne. Acq. 1912, avec le concours des enfants de Jean Dollfus.

RF 2045

Divisé en trois scènes (*l'Adoration des Mages, la Présentation au temple, l'Apparition du Christ à Marie*), le tableau constituait le centre d'un retable peint sans doute vers 1480 et provenant du couvent des Bénédictines des Macchabées à Cologne. Les deux volets, composés chacun de deux scènes (*l'Annonciation* et *la Nativité* à gauche, *l'Ascension* et *l'Assomption* à droite) sont conservés au Germanisches Nationalmuseum de Nuremberg. Le Maître de la Sainte Parenté - nommé ainsi d'après le chef-d'œuvre de sa maturité (Musée Wallraf Richartz à Cologne) - s'est inspiré pour *la Présentation au temple* d'une composition de même sujet du grand peintre de l'Ecole colonaise de la première moitié du XVe siècle, Stephan Lochner, mais le coloris et le goût des orfèvreries et des riches tissus affirment son propre génie.

MAÎTRE DU RETABLE DE SAINT BARTHÉLEMY
Actif à Cologne vers 1480-1510

439 La Descente de croix

Vers 1501-1505

Bois. H 2,275 m et 1,525 m ; L 2,10 m

Eglise du Val-de-Grâce. Saisie révolutionnaire.

INV 1445

L'origine de cet imposant tableau d'autel n'est pas connue, on sait seulement qu'il se trouvait déjà au XVIe siècle dans la maison professe des Jésuites à Paris. En raison du tau de saint Antoine et de sa clochette qui ornent le cadre simulé, on peut supposer qu'il fut peint pour une communauté d'Antonites. Son auteur, très probablement d'origine néerlandaise, d'Utrecht ou d'Arnhem, désigné du nom du retable de saint Barthélemy provenant de l'église de Sainte-Colombe de Cologne (Pinacothèque de Munich), qui se fixa à Cologne vers 1480, transpose ici dans le style maniériste du gothique finissant la célèbre *Descente de croix* de Van der Weyden (Prado, Madrid). Il en donne une puissante et pathétique interprétation : à l'intérieur d'un coffrage peint et feint, autour du Christ qui semble "sortir" du cadre, les personnages sont groupés suivant des lignes complexes, à la manière des acteurs d'un Mystère.

Albrecht DÜRER
1471-1528

440 Autoportrait

1493

Parchemin collé sur toile. H 0,565 m ; L 0,445 m

Acq. 1922. RF 2382

Seul tableau de Dürer conservé en France, cet *Autoportrait* est le premier peint par l'artiste, antérieurement à ceux de 1498 (Madrid, Prado) et de 1500 (Pinacothèque de Munich), exécuté lors de son voyage entre Bâle et Strasbourg, avant son retour à Nuremberg. Le peintre apparaît à l'âge de 22 ans, grave, tenant dans la main droite une branche de panicaut (sorte de chardon) dont l'interprétation fait l'objet d'une controverse. Pour les uns, il s'agit d'un symbole de la fidélité conjugale, auquel cas le tableau serait un cadeau à sa fiancée, Agnès Frey, qu'il épousa en 1494. Pour d'autres, c'est une allusion à la Passion du Christ (plus précisément aux piquants de la couronne d'épines), en liaison avec l'inscription que porte le tableau : "Les choses m'arrivent comme il est écrit là-haut", dans un esprit qui annoncerait l'*Autoportrait* de 1500 où Dürer apparaît en "Salvator Mundi", comme auréolé de la gloire de Dieu.

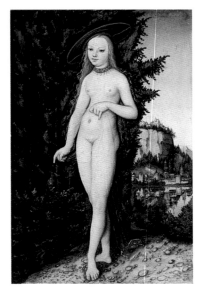

Lucas CRANACH L'ANCIEN
1472-1553

441 **Vénus debout dans un paysage**

1529

Bois. H 0,38 m ; L 0,25 m

Entré en 1806, en provenance d'Allemagne.

INV 1180

Peintre attitré des princes électeurs de Saxe et portraitiste de Luther, Lucas Cranach est avec Dürer et Holbein le troisième grand nom de la peinture allemande du XVIe siècle. Il excella dans la peinture mythologique et allégorique et apparaît en quelque sorte comme le créateur d'un type de représentations de figures féminines isolées dans un paysage. Le petit tableau du Louvre, très raffiné de facture et entièrement de la main de Cranach, montre une gracieuse Vénus coiffée d'un chapeau à larges bords, le cou orné d'un collier précieux, tenant devant elle une légère écharpe transparente. La ville gothique qui apparaît au fond, se reflétant dans l'eau, témoigne de la maîtrise graphique du peintre et d'un sentiment du paysage intensément poétique. On notera le serpent ailé tenant dans sa gueule un anneau, la marque de Cranach, qui se confond habilement avec les pierres du sol.

Hans HOLBEIN LE JEUNE
1497-98/1543

442 **Portrait de Nicolas Kratzer**
(vers 1486-après 1550)

1528

Bois. H 0,83 m ; L 0,67 m

Coll. de Louis XIV. Acq. d'Eberhardt Jabach
en 1671. INV 1343

Le nom du modèle et la date
du tableau sont indiqués sur la
feuille de papier posée à
gauche, sur la table. Compatriote de Holbein -il
s'était établi comme lui en Angleterre -, correspondant de Dürer, Kratzer était devenu un personnage important de la cour, puisqu'il était l'astronome du roi Henri VIII. Holbein l'a représenté
dans son activité principale, celle de "facteur"
d'instruments astronomiques : il tient d'une main
un compas et de l'autre un cadran solaire qu'il
est en train de fabriquer. On retrouve ce cadran,
ainsi que les deux autres de formes différentes visibles au fond à gauche, à peu près à l'identique
dans le fameux tableau des *Ambassadeurs* peint
par Holbein en 1533 (Londres, National Gallery).
Dans cette effigie qui, avec celle de Warham de
1527, également au Louvre, date du premier séjour de l'artiste à Londres, Holbein fait montre
de son talent de peintre objectif, artisan virtuose
et inégalable dans le rendu des objets.

Georg FLEGEL
1566-1638

443 **Nature morte au flacon de vin
et aux petits poissons**

1637

Bois. H 0,19 m ; L 0,15 m

Acq. 1981. RF 1981-21

Influencé très certainement par les artistes flamands établis en Allemagne, Georg Flegel, natif

de Francfort, fut l'un des premiers peintres allemands à élever la nature morte au rang d'un
genre indépendant. Les objets sont habilement
disposés, reliés entre eux par le jeu des ovales et
les reflets de couleurs. Les poissons, bien observés,
appartiennent à des espèces qui vivaient jadis
dans le Main. Artifice de trompe-l'œil, les deux
insectes - une sorte de bourdon et une mouche -
que le peintre a représentés dans leur taille réelle,
l'un sur la miche, l'autre sur le bord du plat,
sont disproportionnés, comme s'ils n'appartenaient
pas à l'espace du tableau mais au monde du
spectateur. Ils rappellent le caractère périssable
des mets et biens terrestres, à quoi s'opposent, en
apportant une réponse religieuse, le pain, le vin
et les poissons, allusions traditionnelles au repas
eucharistique qui assure le salut éternel de l'âme.

Caspar David FRIEDRICH
1774-1840

444 L'arbre aux corbeaux

Vers 1822

Toile. H 0,59 m ; L 0,737 m

Acq. 1975. RF 1975-20

Loin d'être la simple représentation d'un paysage,
L'arbre aux corbeaux est à interpréter comme une
réflexion sur la mort, un des thèmes majeurs de
la peinture romantique allemande dont Friedrich

est le chef de file incontesté. Le chêne dépouillé qui semble prendre racine dans un tumulus de l'époque des Huns, symbolise la vanité de la destinée du héros païen enterré en ces lieux. Les quelques feuilles encore accrochées aux branches et les corbeaux sont autant d'évocations de l'adversité et de la mort. Une lueur d'espoir toutefois : le lointain, baigné de lumière, symbolise la vie éternelle.

On a reconnu dans le paysage de l'arrière-plan la ville d'Arkona et les falaises crayeuses de l'île de Rügen dans la mer Baltique, région natale de l'artiste.

Flandres et Hollande

Dans les collections du Louvre, les Ecoles du Nord - Flandres et Hollande confondues ici pour des raisons de commodité : étroit voisinage, identité de langue, communauté d'histoire jusqu'à la fin du XVIe siècle - ne comptent pas moins de 1 200 tableaux, du XVe siècle au début du XXe siècle (à dire vrai, tout ce qui est postérieur à 1850 a été transféré au Musée d'Orsay). Soit un peu plus que l'Italie (1 100 peintures environ), beaucoup plus que l'Espagne, l'Allemagne ou l'Angleterre (en gros une centaine de tableaux chacune) mais infiniment moins que l'Ecole française (de 3 à 4 000 numéros). C'est dire la relative importance du fonds nordique, brillamment constitué à l'origine par Louis XIV - les Bril, une bonne part des Rubens et des Van Dyck notamment -, puis admirablement accru sous Louis XVI grâce à une première politique d'acquisitions qui fit entrer les meilleurs Hollandais (du XVIIe siècle) de la série : plus de 110 tableaux excellemment choisis (Ruisdael, Cuyp, Wouwerman, Berchem,

Ter Borch, Dujardin, Dou, les Velde, les Ostade, Metsu et, parmi les Flamands, Rubens, Teniers, Jordaens, etc.). En deux siècles de vie muséologique, à travers des hauts et des bas (moins d'une quinzaine d'achats nordiques sous Louis-Philippe et huit seulement entre 1959 et 1979....) qui reflètent certaines vicissitudes du goût et de l'histoire, le musée et ses inlassables donateurs (près de 130 tableaux des Ecoles du Nord donnés sous le Second Empire : qui oublierait jamais le bon Dr. La Caze qui apporte en 1869 la *Bohémienne* [460] de Frans Hals, la *Bethsabée* [462] de Rembrandt, 7 Rubens, 19 Teniers, près de 200 peintures hollando-flamandes données sous la IIIe République...) n'ont pas laissé de poursuivre et compléter l'action magnifiquement lancée par la monarchie.

De ce fait, une telle collection est très variée et fort choisie. C'est d'abord l'une des plus belles au monde pour Rubens, rivalisant avec les ensembles de Munich et de Vienne (à cause de la Galerie Médicis entre autres) : 52 originaux ! Mais considérables sont également les séries de Van Dyck (une vingtaine de pièces), de Rembrandt (une douzaine de tableaux sûrs dont l'incomparable *Bethsabée* [462], tandis que le noyau des "Primitifs" du XVe siècle compte presque tous les grands noms à Van der Goes près (Van Eyck, Weyden, Bouts, Memling, Gérard David, Bosch, Gérard de Saint-Jean, Juste de Gand, Sittow...) et quel chef d'œuvre universel que la *Vierge au chancelier Rolin* [445] ! Le XVIe siècle est assez équilibré et bien doté, entre Metsys (*Le changeur et sa femme* [447]) et Brueghel (*Les mendiants* [450]), Hemessen et Floris, Lucas de Leyde, Van Clève, Gossaert et Moro, Dalem et Barendsz, Sellaer, Stradanus et Venius, et le musée a su récemment s'ouvrir aux plus énervantes et séduisantes curiosités maniéristes (Spranger, Speeckaert, Wtewael, Cornelis van Haarlem) qui rejoignent ainsi ses anciens Bloemaert et Goltzius.

Siècle-roi de la peinture, le XVIIe est encore plus étoffé. Pour les Flandres, il y a d'un côté une fastueuse représentation de la grande peinture (religieuse surtout) à la suite du ténor Rubens (Van Dyck, Jordaens, Van Mol, Crayer, Van Oost, Gérard Seghers, Thulden) et de l'autre toute la joyeuse compagnie des petits maîtres "réalistes" (un triomphal ensemble de 40 Teniers, 7 Francken et puis Brouwer, Craesbeeck, Ryckaert, Vranck...) ainsi qu'un superbe déploiement de natures mortes (5 Fyt, 8 Snyders, Van Boucle) et de tableaux animaliers (16 Pieter Boel). Les ensembles de paysages ne sont pas moins remarquables (10 Bril, 10 Huysmans, 5 Momper), tandis que Brueghel de Velours brille entre autres par un célébrissime chef-d'œuvre (la *Bataille d'Arbelles*) et que Daniel Seghers s'impose par la couronne de fleurs qui entoure le *Triomphe de l'Amour* du Dominiquin, encore deux apports louis-quatorziens.

Pour les Hollandais du Siècle d'or, rien ne manque ou presque, bien que les églises, les marines et les natures mortes soient un peu rares et qu'une seule œuvre vienne parfois illustrer telle ou telle tendance (*Le duo* de Ter Brugghen, très bien acheté en 1954 pour représenter les Caravagesques utrechtois). Les 4 Hals (dont la *Bohémienne* [460] et le *Bouffon au luth*), les 10 Van Goyen, les Ruisdael (6 de Salomon, 6 de Jacob) constituent de sérieux avoirs. Mais sont également là, et en fort beaux exemplaires, tous les grands noms qu'il faut avoir et qui sont si difficiles à trouver aujourd'hui : Bosschaert et Saenredam, Sweerts et Hoogstraten (ses admirables *Pantoufles* longtemps données à Pieter de Hooch puis à Vermeer), Venne (*La Trêve de 1609*) et Potter, Claesz et De Heem, Steen et Pieter de Hooch, Hobbema et Van der Heyden. Même Vermeer trône, avec la *Dentellière* [467] et l'*Astronome* arrivé seulement en 1983 : c'était le dernier Vermeer resté en main privée.

Pays-bas XVe-XVIe siècles

Jan VAN EYCK
† *1441*

445 La Vierge au chancelier Rolin

Vers 1435

Bois. H 0,66 m ; L 0,62 m

Collégiale Notre-Dame d'Autun

Entré au Louvre en 1800. INV 1271

Le chancelier de Bourgogne Nicolas Rolin (1376-1462) s'est fait représenter à genoux, en prière devant la Vierge et l'Enfant Jésus bénissant. Le tableau fut exécuté pour ce haut dignitaire de la cour de Philippe le Bon dont l'un des titres de gloire est d'avoir commandé à Van der Weyden pour l'hospice de Beaune le retable du *Jugement dernier*. Le paysage urbain au fond, malgré son exactitude apparente, ne correspond pas à une ville réelle mais consiste en une juxtaposition de sites existants. Tous les détails minutieusement rendus ont une signification religieuse précise, Van Eyck conférant à l'infiniment petit, par l'alchimie d'une technicité parfaite, une intense valeur spirituelle.

Rogier VAN DER WEYDEN
1399/1400-1464

446 Triptyque de la famille Braque

1450-52

Bois. H 0,41 m ; L 0,68 m (panneau central)

H 0,41 m ; L 0,34 m (chaque volet)

Acq. 1913. RF 2063

Le panneau central représente le Christ rédempteur entre la Vierge et saint Jean l'Evangéliste, le

volet de gauche saint Jean-Baptiste et le volet de droite sainte Madeleine. Les armoiries peintes au revers, qui sont celles de Jehan Braque et de sa femme, Catherine de Brabant, de Tournai, laissent supposer que ce triptyque portatif a été exécuté soit à la demande des époux qui s'étaient mariés en 1450-51, soit après la mort de Jehan de Braque survenue en 1452. Auquel cas le crâne et la croix visibles au revers, accompagnés d'inscriptions rappelant la vanité de la vie terrestre, auraient une valeur particulièrement poignante. A cette époque, Van der Weyden revenait d'Italie et la leçon de l'art de Fra Angelico est sensible dans le parti-pris de rigoureuse symétrie qui s'allie parfaitement au sens monumental propre au génie de l'artiste.

Quentin METSYS
1465/66-1530

447 Le prêteur et sa femme

1514

Bois. H 0,705 m ; L 0,670 m
Acq. 1806. INV 1444

Dérivant probablement d'une peinture (perdue) de Jan van Eyck datant de 1440, le tableau de Metsys ne se réduit pas à une simple scène de genre. Une inscription latine qui figurait au

XVIIe siècle sur l'encadrement, tirée du Lévitique ("Que la balance soit juste et les poids égaux") expliquait l'intention moralisante, voire religieuse - la balance, symbole de justice, renvoie aussi au Jugement dernier - qui sous-tend l'image. Le thème connaîtra un succès énorme, l'aspect caricatural de l'usurier cupide, les doigts crispés sur son or, étant généralement le seul retenu, bien éloigné de la sérénité grave de Metsys. On remarquera le motif eyckien par excellence du miroir dans lequel se reflète un homme lisant.

Jean GOSSAERT, dit MABUSE
Vers 1478-1532

448 Diptyque Carondelet

1517
Bois cintré. H 0,425 m ; L 0,270 m (chaque panneau)
Acq. 1847. INV 1442-1443

face intérieure   face extérieure

Jean Carondelet (1469-1545), doyen de l'Eglise de Besançon, conseiller de Charles-Quint et ami d'Erasme, s'est fait représenter en prière, face à la Vierge à l'Enfant. Au revers d'un volet est peint un crâne en trompe-l'œil dans une niche accompagné d'une citation de saint Jérôme qui invite l'homme à méditer sur la mort. Le visage de Carondelet, savamment modelé et peint dans un langage quasi réaliste qu'accentue le cadrage serré, contraste avec la Vierge, plus intemporelle et

426

idéalisée. Le plus beau morceau demeure cependant la Vanité, terrible parce que trop vraie, qui puise toute sa force dans son intensité plastique.

Frans FLORIS
1516-1570

449 **Le sacrifice du Christ protégeant l'humanité**

1562

Bois. H 1,65 m ; L 2,30 m

Eglise Saint-Sulpice. Saisie révolutionnaire.
INV 20746

Dans une magnifique langue picturale d'une extrême souplesse et selon des formes élégamment maniéristes, qui sont bien l'heureuse marque de Floris, le peintre majeur d'Anvers au milieu du XVIe siècle, vrai annonciateur de la transparence rubénienne, est transcrite une complexe métaphore religieuse, audacieuse dans sa littéralité même ; annoncé par saint Jean-Baptiste en belle robe rouge, au premier plan, le Christ crucifié sur une symbolique vigne et aux grandes ailes de poule rassemble le peuple des pécheurs repentis comme la mère poule des Evangiles de saint Mathieu et de saint Luc - d'où le beau détail réaliste du premier plan - signe de parfait et total amour divin. Un extraordinaire démon-chauve-souris plane menaçant, à droite, là où un pape et des pharisiens, mauvais bergers, détournent les croyants sur un mauvais chemin. A gauche, s'oppose la Jérusalem céleste indiquée par le Christ et ses immédiats disciples. Toute l'œuvre témoigne ainsi d'une intéressante religiosité personnelle (Floris et sa femme sont parmi le peuple protégé par Dieu en sa sainte Trinité), aux frontières du fidèle catholicisme et de la nouvelle Réforme protestante.

Pieter I Bruegel le Vieux
Vers 1525-1569

450 **Les Mendiants**

1568

Bois. H 0,185 m ; L 0,215 m

Don Paul Mantz, 1892. RF 730

La signification du tableau - le seul Bruegel le Vieux du Louvre - reste obscure, non sans avoir suscité pourtant de nombreuses interprétations. S'agit-il d'une évocation des souffrances humaines, d'une allusion politique contre la domination espagnole ou d'une description satirique des différentes classes de la société ? Les queues de renard (?) accrochées aux vêtements des estropiés ont également fait l'objet de maintes suppositions. Même non décryptée, l'œuvre, de l'extrême fin de la carrière du peintre, n'en demeure pas moins d'une grande puissance, malgré son petit format. Vus en gros plan, les personnages aux poses absurdes sont habilement enchevêtrés et reliés entre eux par des jeux formels des plus savants.

Cornelis van Haarlem
1562-1638

451 **Le Baptême du Christ**

1588

Toile. H 1,70 m ; L 2,06 m

Don de la Société des Amis du Louvre, 1983

RF 1983-25

Œuvre de jeunesse - en 1588, l'artiste n'a que 26 ans ! - le *Baptême du Christ* est une des plus grandes réussites du maniérisme harlemois. Ici, le nouveau langage s'exprime dans toute son élo-

quence : par une typique inversion des hiérarchies, le sujet du tableau, à savoir le baptême du
Christ, est relégué à l'arrière-plan, alors que le
devant de la scène est occupé par les corps des
futurs baptisés, véritable grammaire de nus d'académie, de poses contournées et de gestes expressifs. Les doigts sont crispés, les muscles arqués et
l'outrance va jusqu'au détail ultra-vériste de la
plante de pied sale au premier plan. La jeune et
fougueuse brutalité de cette composition porte en
germe les prochaines conquêtes réalistes de la
peinture (Caravage).

Flandres XVIIe siècle

Peter Paul RUBENS
1577-1640

452 **L'Apothéose d'Henri IV et la**
proclamation de la Régence de
Marie de Médicis (14 mai 1610)

1622-1625

Toile. H 3,94 m ; L 7,27 m

Coll. de Louis XIV. INV 1779

Le tableau de fond de la fameuse Galerie Médicis
peinte par Rubens entre 1622 et 1625 pour le

Palais du Luxembourg à Paris, alors demeure de la reine Marie de Médicis (épouse d'Henri IV et mère de Louis XIII) : cette imposante machine de plus de 7 mètres de large donne tout son sens et constitue le point fort de cet immense ensemble décoratif de 24 grandes toiles peintes en un temps record par un seul homme - soit un total d'environ 300 m² de peinture : rien ne mesure mieux le génie incroyable de Rubens ! Tout le cycle constitue une narration épique célébrant les hauts faits et plus encore le destin exceptionnel et sublime de cette femme forte et royale, exaltée dans et par le malheur, grandie par l'épreuve, tel le "héros" cher à la littérature du XVIIe siècle. Ici, dans un fastueux concours de riches couleurs et de formes denses et magnifiques, la composition, très savamment organisée par d'immenses diagonales dynamiques et balancée entre deux pôles, fait voir à gauche le feu roi, élevé au ciel, en héros divinisé, dans une merveilleuse transposition allégorique de son tragique et fatal assassinat (en 1610), tandis qu'à droite, la veuve-reine, devenue régente, reçoit mission (divine) de gouverner l'Etat, acclamée par tous les Grands du royaume.

Antoon VAN DYCK
1599-1641

453 Vénus demande à Vulcain des armes pour Enée

Vers 1627-32
Toile. H 2,20 m ; L 1,45 m
Coll. de Louis XIV. INV 1234

Un grand sujet mythologique comme les aimaient les bons esprits du XVIIe siècle, nourris de culture antique et de Virgile notamment ; mais transposé, grâce à Van Dyck, dans le monde universel et intemporel des belles formes : l'heureuse influence de la Renaissance italienne dont Van Dyck vient de méditer les exemples sur place (Corrège, peintre des chairs féminines ; Titien, coloriste somptueux) et la grande manière baroque de Rubens, maître de Van Dyck (formes amples et dynamiques) se combinent avec le génie proprement vandyckien (coloris plus tendre, style inquiet) pour aboutir à cette mise en page aussi éloquente que raffinée (contraste des carnations de la blanche déesse et du sombre Vulcain-forgeron), - une mise en page volontairement située en dehors du temps (pas de couleur locale, pas de détails archéologiques) et privée de tout réalisme prosaïque, le tout dans un tableau du plus heureux format vertical (les corps semblent dans leur élan échapper au cadre de la représentation).

Antoon van Dyck
1599-1641

454 Charles Ier, roi d'Angleterre (1600-1649), à la chasse

Vers 1635

Toile. H 2,66 m ; L 2,07 m

Coll. de Louis XVI. INV 1236

Ce portrait n'est pas un portrait officiel de roi au sens habituel puisque désigné comme "le roi alla ciasse" dans un mémoire du peintre rédigé vers 1638 (en français). Mais bien le plus royal (ou le plus noble, donc le plus réussi) des portraits du roi, car il représente ce dernier comme un chef d'œuvre d'humanité accomplie, infiniment distingué et élégant, racé et charmant, selon la double tradition, ici efficacement fusionnée, du courtisan

au sens de l'"honnête homme" et du "prince",
personne et individu mêlés. Jouent d'une part la
présence des serviteurs, la canne, insigne de souveraineté, les habits presque trop somptueux pour
une chasse, la fière pose ; de l'autre, un subtil dé-
centrement qui isole majestueusement la figure
principale, soulignée par la courbe du feuillage et
détachée sur fond de ciel clair, la dignité renforcée par l'apaisement si raffiné du coloris, que sert
une vivante et caressante exécution. Du Titien et
par lui de l'Antique vient le détail culturellement
ennoblissant du cheval se grattant une patte.

Peter Paul RUBENS
1577-1640

455 **La Kermesse**

Vers 1635-38
Bois. H 1,49 m ; L 2,61 m
Coll. de Louis XIV. INV 1797

En achetant ce monumental panneau des dernières années de l'artiste, provocant à force de lyrisme sensuel, d'exubérance vitale et universelle -
magnifier la Vie dans tous ses aspects, de
l'homme à l'animal ! -, de frénésie du plaisir et
d'irrésistible dynamisme, Louis XIV ne pouvait
trouver meilleur et plus symbolique exemple du
génie rubénien - le plus grand peintre du
siècle ! -, allié, et fécondé par elle, à une vieille
tradition de réalisme flamand issue de Brueghel

avec une note moralisatrice qui n'existe plus ici. Au grouillement très savant des corps (savoir organiser un tumulte par de grandes et belles ondulations !) s'oppose l'immensité calme et bien sentie du paysage.

Peter Paul RUBENS
1577-1640

456 Hélène Fourment au carrosse

Vers 1639

Bois. H 1,95 m ; L 1,32 m
Coll. Marlborough, coll. Rotschild. Acq. 1977
RF 1977-13

De fameuse provenance, ce grand et ravissant portrait d'apparat est l'une des plus belles acquisitions du Louvre effectuées depuis la Guerre. Soit l'une des ultimes représentations de la deuxième femme de Rubens, Hélène Fourment (épousée en 1630), si souvent utilisée comme modèle par l'artiste dans les dernières années de sa vie. Elle est avec son jeune fils Frans, né en 1633 et apparemment âgé ici de 6 et 7 ans. En habit noir de grande distinction (mais non de deuil !), parée comme une femme de la haute société, la tête surmontée d'une typique coiffe à hampe et à houppe alors à la mode dans les Pays-Bas, qui fixe une fine cape de dentelle, elle sort de sa palatiale demeure pour prendre un carrosse (d'où un alerte morceau de paysage sur le côté). C'est un sommet de la création rubénienne, tableau à la fois savant et aisé, triomphalement baroque dans son dynamisme spatial et magistralement équilibré dans le rapport des formes, attachant par le sentiment et somptueux de peinture, le plus haut point de la grande tradition du portrait humaniste et aristocratique issue de la Renaissance.

Jacob JORDAENS
1593-1678

457 Jésus chassant les marchands du Temple

Vers 1650

Toile. H 2,88 m ; L 4,36 m

Coll. de Louis XV. INV 1402

Ce très brillant achat de la Royauté en 1751 préparait le futur musée du Louvre, car un tel tableau, de par son sujet éminemment évangélique : Jésus purifiant le lieu sacré de la corruption matérialiste et paganiste... n'avait guère de vocation proprement décorative et palatiale. Le tableau, vendu par un artiste protégé par le Roi et figure majeure du XVIIIᵉ siècle français rococo, Natoire, témoignait de l'impressionnante verdeur du grand rival et successeur anversois de Rubens, Jordaens, qui peignit cette immense toile vers 1650 : tumulte pictural supérieurement organisé, triomphal enchaînement de formes généreuses et dynamiques, somptueuses et lourdes architectures parfaitement éloquentes, superbe richesse des tons et des franches lumières, science et abondance, plénitude plastique, pure peinture faite de tous les plaisirs visuels : le sommet du Baroque !

Joachim WTEWAEL
1566-1638

458 **Persée secourant Andromède**

1611
Toile. H 1,80 m ; L 1,50 m
Don de la Société des Amis du Louvre, 1982
RF 1982-51

Andromède, fille de Céphée, roi d'Ethiopie, et de
Cassiopée, avait eu la témérité de disputer le prix
de la beauté aux Néréides ; celles-ci l'attachèrent
à un rocher pour qu'elle soit livrée au monstre
marin envoyé par Neptune. Persée, monté sur
Pégase, vint la délivrer et l'épousa.
Le sujet connut un grand succès auprès des
peintres maniéristes. L'utrechtois Wtewael en
donne une interprétation exceptionnelle ; trois tableaux sont en quelque sorte réunis en un seul :
le superbe morceau de nu, le rare détail de paysage enchanteur aux tonalités bleutées, au premier
plan enfin cette étonnante nature morte de coquillages, un véritable tableau dans le tableau.
L'*Andromède* est un excellent exemple du maniérisme apaisé du maître, où l'élégance et la fraîcheur du nu l'emportent sur le style exacerbé de
sa première période.

Ambrosius BOSSCHAERT
le Vieux
1573-1621

459 **Bouquet de fleurs dans une
arcature de pierre s'ouvrant sur
un paysage**

Vers 1620
Cuivre. H 0,23 m ; L 0,17 m
Acq. avec le concours de la Société des Amis du
Louvre, 1984. RF 1984-150

Tout le charme de ce tableau monumental malgré ses dimensions restreintes réside dans le mé-
rite inventif de Bosschaert, cet anversois protestant émigré en Hollande, qui se fonde sur une

Flandres et Hollande **Peintures**

435

triple approche de la nature morte : contraste suggestif entre l'infini de l'horizon et l'hyper-précision rapprochée des fleurs et du verre transparent ; vision intellectuelle d'une nature harmonieuse qui fait associer dans un bouquet des fleurs (toutes identifiables) fleurissant en réalité à des périodes différentes ; ambiance morale et quasi religieuse comme le suggèrent les feuilles rongées et la pierre de la niche ébréchée qui rappellent la vanité des choses et la fragilité des réalités éphémères. On remarquera le petit insecte (un sphex) à droite, sur la margelle, qui parodie le monogramme *AB* du peintre.

Frans HALS
1581/85-1666

460 La Bohémienne

Vers 1628-1630

Bois. H 0,58 m ; L 0,52 m

Legs du Dr Louis La Caze, 1869. MI 926

Par son sujet d'inspiration réaliste - il s'agit plutôt d'une courtisane, avec son décolleté audacieux, voire provocant, que d'une bohémienne, titre qui désigne généralement une diseuse de bonne aventure -, le tableau se rattache au courant de peinture de genre claire des Caravagesques d'Utrecht. L'apport de Hals réside dans le brio de sa facture qui varie selon les parties du tableaux : souple et moelleuse dans le visage, la touche s'anime et devient plus cassante et hachée dans le vêtement. Cette figure se rattache à d'autres "portraits de genre" de Hals. Un élément qui accentue le dynamisme de l'œuvre est le traitement, assez exceptionnel dans l'œuvre de Hals, du fond du tableau qui consiste en une sorte de ciel nuageux ou paysage rocheux traversé par une bande oblique plus claire, génératrice de mouvement.

REMBRANDT Harmensz van Rijn
1606-1669

461 Les Pèlerins d'Emmaüs

1648

Bois. H 0,68 m ; L 0,65 m

Coll. de Louis XVI, INV 1739

Le fameux thème du Christ à Emmaüs reconnu
par deux de ses disciples au cours d'un repas fut
cher à Rembrandt. L'interprétation qu'il en
donne en 1648 est toute de majesté et de gravité.
Traditionnelle par sa composition qui fait appel
aux souvenirs de la grande Renaissance italienne
(Léonard de Vinci, Titien et Véronèse), le tableau
frappe par son intensité iconographique : la figure
du Christ -très heureusement décalée par rapport
à l'axe médian du tableau - est d'un réalisme
poignant, visage décharné et livide du vainqueur
de la mort que rappellent les détails du verre
vide et retourné et de l'agneau au crâne brisé en
deux, symboles de la Passion du dieu fait
homme, se révélant dans la Cène. Ainsi, en un
seul tableau, Rembrandt renouvelle toute une tradition de peinture religieuse qui sous son pinceau
devient à la fois plus profonde et plus humaine.

REMBRANDT Harmensz van Rijn
1606-1669

462 Bethsabée au bain

1654

Toile. H 1,42 m ; L 1,42 m

Legs du Dr Louis La Caze, 1869. MI 957

L'épisode traité par Rembrandt est celui que les
artistes ont le plus souvent illustré : Bethsabée au
bain est aperçue par le roi David qui requiert
son service. Le génie de Rembrandt réside dans
sa liberté vis à vis de l'iconographie traditionnelle : le monarque n'apparaît pas dans le tableau,
il est présent par le seul motif de sa lettre d'invite que Bethsabée tient à la main, un peu frois-
sée. On s'accorde à reconnaître dans le modèle

Henrickje Stoffels, la maîtresse du peintre. Tableau assez "vénitien" par son harmonie de tons cuivrés et par l'importance du nu représenté grandeur nature, la *Bethsabée* est au-delà des influences un inoubliable morceau de bravoure picturale, avec le linge blanc superbement maçonnée, les épaisseurs richement travaillées et les rehauts de touches rougeoyantes.

Pieter de HOOCH
1629-1684

463 **La Buveuse**

1658

Toile. H 0,69 m ; L 0,60 m

Don de Mme Grégor Piatigorsky, née Jacqueline
de Rothschild. RF 1974-29

Peinte à Delft - malgré la carte d'Amsterdam qui figure sur le mur du fond -, la *Buveuse* est l'une des créations les plus parfaites de Pieter de Hooch dans sa meilleure période, celle des intérieurs éclairés d'une chaleureuse lumière et construits selon d'impeccables perspectives. Loin d'être un imitateur de Vermeer, il le précède en date dans ce tableau-ci et se révèle l'un des initiateurs de la peinture d'intérieur silencieuse. Les figures raides et figées (non par maladresse, mais par volonté évidente de géométrisation spatiale) racontent une histoire. Il s'agit d'une scène de mœurs à allusions moralisatrices où sont évoqués les plaisirs dissolus (les personnages ne sont autres que courtisane, entremetteuse et galants) et la vanité des sens (boire, fumer, etc.). Le tableau du *Christ et la femme adultère* que l'on distingue à droite a une valeur d'avertissement moral et religieux.

Gabriel METSU
1629-1667

**464 Le Marché aux herbes
d'Amsterdam**

Vers 1660

Toile. H 0,970 m ; L 0,845 m

Coll. de Louis XIV. INV 1460

Par son sujet - une scène de genre en plein air et
non dans un intérieur - et ses dimensions relativement grandes, le tableau est assez exceptionnel
dans l'œuvre de Metsu. Au bord d'un canal se
déroule un marché rustique dont les protagonistes
sont pour certains - notamment la ménagère au
centre et le jeune homme en rouge à ses côté -
moins occupés au ravitaillement qu'à de galantes
tractations. La vivacité des coloris des costumes
comme des légumes contraste avec la douceur et
le calme poétique du paysage urbain, tandis que
les éléments de nature morte au premier plan témoignent, par leur parfait rendu, de l'admirable
maîtrise picturale du peintre. A noter à droite le
motif du chien et du coq affrontés au pied desquels Metsu a placé, comme tombé par hasard
sur le sol, un papier sous lequel figure sa propre
signature.

Gérard DOU
1613-1675

465 La Femme hydropique

1663

Bois cintré. H 0,860 m ; L 0,678 m

Don de Bertrand Clauzel, 1798. INV 1213

En offrant le tableau au Directoire pour le "Muséum" le futur maréchal Bertrand Clauzel deve-

naît le premier donateur du musée. Il tenait le tableau de Charles Emannuel IV de Savoie, roi de Sardaigne ; présent insigne, car c'était une des gloires de la Galerie royale de Turin. La scène de consultation médicale est un des morceaux de choix de la peinture de genre hollandaise. Gérard Dou en donne une interprétation d'une qualité d'exécution magistrale, mettant à profit sa technicité parfaite : touche savante et précise qui confère à l'ensemble un aspect lisse et émaillé. Le tableau était protégé par deux volets sur lesquels est peinte à la manière d'un trompe-l'œil une *Aiguière d'argent* (allusion à la maladie de la femme) dans une niche cintrée (au Louvre aussi).

Jacob van RUISDAEL
Vers 1628/29-1682

466 Le coup de soleil

Toile. H 0,83 m ; L 0,99 m
Coll. de Louis XVI. INV 1820

A partir d'éléments réels - moulin à vent, ruines du château de Bréderode près de Haarlem, collines de Gueldre et des confins rhénans -, Jacob van Ruisdael compose une vue imaginaire particulièrement grandiose. Le jeu quasi architectural des nuages souligné par les effets du "coup de soleil" (cet heureux titre remonte au début du XIXe siècle) tient une place essentielle dans la construction dynamique de l'ensemble. Si la référence aux paysages de Rembrandt est frappante, le coloris léger, avec des tons gris-bleu et vert, est aux antipodes de la manière chaleureuse et sombre du grand maître. De l'avis de la plupart des critiques, les figures sont de Philips Wouwerman, selon un schéma de collaboration très courant à l'époque.

Flandres et Hollande **Peintures**

Johannes VERMEER
1632-1675

467 La Dentellière

Toile sur bois. H 0,24 m ; L 0,21 m

Acq. 1870. MI 1448

Lorsque le tableau fut acquis, Vermeer venait d'être tiré de l'oubli par le critique Thoré, alias Bürger. Il faudra attendre un siècle et treize années pour qu'entre au Louvre un autre Vermeer, non moins fameux, l'*Astronome*.

Le format réduit du tableau, son cadrage resserré et son fond clair et neutre contribuent à concentrer l'attention du spectateur sur le geste de la dentellière. Le premier plan (le tapis et les fils blancs et rouges) est traité d'une manière un peu floue, comme exagéremment grossi, selon un procédé cher à l'artiste qui joue sur les effets d'optique, à la manière d'un peintre-photographe.

L'école anglaise est une école tardive. Son véritable essor ne date que du XVIIIe siècle : c'est alors qu'elle devient autonome. Avec un premier âge d'or, qui est celui du portrait. De même, la peinture anglaise entre tard au Louvre : c'est autour de 1900 que l'anglomanie lui assure en France une vogue durable, où les collectionneurs (Groult) et les marchands jouent un rôle décisif. Et ce sont les grands portraitistes du XVIIIe siècle que le Louvre acquiert : Lawrence, Romney, Raeburn, Reynolds lui-même, avec l'une de ses œuvres les plus célèbres, *Master Hare* [469]. Mais il a fallu attendre les lendemains de la dernière guerre - l'autre moment faste du fonds anglais - pour qu'entre au Louvre un premier Gainsborough, l'effigie de *Lady Aston*, témoin exemplaire des portraits de la maturité.

Le goût change : l'accent se déplace du portrait au paysage. Déjà Bonington et Constable, maîtres fondateurs du paysage romantique, sont présents au Louvre, depuis le siècle dernier. La célèbre *Vue de Salisbury*, acquise en 1952, représente le meilleur Constable, qui magnifie la tradition hollandaise des paysages panoramiques. Et la plus criante lacune du musée, l'absence de Turner, est comblée depuis 1967 par un tableau [470] de la période finale, où la forme se dissout dans le jeu subtil des nuées chromatiques.

Une priorité nouvelle s'est affirmée dans les années récentes : la peinture de sujet. Le Louvre s'est enrichi d'artistes en pleine redécouverte, comme le grand Füssli, dont *Lady Macbeth* explore, au temps du *Serment des Horaces* de David, une voie du sublime, cher à Burke, où prédomine l'épouvante ; le méditatif Wright of Derby, dont le *Lac de Nemi* est beaucoup plus qu'une vue de la campagne romaine ; ou l'élégant Zoffany, adepte du genre fameux des *conversation pieces*, qui campent une élite sociale dans l'exercice même de sa sociabilité. Mais privé de Hogarth et de Blake, le Louvre a encore beaucoup à faire pour racheter sa longue indifférence à la peinture d'outre-Manche.

Thomas GAINSBOROUGH
1727-1788

468 **Conversation dans un parc**

Vers 1746-1747

Toile. H 0,73 m ; L 0,68 m

Don Pierre Bordeaux-Groult, 1952. RF 1952-16

On présume que ce couple guindé n'est autre que celui du peintre et de son épouse Margaret : le tableau, qui daterait de l'année du mariage (1746) prend valeur de memento conjugal. Le jeune Gainsborough qui n'a pas vingt ans et s'installe à Londres, allie ses deux genres favoris : le paysage, ennobli d'une fabrique, et le portrait, d'atours précieux comme une gravure de Gravelot, dont il fut l'élève. Le brio de l'exécution ajoute au charme d'un genre qui fait florès dans la peinture anglaise du XVIIIe siècle : la *conversation piece*, portrait de société intime, au format de la scène de genre.

Sir Joshua REYNOLDS
1723-1792

469 **Master Hare**

1788-1789

Toile. H 0,77 m ; L 0,63 m

Peint pour la tante du modèle, Lady Jones. Legs
verbal du baron Alphonse de Rothschild, remis
au Louvre par ses héritiers, 1905. RF 1580

A la fin de sa carrière, qui fut longue, ambitieuse et doctrinaire, Reynolds sacrifie aux goûts de la société anglaise pour la famille, l'enfance, la sensibilité. Aussitôt diffusé par la gravure sous le titre générique d'*Infancy* (petite enfance), ce portrait de Francis George Hare (1786-1842) à l'âge de deux ans fut peint pour la tante du modèle. Fidèle à ses convictions, Reynolds s'efforce d'ennoblir le sujet par la connotation religieuse du geste (qui évoque Jean-Baptiste) et le traitement du paysage automnal, dont la richesse chromatique est un hommage à Titien.

Joseph Mallord William
TURNER
1775-1851

470 **Paysage avec une rivière et une
baie dans le lointain**

Vers 1845

Toile. H 0,93 m ; L 1,23 m

Acq. 1967. RF 1967-2

De tous les artistes britanniques qui renouvelèrent
l'art du paysage européen, Turner est celui qui
poussa le plus loin, jusqu'à la limite de l'abstraction, la dissolution des formes dans la lumière.
La toile appartient à un groupe de tableaux ina-
chevés, composés vers 1845, date à laquelle le
vieil artiste fit réimprimer son *Liber Studiorum,*
sorte de traité du paysage par l'exemple. Une
planche de ce recueil, inspirée par Claude Gellée,
le *Confluent de la Severn et de la Wye* (1810), sert
de canevas à la composition, "chimère" flam-
boyante, dont le romantisme s'exprime par une
technique libre, proche par ses effets diaphanes
de l'aquarelle.

Grande-Bretagne **Peintures**

papier bleu tendu sur châssis, son portrait — celui que le spectateur contemple : il tient le crayon de pastel, utilisé pour rendre les carnations de son visage et de sa main. Le pastel est une sorte de crayon coloré, composé avec des couleurs pulvérisées et pétries avec des liants dilués. Ses qualités tactiles l'ont fait apprécier des portraitistes du XVIIIe siècle comme La Tour et Perronneau. Chardin, célèbre pour ses natures mortes et ses scènes familières, l'a utilisé pour les portraits qu'il fit vers la fin de sa vie, ceux de sa femme et de lui-même en particulier ; celui-ci paraît le dernier de ces autoportraits.

Eugène DELACROIX
1798-1863

476 **Carnet du Maroc**

1832

Album cartonné, recouvert de papier vert foncé, comprenant cinquante-six feuilles de croquis à la mine de plomb ou à la plume et encre brune, souvent rehaussés d'aquarelle et accompagnés de notes manuscrites. H 10,5 cm ; L 9,8 cm
Acq. 1983. RF 39050

Delacroix avait ce carnet lorsqu'il débarqua à Tanger en 1832 avec la mission du comte de Mornay, envoyé par le roi Louis-Philippe auprès du sultan du Maroc Moulay Abd-er-Rahman. Quatre des sept carnets utilisés durant ce séjour en Afrique du Nord, qui dura six mois, nous sont parvenus (trois sont au Louvre) : deux comportent des croquis et des notes intimement mêlés qui forment l'incomparable "journal" d'un peintre voyageur attentif à ne rien perdre de ses multiples découvertes. Dans l'important fonds d'albums du Cabinet des Dessins, les carnets "marocains" de Delacroix comptent les plus précieux, vivants témoignages des émotions éprouvées par l'artiste et dont le souvenir devait l'obséder jusqu'à sa mort.

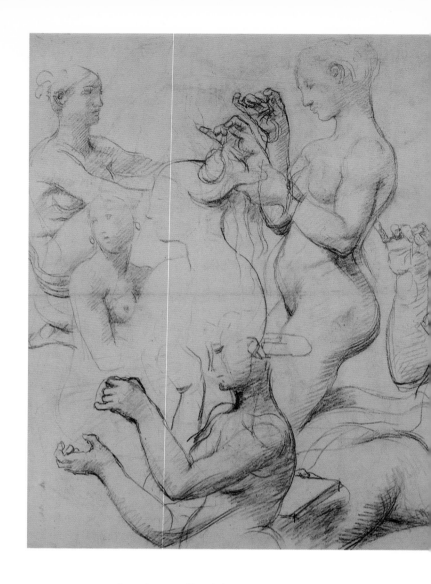

Jean-Auguste-Dominique
INGRES
1780-1867

477 Etudes de femmes nues

Fusain et crayon noir. H 0,620 m ; L 0,450 m

Don des Amis du Louvre et de M David-Weill,

1929. RF 12292

L'ensemble de ces études, d'un format exceptionnel, est en rapport avec *le Bain turc* **398**. Le dessin
est pour Ingres la base même du travail de l'ar-

tiste car il permet d'abord l'étude d'après nature, et l'on voit ici le souci de décrire d'une manière vraisemblable le geste de la femme agenouillée, coiffant sa compagne. La "vérité trouvée", c'est-à-dire l'attitude choisie en fonction de la figure et de son rôle dans la composition, l'artiste reprend ses crayons et, en jouant du cerne du contour et du modelé de la forme, tente d'obtenir l'image stylisée apparue en étudiant le modèle.

Jean-François MILLET
1814-1875

478 Les Pêcheurs

Crayon noir. H 0,328 m ; L 0,492 m
Don Isaac de Camondo, 1911. RF 4104

Cet épisode de la pêche aux homards se situe au large du Cotentin, pays natal de Millet, dont le Louvre possède un très riche ensemble de dessins. Le style monumental de l'artiste, fondé sur les effets de lumière, propres aux crayon noir, son médium favori (on songe évidemment à Seurat), atteint ici au réalisme épique. La datation du dessin est d'ailleurs controversée : elle oscille entre la maturité (1857-1860) et la vieillesse du maître (1870-1871). Mais la noblesse de la vision ne saurait faire oublier la vigueur subversive du propos : cette pêche nocturne est aussi une représentation directe de la réalité (on voit les pêcheurs jeter leurs claies), qui fait bien de Millet un *peintre social*.

Italie

Antonio POLLAIUOLO
1431/32-1498

479 Combat d'hommes nus

Vers 1470-1475

Burin. H 0,40 m ; L 0,60 m

Coll. Edmond de Rothschild, legs 1935

INV 6813 LR

Une des plus grandes planches gravées au
XVᵉ siècle, par le format et l'ampleur de la
composition, le *Combat d'hommes nus* est la plus
ancienne gravure italienne signée du nom entier
de l'artiste : "OPUS. ANTONII. POLLAIOLI. FLO-
RENTINI". Le sujet de la scène en forme de frise,
discuté par les historiens, n'est sans doute qu'un
prétexte pour représenter des nus en action, peut-
être des gladiateurs, sur un fond décoratif d'oliviers, de vigne et de millet. Pollaiuolo, qui était
également nielleur, adopte ici des traits en zig-
zag, de longues tailles parallèles et des tailles
croisées pour rendre le style des dessins à la
plume contemporains.

Andrea MANTEGNA
1431-1506

480 Jugement de Salomon

Vers 1490-1500
Tempera sur toile. H 0,465 m ; L 0,370 m
Coll. des ducs de Modène. Entré au Louvre
en 1797. INV 5608

Mantegna, également sculpteur et graveur, fut
peintre officiel à la cour de Mantoue et exerça
une forte influence sur l'art d'Italie du Nord. Ce
camaïeu simulant l'aspect d'un bas-relief de pierre
grise sur fond de marbre violacé date de 1490-
1500 environ. Il exprime le goût de Mantegna
pour les effets de matière, sa passion pour une
antiquité retrouvée et recréée, l'utilisation rigoureuse de la perspective. Les formes incisives soulignent l'apport fondamental de la sculpture à son
art. L'attribution traditionnelle de cette grisaille à
Mantegna est parfois discutée. On admet souvent
qu'elle a été réalisée d'après un dessin original
avec la participation de l'atelier.

Antonio Allegri, dit
LE CORRÈGE
1489 (?)-1534

481 Allégorie des Vices

Vers 1529-1530
Tempera sur toile. H 1,42 m ; L 0,85 m
Coll. de la Couronne. INV 5927

La commande de cette *Allégorie* et
de son pendant, *l'Allégorie des Vertus*
n'est pas documentée, mais celles-ci
se trouvaient dans le Studiolo
d'Isabelle d'Este au Palazzo Ducale
de Mantoue. Le sujet en est discuté :
il peut s'agir d'une scène mythologique (Apollon et Marsyas) ou d'une
allégorie des Plaisirs, des Vices ou
du Mal. La technique de la *tempera*,
un peu anachronique vers 1530, a
sans doute été choisie pour s'harmoniser avec les

Italie **Arts Graphiques**

459

autres œuvres de cette pièce dues à des artistes plus anciens (Mantegna, Costa, Pérugin). Le groupement des figures interprète, dans le sens plastique du grand peintre mantouan de l'époque, Giulio Romano, le *Laocoon,* sculpture hellénistique trouvée à Rome en 1506. Mais le style ondoyant de la ligne estompée, la suavité du coloris, la fluidité des ombres et des lumières constituent l'apport singulier du Corrège à la Renaissance italienne.

Francesco Primaticcio, dit
LE PRIMATICE
1504-1570

482 Les Antipodes

Plume et encre brune, lavis brun, rehauts
de blanc, esquisse à la pierre noire, sur papier
beige. Mis au carreau à la pierre noire
H 0,357 m ; L 0,458 m
Coll. Saint-Morys. Saisie révolutionnaire
INV 8517

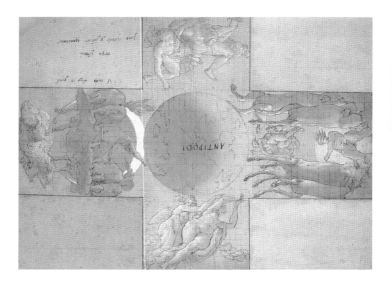

Dessin préparatoire à une peinture du troisième compartiment de la voûte de la galerie d'Ulysse au château de Fontainebleau représentant le globe terrestre avec les chars de Diane et d'Apollon, et Junon qui se précipite du ciel pour sauver Agamemnon. Ce décor, voulu par François Ier, vers 1541-1547, poursuivi sous les règnes suivants, a été détruit en 1738-1739. C'était l'un des plus importants ensembles dus aux artistes italiens appelés à Fontainebleau par François Ier. Le dessin a tous les caractères de cette première "Ecole de Fontainebleau" : sens singulier de l'espace, raccourcis plafonnant prononcés, goût de la ligne fuselée donnant au sujet un dynamisme flottant et une grâce pleine de subterfuges. Cet art, recherchant le sublime par l'artifice, était bien fait pour évoquer ce que la fable, l'épopée ou la mythologie a d'extraordinaire et de transcendant.

Annibale CARRACCI, dit
Annibal CARRACHE
1560-1609

483 Polyphème

En bas, à droite, étude pour la main droite de
Polyphème. Pierre noire, rehauts de blanc, papier
gris bleu. H 0,521 m ; L 0,385 m

Cabinet du Roi. INV 7319

Recherche pour la figure du cyclope Polyphème, qui aima Galatée, divinité marine éprise d'Acis, et fut repoussée par elle. Le "repentir" visible dans la tête du géant révèle les hésitations du peintre dans l'évocation du visage à l'œil unique. Cette magistrale étude prépare la fresque représentant *Polyphème et Galatée*, à la galerie Farnèse, à Rome. Cet ensemble, entrepris à partir de 1597, est le plus ambitieux de la carrière d'Annibale qui s'assura la collaboration de son frère Agostino. Il eut une grande importance dans l'évolution de la peinture décorative du XVIIe siècle. Le Cabinet des Dessins conserve la majeure partie des dessins préparatoires au cycle Farnèse, venant directement de l'atelier d'Annibale Carracci.

Andrea APPIANI
1754-1817

484 L'Apothéose de Napoléon

Pierre noire, rehauts de blanc
H 2,73 m ; L 4,80 m
Acquis de la famille de l'artiste, 1861. MI 754

La grande œuvre d'Appiani, maître du nouveau classicisme lombard, est la décoration du palais royal de Milan, en 1808, consacrée aux Fastes de l'Empire. Ce carton prépare la fresque monumentale qui ornait la voûte de la salle du Trône : la flagornerie de rigueur emprunte ici les voies abstraites du langage allégorique, renouvelé par l'imitation de l'Antiquité selon Winckelmann. Quatre Victoires soutiennent le trône où siège l'Empereur en majesté, parmi les attributs divers de l'immortalité. La fresque, rescapée des bombardements de 1943, qui ruinèrent le décor, se trouve aujourd'hui à la Villa Carlotta de Tremezzo. Le Louvre possède une collection unique de cartons d'artistes (plus de 200 pièces).

Francisco José de
GOYA y LUCIENTES
1746-1828

485 **C'est le jour de sa fête**
"es dia de su Santo"

Pinceau et lavis gris. H 0,235 m ; L 0,146 m

Legs Cosson, 1926. RF 6912

En 1796, Goya séjourne en Andalousie, à
Sanlúcar auprès de la duchesse d'Albe, puis à

Cadix. Il y multiplie les dessins au lavis sur de petits feuillets d'album. Ce sont d'abord des pochades galantes. Puis apparaît une légende, avec un autre registre : les charges féroces du visionnaire, scènes de masques et de sorcellerie, coutumes populaires à l'ironie grinçante. Pendre quelqu'un le jour de sa fête est une expression idiomatique bien attestée en Espagne, probable vestige de rites conviviaux bruyants, tels que *berner* en France. Le traitement corrosif de la scène subvertit cette bonhomie plébéienne — d'où son statut explicite de *caricature* : Goya devient un artiste cruel.

Allemagne

Albrecht DÜRER
1471-1528

486 Dame de Livonie

1521

Plume, encre brune, et aquarelle

H 0,282 m ; L 0,188 m

Coll. Edmond de Rothschild, legs 1935.

INV 19 DR

La suite de trois dessins montrant des femmes de Livonie est un des fleurons de la Collection Edmond de Rotschild. Ces aquarelles ont servi de modèles aux gravures sur bois de Jost Amman illustrant l'ouvrage intitulé : *Habitus praecipuorum populorum...*, édité par Hans Weigel à Nuremberg en 1577. Il est possible que le célèbre artiste de Nuremberg ait vu ces costumes livoniens à Anvers, ville cosmopolite très florissante à l'époque, lors de son voyage aux Pays-Bas (1520-1521). Cette dame richement vêtue illustre bien l'intérêt ethnographique de Dürer, qui notait avec soin dans son *Journal* tout ce qu'il avait vu d'inhabituel ou de curieux.

Hans BALDUNG GRIEN
1484/85-1545

487 Les Sorcières

1510

Camaïeu à deux planches (gris et noir)

H 0,378 m ; L 0,258 m

Coll. Edmond de Rothschild, legs 1935.

INV 784 LR

Cet élève de Dürer s'intéressa à la technique du camaïeu, gravure sur bois à l'imitation des dessins rehaussés sur papier préparé. C'est entre 1509 et 1512, à Strasbourg, que Baldung fut particulièrement préoccupé par le thème des sorcières et de la mort. Cette scène nocturne de sabbat est une des œuvres les plus connues de l'artiste et peut-être son premier bois comme maître indépendant à Strasbourg. Les personnages sont représentés à une grande échelle, la composition est précise, géométriquement agencée en un groupe pyramidal avec les diagonales rayonnant du centre, et un système de hachures amène à des effets lumineux.

Allemagne **Arts Graphiques**

⁴⁸⁸ Apocalypsis Johannis

Pays-Bas, vers 1440

2ᵉ édition. Xylographie. H 0,262 m ; L 0,198 m

Coll. Edmond de Rothschild, legs 1935.

INV L 51 LR

Le folio de gauche du livre xylographique, *l'Apocalypse de Jean* annonçant la ruine de Rome qui fera place à la Nouvelle Jérusalem, symbole du royaume de Dieu, montre *l'Ouverture du troisième* et du *quatrième sceau*. Le troisième cavalier, la Famine, le chevalier noir porte une balance ; le quatrième sortant de la gueule de l'Enfer, s'appelle la Mort ou plus précisément la Peste, chevauche un cheval pâle et tient une coupe d'où jaillissent des flammes. L'erreur dans le coloriage des chevaux et des inscriptions sera corrigée dans les éditions postérieures aux trois premières. Cet incunable s'inspire de manuscrits français et anglo-normands ainsi que de la tenture de *l'Apocalypse* d'Angers, réalisée dans le dernier quart du XIVᵉ siècle.

Flandres

Peter-Paul RUBENS
1577-1640

489 Jeune femme agenouillée

Vers 1630-1633

Pierre noire, sanguine, rehauts de blanc.

H 0,508 m ; L 0,458 m

Coll. Saint-Morys. Saisie révolutionnaire.

INV 20194

Cette jeune femme qui appuie sa tête sur sa main, réapparaît à gauche du *Jardin d'Amour,* tableau conservé au Musée du Prado à Madrid. Généralement situé vers 1630-33, *le Jardin d'Amour* décrit une assemblée élégante préoccupée de musique et de jeux amoureux. Rubens y abandonne le monde des dieux et des héros, qui dominait sa production dans les années 1620-1628, pour s'attacher à une société joyeuse. Les étoffes somptueuses, rendues avec virtuosité, soulignent la fraîcheur de la jeune femme. Le modèle qui posa pour Rubens a été identifié par certains historiens avec Hélène Fourment que l'artiste épousa en 1630.

REMBRANDT Harmensz van Rijn
1606-1669

490 Deux études d'un oiseau de
paradis

Plume et encre brune, lavis brun, rehauts de blanc

H 0,181 m ; L 0,155 m

Don L Bonnat, 1919. INV RF 4687

Les dessins de Rembrandt révèlent une vision où
se mêlent de profonds sentiments religieux et un
sens de l'humanité dépourvu de préjugés. Parfois
il s'attache aux paysages de son pays natal ou aux
animaux qu'il pouvait voir à Amsterdam. Il s'intéressa surtout à ceux dont l'exotisme stimulait
son imagination. Les oiseaux de paradis, originaires de Nouvelle-Guinée et d'Australie, étaient
appréciés pour leur élégance et la couleur de leur
plumage. L'un d'eux, empaillé, apparaît dans l'inventaire de ses biens dressé au moment de sa
faillite, en 1656. Ce dessin est toutefois bien anté-
rieur et l'on s'accorde à le situer entre 1635 et
1640.

Grande-Bretagne

Isaac OLIVER
Vers 1565? -1617

491 **Robert Devereux,**
    2ᵉ comte d'Essex

Vers 1605

Miniature à la gouache sur vélin. Ovale.

H 5 cm ; L 4 cm

Don Ch Sauvageot, 1856. INV Sauv 1068

Fils d'un orfèvre huguenot originaire de Rouen, Isaac Oliver fut élève à Londres de Nicholas Hilliard, célèbre miniaturiste de la période élisabéthaine. Le portrait, d'une finesse extrême, se détache sur un fond bleu, orné d'une devise latine tracée à l'or : VAE SOLI ("malheur au soleil"). Le personnage porte le collet monté à la mode au début du règne de. Jacques Iᵉʳ, aussi il doit s'agir d'un portrait posthume. En effet, Robert Devereux, fils aîné de Walter Devereux, Iᵉʳ comte d'Essex, devint le favori de la reine Elisabeth dès 1587. Ayant conspiré contre elle, il fut exécuté à la Tour de Londres en 1601.

Index des artistes

Liste des auteurs

Daniel Alcouffe
Inspecteur général des musées, chargé du département des Objets d'Art
pp. 212-213, 246-247, 252, 258, 268,
notices 251, 252, 255, 258, 259, 263-267, 269, 271, 273-275, 278-283

Pierre Amiet
Inspecteur général honoraire des musées
pp. 34-67

François Baratte
Conservateur au département des Antiquités Grecques, Etrusques et Romaines
pp. 183-209

Sophie Baratte
Conservateur au département des Objets d'Art
notices 246, 247, 250

Lizzie Boubli
Conservateur au département des Arts Graphiques
notices 471, 480

Geneviève Bresc-Bautier
Conservateur au département des Sculptures
pp. 282-347

Annie Caubet
Conservateur en chef du département des Antiquités Orientales
pp. 67-77

Maguy Charritat
Documentaliste au département des Antiquités Orientales
pp. 78-85

Dominique Cordellier
Conservateur au département des Arts Graphiques
notices 481, 482

Anne Dion
Conservateur au département des Objets d'Art
p. 273, 276, 278
notices 284, 285, 287, 290

Jannic Durand
Conservateur au département des Objets d'Art
pp. 213-218
notices 215-217, 222, 225-229, 237, 238

Pierre Ennes
Conservateur au département des Objets d'Art
notices 239, 240, 243, 248, 249, 268, 270, 272, 276, 286, 288, 289

Jacques Foucart
Conservateur en chef au département des Peintures
pp. 421-423
notices 449, 452-457

Elisabeth Foucart-Walter
Conservateur au département des Peintures
pp. 414-421
notices 445-448, 450, 451, 458-467

Danielle Gaborit-Chopin
Conservateur en chef au département des Objets d'Art
pp. 218-219, 227
notices 214, 218-221, 223, 224, 230-236

Pierrette Jean-Richard
Documentaliste à la collection Edmond de Rothschild
notices 479, 486-488, 491

Michel Laclotte
Directeur du Musée du Louvre
pp. 6-7

Amaury Lefébure
Conservateur au département des Objets d'Art
p. 234, 240
notices 241, 242, 244, 245, 253, 254, 256, 257, 260-262, 277

Jean-François Méjanes
Conservateur au département des Arts Graphiques
notices 472-475, 477

Régis Michel
Conservateur au département des Arts Graphiques
notices 478, 484, 485

Alain Pasquier
Inspecteur général des musées, chargé du département des Antiquités Grecques, Etrusques et Romaines
pp. 146-183

Geneviève Pierrat
Conservateur au département des Antiquités Egyptiennes
pp. 88-138

Marie-Hélène Rutschowscaya
Conservateur au département des Antiquités Egyptiennes
pp. 139-143

Marie-Catherine Sahut
Conservateur au département des Peintures
pp. 350-414, 443-445

Arlette Sérullaz
Conservateur en chef au département des Arts Graphiques
notice 476

Emmanuel Starcky
Conservateur au département des Arts Graphiques
notices 489, 490

Hélène Toussaint
Chargée de mission à l'Etablissement Public du Grand Louvre
pp. 11-31

Françoise Viatte
Conservateur en chef du département des Arts Graphiques
pp. 448-450
notice 483

Les doubles-pages d'ouverture de chaque
département ont été réalisées à partir
de détails des œuvres suivantes :

Goudéa, prince de Lagash **11**

Mastaba de Akhhétep **83**

Tête féminine **141**

Vierge à l'Enfant de Jeanne d'Evreux **233**

Esclave **315**
de Francqueville et Bordoni

Portrait de Madame de Sorquainville **384**
de Perroneau

Vierge à l'Enfant **INV 2590**
d'un artiste de culture vénitienne
(Pisanello ?) travaillant dans la
manière de Gentile da Fabriano

Crédits photographiques : Réunion des musées nationaux
(D. Arnaudet, M. Bellot, G. Blot, M. Chuzeville,
M. Coursaget, C. Jean, C. Rose, J. Schormans)
à l'exception des photos suivantes :
p. 31 : © EPGL Architecte I.M. Pei RMN
n° 348 : P. Willi

Cet ouvrage a été achevé d'imprimer le 24 mars 1989
sur les presses de l'imprimerie Hérissey à Evreux

Dépôt légal : mars 1989
ISBN : 2-7118-2250-8
GG 10 2250